1　鳥羽・伏見の戦（「山崎合戦官軍大勝利之図」部分）

慶応4年（1868）1月，大坂城の旧幕府軍が，徳川慶喜を擁して京都に進撃し，鳥羽《とば》・伏見《ふしみ》で新政府軍と戦った．画面左の「錦《にしき》の御旗《みはた》」（天皇）を擁する新政府軍が勝利した．

2　文明開化（「東京名所寿留賀町三ツ井店両側富嶽眺望之図」三代歌川広重画）

新政府は，欧米諸国の制度や文物を取り入れ，近世以来の支配層の価値観を圧倒した．東京・駿河町の光景で，画面左に三井呉服店，右に資生堂があり，洋装の人々が行き交う．

3　アメリカへ向かう岩倉使節団

(「岩倉大使欧米派遣　横浜港」，明治天皇御紀附図稿本，二世五姓田芳柳画，大正6年)

岩倉使節団は，特命全権大使岩倉具視のほか，木戸孝允，大久保利通ら，新政府の首脳が，条約改正の意思を通告し，「文明開化」を視察するため，明治4年（1871）11月に横浜を出港．明治6年9月に帰着するまで，アメリカとヨーロッパの12ヵ国を歴訪した．

4　使節が持ち帰ったティファニー煙草盆

節団の一人，内海忠勝がニューヨークの宝
店ティファニーで購入したパイプのセット．

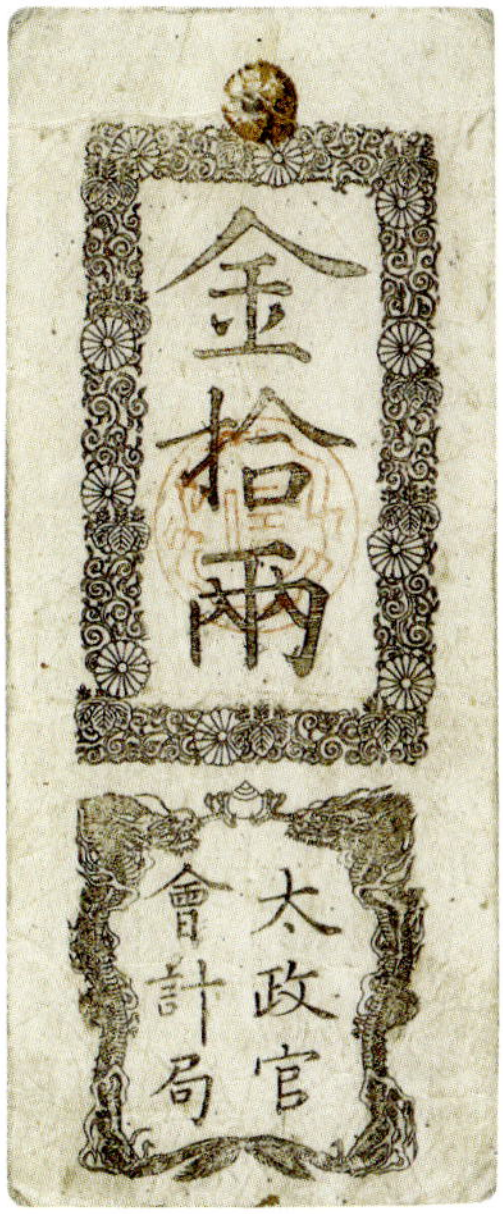

十両札
（太政官札，明治元年）

十円券（新紙幣，明治５年）

二十円金貨
（表，明治３年）

（裏）

5　新政府発行の不換紙幣と新通貨

新政府の財政は太政官札《だじょうかんさつ》などの不換《ふかん》紙幣の発行に頼っていたが，欧米諸国の圧力もあり，明治３年（1870）11月に竣工した大阪の造幣寮で製造した金属貨や，ドイツで印刷した新紙幣による円銭厘《えんせんりん》の新通貨に切り替えた．

6　地押丈量の図

地券調査や地租改正では，地券を交付する地所の面積を測量する地押丈量《じおしじょうりょう》が行われた．しかし，近代的な測量法ではなく，後年，地押調査が必要となった．

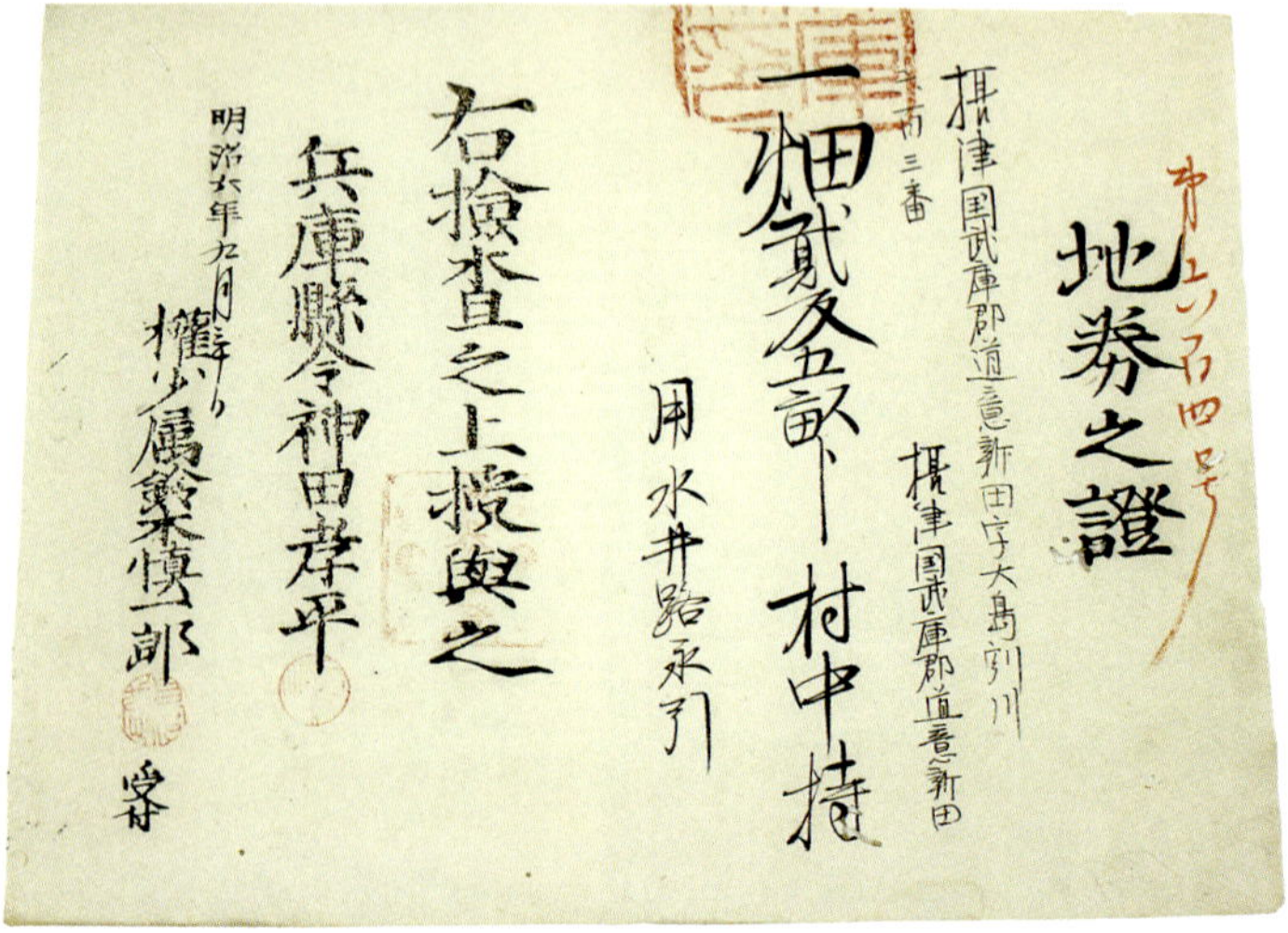
地券之證
摂津国武庫郡道意新田字大島割川
摂津国武庫郡道意新田
一　畑弐反五畝　村中持
用水井路
右検査之上授與之
兵庫縣令神田孝平
明治六年九月
権少属鈴木慎一郎

7　壬申地券（地券之証，明治6年，兵庫県交付）

神田孝平による地所売買解禁・地券交付・地価定率金納課税の提案が明治5年（1872）に実施され，地券調査の結果，一部の府県で壬申地券が交付された．

日本近代の歴史 1

維新と開化

奥田晴樹

吉川弘文館

企画編集委員
大日方純夫
源川真希

目　次

明治維新の国制改革―プロローグ……1
「王政復古」政変／明治維新の国制改革／明治維新の国際的環境／本書の課題

一　新政府の成立……7

1　「王政復古の大号令」 7
「王政復古の大号令」／「三職」の設置と最初の政治課題／「大政奉還」直後の朝廷と旧幕府／「王政復古」政変後の「領地」論争／領知と「領地」

2　新政府の政治組織 15
「三職」の役所と権限・分掌／徴士の歴史的意義／「議事ノ体」／三職分課の人員配置／八局への改編／「東征」進発と大坂「親征」

3　「五ヶ条の御誓文」と「五榜の掲示」 31
「五ヶ条の御誓文」の成立経緯／「五ヶ条の御誓文」の政治目標／「宸翰」布達の政治的背景／五榜の掲示／新政府の国際的地位

二　戊辰戦争と新政府の全国統治……………………………40

1　「政体書」の制定　40

新政府の全国統治／「政体書」の制定・頒行／太政官の議事機関／輔相と行政官／五官の職制と人事／太政官の官等制

2　戊辰戦争と直轄府県　54

府藩県三治制／新政府直轄地の形成／鎮台と裁判所の設置／難航する直轄府県設置

3　戊辰戦争の再燃と本格化　59

上野戦争の衝撃／戊辰戦争の再燃／三条実美の東下／江戸から東京へ、鎮将府の設置

4　天皇東幸と「議事之制」の模索　65

東幸の準備と態勢／天皇の東幸／「議事之制」の模索／議事取調の着手／議事体裁取調所の開設／公議所の設置

5　全国統治体制の成立　74

「藩治職制」の制定／奥羽・北越諸藩の処分／直轄府県設置の完成

三　東京奠都と版籍奉還の聴許……………………………80

1　東京奠都と「議事之制」の制度的実現　80
東京奠都／箱館戦争の終結と「北海道」の設置／公議所の「開議」／議事所設置の帰趨／公議所の開議式／待詔局と制度寮／国是会議／公議所の「封建・郡県」論議／上局会議の開設
2　「政体書」の改正と「公選」　92
東京奠都前後の政局／議政官の復活と行政官機務取扱の設置／政局と「議事之制」／「政体書」の改正と「公選」の実施／「公選」後の政治構造と「議事之制」
3　版籍奉還の聴許　103
版籍奉還の聴許／版籍奉還「聴許」の政治的意義／藩の制度的変質
4　「職員令」の制定　109
「職員令」による政府と宮廷の組織改編／「職員令」の政府組織／開拓使と北海道の開拓／集議院と待詔院／「議事之制」の行方／「職員令」制定をめぐる政局／「職員令」下の政治課題
四　府藩県三治制の実態……………………………………………126
1　直轄府県の実態と問題点　126
直轄府県管轄地の領地的組成／直轄府県の偏在と管轄地の散在／新政府の財政状態と直轄府県／「府県施政順序」の制定／府藩県の「議事之制」／民部官

の設置／「民蔵合併」／「民部省規則」と「府県奉職規則」の制定／直轄県の財政規律／直轄府県統治の問題点／松方正義の廃藩意見書

2 「藩制」の制定と藩政改革 150

版籍奉還聴許後の諸藩／悪贋貨問題／禄制改革／「藩制」の制定／諸藩の改革と財政

五 廃藩置県への道程……161

1 国制改革の模索 161

『立憲政体略』の刊行／「権利」か「権義」か／旧幕臣洋学者の新政府出仕／公議所での国制改革提議／岩倉具視の「建国策」

2 政府の動揺と「徴兵規則」 172

島津久光らの不満／民蔵分離をめぐる政局／岩倉勅使の鹿児島派遣／西郷・大久保・木戸の高知訪問／「徴兵規則」の制定／海軍の創設／不平士族の動き／日田騒動と政府転覆計画の発覚

3 廃藩置県の断行 186

「御親兵」の召し出し／山口藩の藩政改革問題／「御親兵」と政府財政／制度取調での国体改革論議／廃藩置県の断行／府県分合／初期府県の財政規律問題

六 国制改革の起動……203

1　四民平等　203
太政官三院制／「文明開化」の政権／岩倉使節団と留守政府／四民平等／「戸籍法」の制定／徴兵制度／「学制」と小学の設置／「国民」の教化と教導職
2　地租改正　221
土地・租税制度改革の起動／地券調査の開始／地価課税移行への動き／地券調査の難航／「地租改正方案」の策定／明治六年五月政変／「地租改正法」の内容と問題点／地租改正事業の迷走／地租改租事業の終結と結果
3　国制改革の行方　236
左院における立憲政体導入の動き／留守政府の「下議院」開設決定／大蔵省地方官会同を下院へ／「明治六年一〇月政変」後の政体取調／「民撰議院設立建白書」と左院
国制改革の中間決算―エピローグ……247
地押調査と特別地価修正／地租改正と国家財政／「明治六年一〇月政変」前後の国制史的位置
参考文献　252
略年表　263

あとがき　271

図版目次

〔口絵〕

1　鳥羽・伏見の戦（「山崎合戦官軍大勝利之図」〈部分〉神戸市立博物館）
2　文明開化（「東京名所寿留賀町三ツ井店両側富嶽眺望之図」三代歌川広重画、東京都立中央図書館特別文庫室所蔵）
3　アメリカへ向かう岩倉使節団（「岩倉大使欧米派遣　横浜港」明治天皇御紀附図稿本、二世五姓田芳柳画、大正六年、宮内庁宮内公文書館所蔵）
4　使節が持ち帰ったティファニー煙草盆（内海勝彦所蔵、霞会館資料展示委員会提供）
5　新政府発行の不換紙幣と新通貨　十両札（太政官札、明治元年）、十円券（新紙幣、明治五年）、二十円金貨（明治三年、日本銀行金融研究所貨幣博物館提供）
6　地押丈量の図（秋田県立博物館所蔵）
7　壬申地券（地券之証、明治六年、兵庫県交付。税務大学校所蔵）

〔挿図〕

図1　岩倉具視……2
図2　一九世紀の東アジア……4
図3　大久保利通……8
図4　有栖川宮熾仁親王……9
図5　小松宮彰仁親王……9
図6　三職の人的構成……10
図7　大政奉還（明治神宮外苑聖徳記念絵画館所蔵）……11
図8　「王政復古の大号令」（東京大学史料編纂所所蔵）……13
図9　三職分課の新政府組織……17
図10　三条実美……23
図11　由利公正……24
図12　八局の新政府組織……25
図13　後藤象二郎……26
図14　木戸孝允……26

図15　H・パークス（鹿児島県歴史資料センター黎明館所蔵）……36
図16　堺事件（『L'ILLUSTRATION』）……36
図17　戊辰戦争出征の島津珍彦と薩摩藩兵（中村写真館所蔵）……41
図18　「政体書」（東京大学史料編纂所所蔵）……42
図19　「政体書」の新政府組織……47
図20　伊藤博文……52
図21　井上　馨……52
図22　上野戦争（東京都立中央図書館所蔵）……60
図23　森　有礼（『近世名士写真』一、一九三四年）……71
図24　鮫島尚信（山本芳翠画、東京大学教養学部附属博物館所蔵）……71
図25　戊辰戦後の会津若松城（鶴ヶ城）……77
図26　東京入城東京府京橋之図（月岡芳年画、明治大学博物館所蔵）……81
図27　五稜郭（日本地図センター提供）……82
図28　公議所の議場（全集憲政篇）……87
図29　議政・行政両官の合併と分離……95
図30　「政体書」改正─「公選」後の政府組織……99
図31　版籍奉還建議書草案（木戸孝允起草、宮内庁書陵部所蔵）……104
図32　「職員令」の政府主要組織……111
図33　副島種臣……113
図34　板垣退助……124
図35　太政官札　十両札（明治元年発行）……133
図36　大隈重信（早稲田大学大学史資料センター提供）……143
図37　明治二年の大蔵省幹部（前列中央が大隈）……143
図38　松方正義（『近世名士写真』一、一九三四年）……148
図39　西　周（沼津市明治史料館所蔵）……159
図40　加藤弘之……162
図41　津田真道……166
図42　沼津兵学校の生徒たち（『*The Far East*』より）……167
図43　神田孝平（日本学士院提供）……169
図44　島津久光（『鹿児島県史』三より）……172
図45　廃藩置県（小堀鞆音筆、明治神宮外苑聖徳記念絵画館所蔵）……199
図46　「太政官職制」の政府主要組織……205
図47　山県有朋（『御大礼記念写真帳』二、一九一六年）……215
図48　田中不二麿……217
図49　小学校の授業（「小学入門教授図解」国立教育政策研究所所蔵）……218

図50　富岡製糸場（富岡製糸場提供）……226
図51　江藤新平と司法省官員（前列中央が江藤）……229
図52　宮島誠一郎の日誌……241
図53　明治六年一〇月政変「征韓論の図」（国利画）……242
図54　内務省（『東京景色写真版』一八九三年より）……243
図55　青木周蔵……244

〔表〕

表1　朝臣となった旧旗本の知行・禄高と知行所……128
表2　直轄府県の地方別設置状況……132
表3　新政府の歳入出（慶応三年一二月～明治四年九月）……134
表4　旧幕臣の士族禄制……155
表5　明治初期の陸海軍費……193
表6　明治前期の国家財政における地租……249

明治維新の国制改革―プロローグ

それは、慶応三年一二月九日（西暦一八六八年一月三日）午前四時に決行されるはずだった。

「王政復古」政変

前夜からの京都御所での会議は長引き、徹夜になっていた。午前八時、会議はようやく終わった。出された結論は、蟄居《ちっきょ》中の岩倉具視《いわくらともみ》らの赦免、長州藩主の毛利《もうり》慶親《よしちか》（のち敬親《たかちか》）とその世子《せいし》の定広《さだひろ》（のち元徳《もとのり》）の赦免と官職・位階の復旧だった。会議を主宰した、明治天皇の摂政《せっしょう》を勤める二条斉敬《にじょうなりゆき》が御所を退出すると、午前一〇時、岩倉が御所に入り、天皇の外祖父である中山忠能《なかやまただやす》らとともに、「王政《おうせい》復古《ふっこ》」の断行を天皇に奏上《そうじょう》し、許された。

直ちに、待ち構えていた、薩摩・芸州《げいしゅう》・尾張・越前福井、少し遅れて、土佐の五藩兵が、勅命をかざして、それまで御所の門衛に当たっていた、会津《あいづ》・桑名《くわな》両藩兵を追い出し、御所を固めた（松尾一九九五）。

いわゆる「王政復古」政変である。

これを機に、「新政府」が成立し、その下で「明治維新」の大変革が始まる。

本書では、それが何を目指し、「明治六年一〇月政変」で政府が分裂するまでに、どこまで進み、

図1　岩倉具視

どのような問題がそこに生じていたのか、「国制《こくせい》」の問題に主眼を置いて追跡する。

明治維新の国制改革

「国制」とは、ドイツ語や英語では「憲法」と同じ単語を用い、憲法が成立する以前と以後の政治制度を、それを支える法制、財政や外交・軍事、さらには経済や社会・教育などの仕組みとの関連も視野に入れながら、包括的に捉えようとして、歴史研究で使われる用語である（ケルン一九六八）。わが国の歴史学や法学などでは、「憲法」と区別するために、「国制」という用語が使われている。

二六〇年余の長きにわたって存続した、近世日本にも固有の国制があった。国制の根幹は、どのようにして国家意思が決定されるか、その仕組みである。

それは、徳川宗家《とくがわそうけ》の当主が世襲する将軍（征夷大将軍《せいいたいしょうぐん》）と、補佐する数名の老中《ろうじゅう》や若年寄《わかどしより》など、いわゆる「幕閣《ばっかく》」を構成する、上層の譜代《ふだい》大名たち（徳川一族の家門《かもん》大名が加わる場合もある）によってなされる、極めて閉鎖的《クローズド》な「将軍―譜代門閥」政治であった。

したがって、近世日本の国制にあっては、国政＝幕政だった、と言ってよかろう。

明治維新は、この国制を根本的に改革したのである。

明治維新の国際的環境

わが国は、明治維新が行われた時期に、どのような国際的な環境の下にあり、とりわけ近隣諸国との関係はどうだったか。

朝鮮とは、旧幕府の将軍交代時に来聘《らいへい》した朝鮮から通信使《つうしんし》が、一二代将軍の徳川家慶《いえよし》以降、途絶えていたが、対馬藩による釜山《プサン》の草梁倭館《そうりょうわかん》での貿易は継続されていた。朝鮮では、一八六四年に高宗《コジョン》が国王に即位し、実父の興宣大院君《フンソンテウォングン》による執政が始まり、一八六六年には来航した、アメリカ船を焼き討ちし、フランス艦隊を撃退している（趙二〇一二）。

清とは、外交関係はなかったが、薩摩藩が支配する琉球国《りゅうきゅうこく》による朝貢貿易と、長崎に来航する清船との私貿易が行われていた。清では、一八六四年に太平天国《たいへいてんごく》の乱がようやく鎮定され、満洲人皇帝の穆宗同治帝《ぼくそうどうち》を擁して、実母の西太后《せいたいこう》が執政する「垂簾聴政《すいれんちょうせい》」が行われていたが、徴税・民政・軍事、さらには外交まで、国家統治の実務は、反乱鎮圧を主導した李鴻章《りこうしょう》をはじめとする漢人官僚に委《ゆだ》ねられていた。さらに、イギリスなどとのアヘン・アロー両戦争の結果、香港《ホンコン》などの領土を割譲し、上海《シャンハイ》などを開港して治外法権《ちがいほうけん》の租界《そかい》を設け、莫大な賠償金の支払いのため税関の管理を任《まか》す事態となっていた（岡本二〇一一・一二三）。

わが国も、旧幕府がアメリカ・イギリス・フランス・ロシアなどと締結した条約により、安政六年（一八五九）から神奈川（横浜）・長崎・箱館の開港場に設けられた外国人居留地《きょりゅうち》での貿易が始まり、それまでの自給自足《アウタルキー》状態が破られ、物価が騰貴するなどして、産業・経済や民生に甚大な影響が生じていた。それに伴い頻発した外国人襲撃事件への対策を理由に、旧幕府の反対を押し切って、文久三年

図2　19世紀の東アジア

（一八六三）以降、イギリス・フランス両国は横浜の開港場を見下ろす本牧《ほんもく》の丘に軍隊を駐屯させていた。「王政復古」政変後の慶応四年（一八六八）には、イギリス軍が六八〇名、フランス軍が八七九名駐屯していた（横浜対外関係史研究会ほか編一九九九）。また、国境を接するロシアとは、旧幕府が結んだ条約で曖昧《あいまい》な形に残された領土確定問題を抱《かか》えていた。

「王政復古」政変後、わが国は、欧米諸国間に構築された、当時、「万国公法《ばんこくこうほう》」と称された国際法によって規律される国際関係の秩序を受容し、それに相応する形へと、国制を改革し、自身が置かれた国際的な地位からの脱却を目指していく。しかし、朝鮮や清はそのような途《みち》をとらなかった。それはやがて三国間に重大な事態を将来することとなろう。

本書の課題

明治維新で、わが国制がどのように改革されたのか、それを明らかにするためには、先ずは、近世日本の国制を掘り崩す動きがいつ頃、何故、どのように始まったかが、究明されねばなるまい。また、明治維新の大変革を進めた、いわゆる「討幕派」の諸藩と、その中心となった「志士《しし》」たちが、どのように形成されたかも、追跡される必要があろう。

戦前以来、わが国の歴史学は、この二つの問題に取り組んで、膨大な研究成果が蓄積されてきた。しかも、一九八〇年代以降、それまでの研究の問題点を克服する、新たな研究が目覚ましく進展している（奥田二〇一五c）。そうした成果をふまえて、これらを本格的に考察するとすれば、少なくとも、それぞれに本書同様の分量で、一巻ずつは必要となろう。それに、近年の研究成果をふまえ、それらに取り組んだ歴史書が相次いで公刊されている（青山二〇一二、宮地二〇一二、佐々木二〇一四、藤田二〇一五)。

そこで、本書では、近年、研究の進展がとりわけ著しい、「王政復古」政変後の時期について、国制改革の問題を中心に考察することとしたい。

なお、明治維新によって生まれた近代日本が、その後、どのように歩み、そこにどのような問題がはらまれていったか、それらは本シリーズの続刊が明らかにするだろう。

一　新政府の成立

1―「王政復古の大号令」

慶応三年一二月九日（西暦一八六八年一月三日）の政変で渙発《かんぱつ》された「王政復古の大号令」では、「摂関《せっかん》・幕府《ばくふ》等《など》廃絶《はいぜつし》、即今《そっこん》先仮《まずかり》ニ総裁《そうさい》・議定《ぎじょう》・参与《さんよ》之《の》三職《さんしょくを》被置《おかれ》、万機《ばんき》可被為行《おこなわせられべし》」と宣言されている。これにより、朝廷では、平安期以来、ほとんど常置されて来た、摂政・関白による天皇の後見・補佐あるいは実質的な代行の体制が廃止された。また、徳川慶喜《とくがわよしのぶ》が申し出た「従前御委任《じゅうぜんごいにん》之大政返上《たいせいへんじょう》・将軍職辞退《しょうぐんしょくじたい》」を聴許《ちょうきょ》するばかりでなく、鎌倉期以来、朝廷に取って代わり、国政を担当して来た、幕府という制度それ自体が廃止されたのである（『法令全書』第一巻〈以下、全書一と省略〉）。

「王政復古の大号令」

従来の朝廷・幕府に代わる「新政府」には、当面、仮設の政治機関として、総裁《そうさい》・議定《ぎじょう》・参与《さんよ》の「三職《さんしょく》」が設置された。そして、その施政は、「神武創業《じんむそうぎょう》（神武天皇のよる肇国《ちょうこく》＝国家創建）之始《はじめ》ニ原《もとづ》キ、縉紳《しんしん》（公家）・武弁《ぶべん》（武家）、堂上《とうしょう》・地下《じげ》（公家の上下両身分）之無別《べつなく》、至当《しとう》之公議《こうぎ》ヲ竭《つく》シ（話し合いを尽くして）、天下《てんか》ト休戚《きゅうせき》（喜びと悲しみ）ヲ同《おなじ》ク可被遊《あそばさるべし》」との明治天皇の「叡慮《えいりょ》」（意向）に従って成されると

図3　大久保利通

いう（同上）。

ここで、施政の基準を「神武創業」に求めたのは、国家創建以降、さまざまに構築され変革されてきた、国制、具体的には政治制度や法制、経済・社会のあり方、さらには時々の政策などにとらわれずに、新政府の施政を進める、という宣言だった。これによって、長きにわたった「朝廷と幕府」という既存の政治制度を、ともども一挙に変革することを、政治的に正統化したのである。

この「大号令」は、岩倉具視《いわくらともみ》と大久保利通《おおくぼとしみち》が国学者の玉松操《たままつみさお》に起草させたものだという（松尾一九九五）。岩倉や大久保は、既成の身分秩序を存置したのでは、到底、新政府の首脳部に参画できる身分ではなかった。公家と武家、さらには公家の堂上と地下をわざわざ挙げて、新政府ではそれらの身分に関わりなく話し合い、「至当之公議」による施政が行われる、と闡明《せんめい》した所以《ゆえん》だろう。

岩倉や大久保の思惑は如何《いか》にあろうとも、この「王政復古の大号令」で、「公議」による政治と、身分に関わらない政治参画とが宣言されたことには、今後、始まる国制変革の方向を指し示す、決定的に重要な意味がある。

図４　有栖川宮熾仁親王

図５　小松宮彰仁親王

「三職」の設置と最初の政治課題

仮設された「三職」には、政変当日、総裁に有栖川宮熾仁親王《ありすがわのみやたるひと》、議定に、皇族の仁和寺宮《にんなじのみや》嘉彰親王

（のち小松宮彰仁親王《こまつのみやあきひと》）・山階宮晃親王《やましなのみやあきら》の二名、公家の中山《なかやま》忠能《ただやす》（天皇の外祖父）・正親町三条実愛《おおぎまちさんじょうさねなる》（のち嵯峨《さが》と改姓）・中御門経之《なかみかどつねゆき》の三名、武家の徳川慶勝《よしかつ》（元尾張藩主で、現藩主の実父）・松平慶永《まつだいらよしなが》（前越前国福井藩主、号は春嶽《しゅんがく》）・浅野《あさの》茂勲《もちこと》（芸州《げいしゅう》藩主の世子《せし》、のち長勲《ながこと》）・山内豊信《やまうちとよしげ》（前土佐藩主、号は容堂《ようどう》）・島津茂久《しまづもちひさ》（薩摩藩主、のち忠義《ただよし》）の五名、参与に、公家の岩倉具視ほか五名、尾張・福井・芸州・土佐・薩摩藩士各三名（達文では人数のみ記載）が任ぜられた（全書一）。議定と参与はその後、それぞれ増員され、また解任される者もあった。

なお、新政府は、戊辰戦争勃発後、慶応四年（一八六八）一月二七日付で、旧幕府から「松平」の「苗字《みょうじ》」を称することを許されていた「大小名《だいしょうみょう》」たちに、速やかに「本姓《ほんせい》」に復《ふく》するよう沙汰《さた》されている（同上）。これ以

総裁	熾仁親王
議定	親王 2，公卿 3，諸侯 5
参与	公家 5，諸藩士（尾張・福井・芸州・土佐・薩摩各 3）

図 6　三職の人的構成

降、旧将軍の偏諱《へんき》（名前の一字）を与えられて名乗ることを許されていた名前も、その家伝来の名乗りに変更する向きが相次いでいく。右の議定のうち、浅野・山内・島津は、その時点ではいずれも「松平」であったが、紛らわしいので、改姓後の「本姓」で表記したが、名前は当時のままにしておいた。

三職の最初の布陣は、長州藩がまだ加えられておらず、かならずしも討幕派が多数を占めてはいない。しかし、施政のさい、その「至当之公議」を話し合いで見出すこととなってはいるが、会議構成員の多数決によって決定がなされる、という手続き原理がそこで確立していたわけではない。新政府で、それが制度的に導入されるのは、後年の事に属する。しかも、その決定は「叡慮」（天皇の意向）と合致するものでなくてはならないことは、「王政復古」を掲げる以上、当然の大前提だった。さすれば、その「叡慮」を実質的に掌握し、薩摩藩兵が中心となって、軍事的にも京都御所を確保している、討幕派が有利な立場にあると言えよう。

しかしながら、物事はそう単純には運ばない。その軍事力も、全国規模で見れば、わずかな実力に止まっている。さらに、新政府には、朝廷のわずか三万石の禁裏御料《きんりごりょう》の他に、引き継ぐ独自の財政基盤はない。そこで、政変当夜の小御所会議《しょうごしょかいぎ》以降、新政府にとって、最初の、そして最重要な政治課題は、その確保に向けられざるを得なかった。いわゆる慶喜の「退官《たいかん》・納地《のうち》」問題である。

「大政奉還」直後の朝廷と旧幕府

図7　大政奉還

慶応三年（一八六七）一〇月一四日、徳川慶喜が「大政奉還」を上表（朝廷へ提出）して以降、新たな国制のあり方が、当然、政治問題化せざるを得なかった。その焦点は、新国制における中央政府の政治組織や、その人的構成だったが、同時に、その財政基盤をどうするかも、問われることとなった。朝廷―新政府と慶喜側とのやり取りの経緯《けいい》は、おおよそ以下の通りである（『徳川慶喜公伝』史料篇三）。

朝廷は、同年一一月一五日、慶喜と徳川慶勝・松平慶永および在京諸藩主に今後の国制について諮問したが、その中では「仮令者《たとえば》当今《とうこん》諸藩《しょはん》封建《ほうけん》之義《ぎ》抔《など》、迚《とて》も往古《おうこ》郡《ぐん》県《けん》之儀《ぎ》ニモ難相成哉《あいなりがたきや》ニ被思召《おぼしめされ》候《そうろう》」と、「封建制度」から「郡県制度」への転換などは現状ではとてもできない、との認識が示されていた。

ところが、江戸在府の譜代《ふだい》諸藩主の間に大政奉還への強い反発が生じ、彼らが官職・位階を返上して徳川宗家《そうけ》の直臣《じきしん》、すなわち旗本《はたもと》になろうとする動きが伝えられるに至ると、一転して、朝廷では「王土論《おうどろん》」が前面に押し出されてくる。一一月付で慶喜へ下された「御沙汰書《おさたしょ》」では、「抑《そもそも》皇国《こうこく》億兆《おくちょう》之人民者《のじんみんは》天祖《てんそ》（皇祖《こうそ》神《しん》）之所胚胎《のはいたいするところ》（生み出したもので）、上御一人《かみごいちにん》（天皇）といへとも御専制難遊事勿論《ごせんせいあそばしがたきこともちろん》ニ候、然《しか》るを陪臣《ばいしん》（天皇の臣下である将軍の、そのまた臣下）之分《ぶん》（身分）として皇国之土地《とち》・人民を押領《おうりょう》・私有致《しゆういた》し候大罪《だいざい》、皇憲《こうけん》（わが国法の大原則）之所不許《ゆるさざるところ》」とし、慶喜にその鎮撫《ちんぶ》方《かた》が命ぜられている。

一方、大政奉還上表後の新たな政治状況下では、朝廷の経費増大が当然ながら予想され、慶喜側でもその点の対策の必要を認めている。慶喜側は、一〇月二〇日、当面、直ちに措置を要すると考えられる八ヵ条に関して、朝廷へ伺い出ているが、その第二条で禁裏御料と御《お》入用筋《いりようすじ》は従来の扱いのまま、とくに前者は旧幕府の京都代官の小堀数馬《こぼりかずま》にその支配を委ねたままでよいかどうかを尋ねている。これに対する朝廷の回答は同月二二日に下され、それらの「規則」は召集した「諸侯《しょこう》」（諸大名）の上京を俟《ま》って審議して制定するが、当面は従来通りでよい、というものだった。しかし、後年の慶喜の回想によれば、老中の板倉勝静《いたくらかつきよ》がこの点を案じて、小堀に命じて二、三万両を朝廷へ献金させたという。

「王政復古」政変後の「領地」論争

「王政復古」政変当夜の小御所会議で激論の末、慶喜に征夷大将軍辞職の允許《いんきょ》と「退官・納地」の内旨を慶勝・慶永に諭達《ゆたつ》させることが決定された。翌一〇日、両名は二条城で慶喜と会見して右の内旨を伝えたが、慶喜は、内大臣の辞官は受諾したものの、「納地」については、新政府入費献上の意志はあるが、配下の人心鎮定までその具体化は見合わせてほしい、との意向を表明した。同日、慶永がその意向を朝廷に伝え、暫時の猶予を願い出た。

このとき内示された、朝廷への返上が求められた「領地《りょうち》」は、後年の慶喜の回想によれば、旧幕府領四〇〇万石のうちの二〇〇万石で、この会見内容が漏れて、二条城内が大騒ぎとなったという。同月一二日、慶喜は、配下の人心鎮定《じんしんちんてい》、不測の事態回避を理由に、大坂城へ退去した。

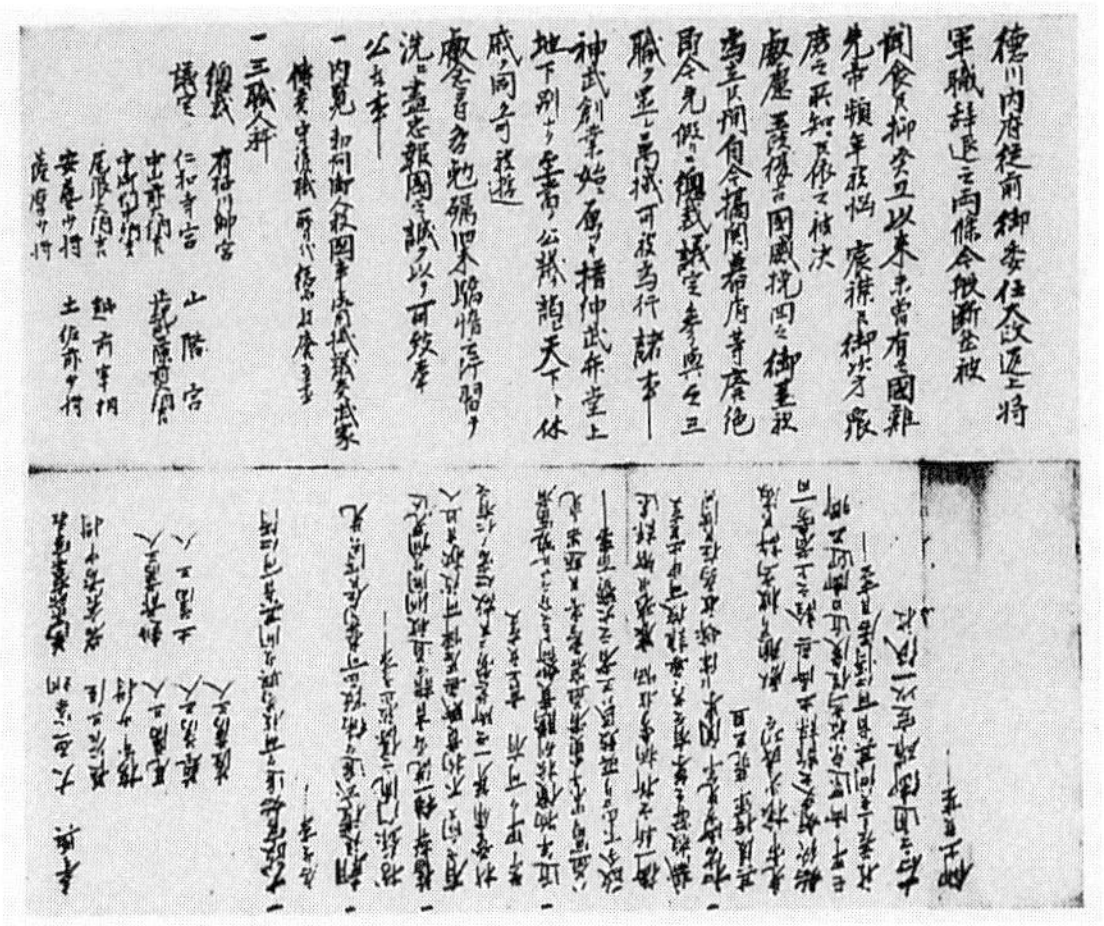

図8 「王政復古の大号令」

こうした事態を前にして、朝廷では、「納地」の内旨《ないし》について、その決定手続きを明確化し、同月二四日、「政権返上被聞召《きこしめされ》候上者《うえは》、御《ご》政務《せいむ》用途《ようと》之分《ぶんは》、領地之内《うち》ヨリ取調《とりしらべ》之上、天下之公論《こうろん》ヲ以《もって》、御《ご》確定《かくてい》可被遊《あそばされべく》候事」という「御沙汰書」を慶喜へ下すことにした。同月二六日、慶永と尾張藩付家《つけが》老《ろう》（幕府が配置した家老）の成瀬《なるせ》正肥《まさみつ》が大坂城を訪れて、右の「御沙汰書」を伝宣《でんせん》した。同月二八日、慶喜は「所労《しょろう》」（病気）を理由に、板倉から「御沙汰之趣《おもむき》、謹《つつしみて》承《うけたまわり》仕《つかまつる》」との請書《うけしょ》（承諾書）を両名へ渡させた。

と同時に、「御政務用途」については、「皇国高割《たかわり》を以《もって》相《あい》供《そなえ》候様不相成《ようあいならず》候而者《ては》、臣子《しんし》之鎮撫行届不申《ゆきとどきもうさず》、容易《ようい》ニ御《お》請《うけ》も難申上候《もうしあげがたく》」と、それを「確定」する「天下之公論」の方向を、石高割での全国賦課に限定し、それでなければ、家臣の反対を抑えられないので、容易には承諾し難い、との意見を付している。慶喜は、政権返上を「領地返上」（たとえ一部にしても）へと直結させる朝廷の論理を明確に拒否し、全国高割案を対置している。

この対案の根底には、朝廷が依拠する「王土論」を拒否し、自身が祖宗《そそう》から継承した「領知《りょうち》」を家《か》産《さん》と看做《みな》す論理が伏在《ふくざい》すると見てよかろう。慶喜は、はるか後年の回想の時点ですら、朝廷が求めた「返上」を、あくまでも「献上《けんじょう》」と言い直している。これは、単に文言の差異ではなく、根本にある考え方の相違に由来するものと見るべきだろう。

同月三〇日、慶勝と慶永は、慶喜が請書を差し出して「御沙汰」を受諾したことを朝廷へ復命した。しかし、それからわずか四日後の、慶応四年（一八六八）一月三日から四日にかけ、鳥羽《とば》・伏見《ふしみ》の戦が起こり、戊辰《ぼしん》戦争（「戊辰」は慶応四年＝明治元年の干支）が始まる。かくして、「王政復古」政変後の「領地」論争は、実力による決着に俟《ま》つこととなったのである。

領知と「領地」

近世の土地制度では、一つの地所に領主の「領知《りょうち》」と、領民の「所持《しょじ》」という、二つの権能が対偶《たいぐう》、重層《じゅうそう》する形で成立していた。新政府は、前出の徳川慶喜への「御沙汰」以来、発する法令や文書などの多くで、領知を「領地《りょうち》」、またその回収を上知ではなく「上地《じょうち》」と表記している。そうした用字の基礎にある、土地制度観の理念的背景には、律令制下の「公地《こうち》公民制《こうみんせい》」が依然として法的正統性を有するとの前提に立ち、近世領主権をその歴史的前身ともども違法視する、「王土論」があると見られる。

「王土論」に立って、近世の土地制度を理解した場合、近代法の観点からは、領知の法的本質が、公権である国土統治権なのか、私権である土地所有権なのか、はたまた両者が重畳《ちょうじょう》する国家的土地所有権なのか、といった法理上の問題がそこに生じて来ざるを得ない（奥田二〇〇一・〇四c・〇七）。しかし、「王政復古」政変から廃藩置県に至る時期は、近代法原理が体系的には未《いま》だ受容《じゅよう》されてはおらず、新政府にも、もちろん、そうした認識はなかった。ちなみに、その問題を政府首脳部が自覚するに至ったのは、明治一五・一六年（一八八二・八三）に起こった皇室財産創設をめぐる論議の際である（奥田一九九三・二〇〇一）。

以上の事情を念頭に置いた上で、「王政復古」政変後の時期に関する本書の叙述では、新政府が多用した「領地」や「上地」の語を用いたい。

2―新政府の政治組織

「三職」の役所と権限・分掌

鳥羽・伏見の戦が起こった、慶応四年（一八六八）一月三日付で、嘉彰親王が軍事総裁に任ぜられ、「御守衛兵士」を「指揮・進退」する権限を委ねられた（全書一）。以後、嘉彰親王は「将軍宮《しょうぐんのみや》」（同上）と称される。先の「大号令」で幕府が廃止されたのだから、当然、その主体たる天皇の軍事指揮権を代行する「将軍」の職も廃止されたはずである。ところが早くも、ここでその「将軍」が復活せざるを得なくなっているのである。ここに、天皇「親征《しんせい》」問題が惹起され（佐々木一九九八・二〇〇二）、その後の大坂「親征《しんせい》」、東京行幸《ぎょうこう》（東幸《とうこう》）が行われていく制度上の背景がある。

戊辰戦争の勃発は、新政府にその政治組織の構築を、否応なく促すこととなる。同月一三日付で、翌一四日から「太政官代《だじょうかんだい》」（新政府の仮役所）を九条家邸に設置することを布達した（同上）。律令制の太政官《だいじょうかん》は、内裏《だいり》の宮廷とは別個の施設である、大内裏《だいだいり》の官衙《かんが》群として存在していた。新政府の政治機関をそうした「太政官」と概念して、その役所を御所の外部に設けることは、宮廷と新政府機関とを政治空間的にも分離する措置だった。さらに、一四日付で、一乗院《いちじょういん》里坊に仮設されていた「参与役所」を西殿町の九条家邸の「裏方《うらかた》」へ移転している。ついで、二六日付で、太政官代と参与役所を接収した二条城へ移転し、翌二七日から、そこで従来通り業務を行うことが布達されている（同上）。

また、同月一七日付で「三職分課《ぶんか》」（同上）が以下のように定められた。

総裁は、「宮《みや》」（宮家《みやけ》をなすか、宮を号する親王）を就任者とし、「万機ヲ総裁シ一切ノ事務ヲ決ス」と権限が規定された。これにより、総裁は、宮廷とは異なる政治空間に立地する、新政府機関の最高権力を掌握することとなった。しかし、これでは、天皇親政の復活という「王政復古」の看板と齟齬《そご》を来してしまう。しかし、戦時中という非常事態であることに加え、新政府の人的構成が公家と武家、諸藩士出身者の寄り合い所帯であり、その間の最終的な調整や裁決の判断を、若年で政治的経験の乏しい天皇に委ねるのが難しいことなどから、その修正には意外に時日を要した。これも、前述の天皇

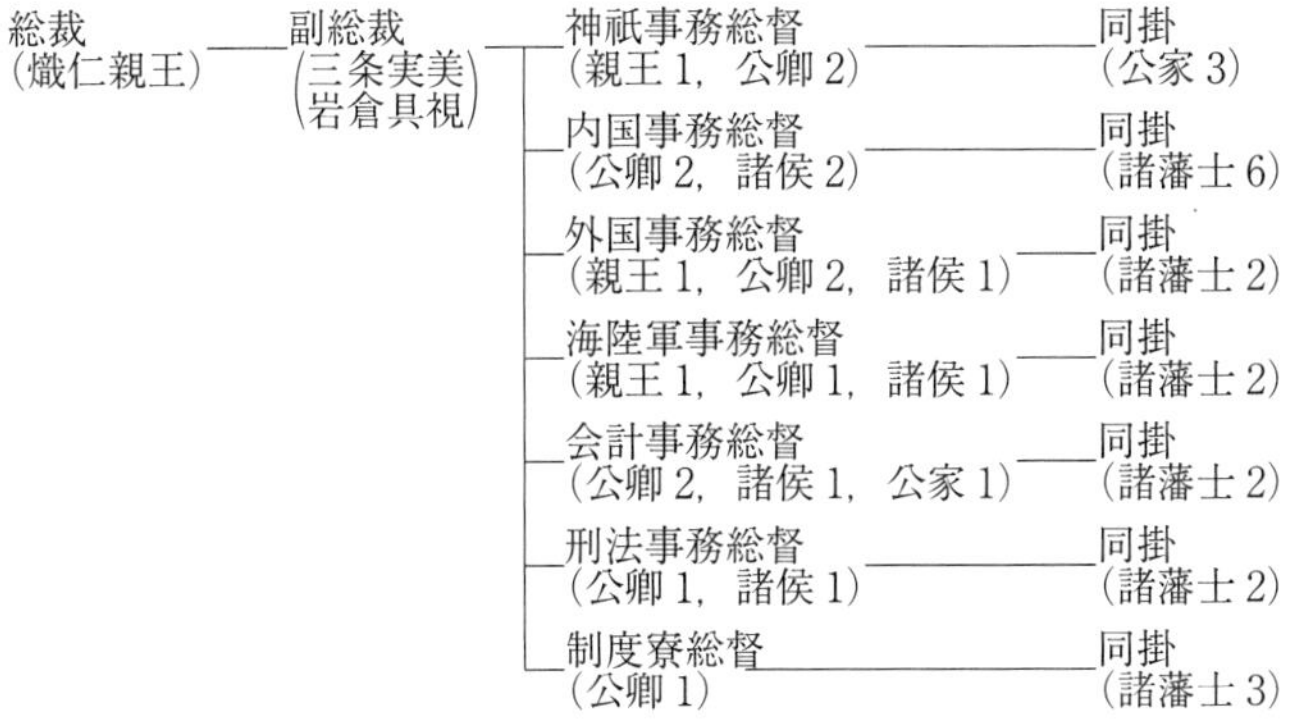

図9　三職分課の新政府組織

「親征」問題の一つの背景となっていく。

議定は、「宮」・「公卿《くぎょう》」（三位《さんみ》以上の位階を有する公家）・「諸侯《しょこう》」（諸大名、後述）を就任者とし、「事務各課ヲ分督《ぶんとく》（分担して監督）シ、課事《かじ》（分担した課の事務）ヲ定決《ていけつ》（決定）ス」と権限を規定され、担任する各課の責任者としての職名は「事務総督《じむそうとく》」（制度寮のみ「総督」）となった。議定は、分担範囲内の政務はその手限りで決定できる仕組みである。さすれば、総裁の仕事は、各課にまたがる政務や、各課間の調整に限られよう。分課は、内国《ないこく》・外国《がいこく》・海陸軍・会計・刑法の五課と制度寮《せいどりょう》の六つだが、同日付で発令された三職分課の人員配置には分課の第一に「神祇《じんぎ》」が置かれているので、併せて七課となる。この「七課」は、従来、一般に「七科」と表記されてきたが、全書や『太政官沿革志』（同三〈以下、沿革三と省略〉）では「課」と表記されているので、ここではそれに従っておく。

参与は、就任者の身分規定はなく、「事務ヲ参議シ、各課ヲ分務ス」とその権限が規定され、担任する各課の職名は「事務掛《じむがかり》」（制度寮のみ「掛」）となった。

そして、議定と参与は、すでに任命されている者も含め、あらためて当一月付で「徴士《ちょうし》」として任じ、「月給」を支給することとした。

徴士の歴史的意義

徴士は、「定員」がなく、右に加え、「諸藩士」と「都鄙《とひ》有才ノ者」を「撰挙抜擢《せんきょばってき》」して参与に任じ、「下《しも》ノ議事所」の「議事官」とするか、各課の事務掛に配属する。その「撰挙」は「公議」によって行い、任期は四年で、再任は「衆議」によるが、在職は最長八年までとし、定員は設けない。

新政府がこの徴士の制度を設けたことには、次の二つの点に歴史的な意義があろう。

第一は、徴士を、諸藩士からのみでなく、士分以外からも人材を得ようとしていることである。新政府は、その政治組織を「四民協力」の形で人的に構成する制度を、当初から採用しているのである。この点は、「四民協力」を実現する国制への改革が幕末政治以来の根本課題である（奥田二〇〇四ａ・一〇）ことを考えると、どうしても見逃すわけにはいかない。

問題は、徴士の「撰挙」方法が何ら規定されていないことである。後出の人員配置を見れば、討幕派の公家や薩摩・長州両藩士出身者と、「王政復古」政変の関係諸藩士出身者とを、いわば縦横の軸とし、そこに、いわゆる「草莽」の「志士」たちまでウィングを広げて、リクルートした観がある。この徴士の「撰挙」方法こそ、その具体的な人選とともに、最初期の新政府にとって、最大の「公議」のテーマの一つであったに違いなかろう。

翻って考えてみれば、ここで行われているような「一本釣り」方式で、新政府を人的に構成するだけでは、しかも、そこに「公議」がどのように関与するのかも暗中模索の状態では、到底、「四民協力」の政治的実現などは覚束《おぼつか》ないだろう。ここに、「立憲政体」導入へと向かっていく、否応のない制度的背景がある、と言えよう。

第二に、徴士が新政府から給与を支給されることである。それは、公家の場合、既存の領地・俸禄はそのままだったから、それに加給されるもので、旧幕府の「役料」（職務手当）に相当しよう。他方、武家の場合も、公家と同様だったが、その支給によって、一応、天皇の直臣《じきしん》＝朝臣《ちょうしん》となったと言える。けだし、諸侯（諸大名）といえども、旧幕府の下では、将軍の臣下であり、天皇に対しては陪臣《ばいしん》の身分であった。いわんや、そのまた家臣である諸藩士においてをや、である。

もっとも、武家の朝臣化が、直ちに新政府固有の官僚を形成することに繋がった、と即断してはなるまい。そもそも、徴士は任期制で、最長二期・通算八年がその上限だった。

さらに、この朝臣化が彼らの政治意識、とりわけ出身藩との関係にどう影響したかである。武家の議定は、現役の藩主か、その隠居や世子だったから、彼らが自藩の利害を離れて行動できようはずはなかった。もちろん、諸藩士出身の参与の中には、施政上の実務能力がその政治的資産となっている向きもあった。しかし、薩摩・長州・土佐藩士出身者などは、出身藩の軍事力が最大の政治基盤だったから、朝臣の一枚看板だけで行動するわけにはいかなかった。また、後出の西郷隆盛《さいごうたかもり》のように、戊辰戦争終結後、帰藩して藩政に当たるケースもあった（落合二〇一三）。

実際、三月二五日付で、公卿や「列藩衆《れっぱんしゅう》」（諸侯と諸藩士出身者）の議定・参与が、「家来《けらい》」を役所に呼び寄せることを、「大切《たいせつ》之御用取扱《とりあつかい》」に支障があるとして禁じ、用向きがあれば、役所の取り次ぎ役を介して、「家来」に伝えるよう、布達されている（全書一）。議定や参与が新政府の職員として、朝臣の立場でそれぞれの職務に専念するのは、そう容易《たやす》いことではなかったと言えよう。

諸藩士出身者の朝臣化が新政府官僚の形成へと繋がる、制度上の決定的な転機は、後述する版籍奉還《はんせきほうかん》の聴許《ちょうきょ》を俟《ま》たねばなるまい。

「議事ノ体」

前出の「下ノ議事所」は、そこでなされる「輿論《よろん》公議」を採用して、施政を進めるために設置される。そこには、諸藩主が撰任した「貢士《こうし》」もその議事に参加する。貢士に任期はなく、藩主の「進退《しんたい》」に委ねる。その定員は、四〇万石以上の「大藩」が三名、三九～一〇万石の中藩が二名、九～一万石の小藩が一名である。なお、貢士のうち、「才能」により徴士に撰挙する場合もある。つまり、貢士は、朝臣となった徴士とは異なり、新政府の「議事官」として諸藩から出向する者ということになろう。

ところで、「下ノ議事所」が置かれることとなっているのに、「上《かみ》ノ議事所」が見えないのはどうしたことか。もっとも、慶応四年（一八六八）三月二九日付の布達で、「宮《みや》（親王）・公卿・諸侯以下」の新政府全職員に対して、「上ノ議事所」に配置された「改《あらため》ノ者《もの》」へ出退勤を通知するよう指示されている（全書一）。この時点で、新政府に、「上ノ議事所」なる施設が設けられていたことは明らかだろう。問題は、そこで行われた会議の中身である。

同年一月二一日付で、制度寮総督の万里小路博房が、総裁の熾仁親王の命を受けて達した、四ヶ条からなる太政官代の勤務規定に、その手がかりを見出すことができよう（同上）。勤務規定は、第一条が出退勤時刻（「巳《み》ノ刻《こく》」＝午前九時に出勤、「申《さる》ノ刻」＝午後五時に退勤）、第二条が毎月の休業日（「一六ノ日休」〈毎月の休業日は一・六・一一・一六・二一・二六日、明治九年〈一八七六〉に日曜日へ変更〉で、該当するのは次の第三・四条である。

(3)一議事ノ体《てい》、総裁ヲ始《はじめ》、下《しも》参与迄《まで》、総《すべ》テ出席無之向《これなきむき》ハ不相預《あいあずからず》、次官ニテ可決事《きむべき》

(4)一毎日巳ノ半刻ヨリ議事相始可《あいはじめもうすべき》申事

第三条では、三職全体および各課内の会議における議事は、総裁から参与に至るまで、当該の会議に参加すべき役職者が出席していなくとも、その案件を持ち越さず、それぞれ次官の者が主宰して会議を行い、議決することが定められている。また、第四条では、そうした各種の会議での議事は、毎日、午前一〇時から開始することになっている。

つまり、三職における政務の執行全体が、会議を中心に進められているのである。その限りでは、新政府は、大政奉還上表以降、今後の国制改革の方向として浮上して来た、「公議政体」を、「王政復古の大号令」での宣言に止めず、自身の政治制度として実現しつつあった、と言ってよかろう。

もっとも、「三職分課」と同日付で発令された、その人員配置は、神祇が総督三名・掛三名、内国が総督四名・掛六名、外国が総督四名・掛二名、海陸軍が総督三名・掛二名、会計が総督四名・掛二名、刑法が総督二名・掛二名、制度寮が総督一名・掛三名という構成で、独任は制度寮総督のみだった（全書一）。ここには、公家と武家、諸藩士出身者の寄り合い所帯という、新政府の性格が如実に現れている。これでは、話し合わなければ、政府機関の運営は到底、できまい。「議事ノ体」は、組織

構成上からも不可避の要請だったと言えよう。

このように、三職の政務執行と組織運営がともども会議によらなければならない、換言すれば「議事ノ体」をとらざるを得ないとすれば、三職における会議の考え得る形態は、①「王政復古」政変当夜の小御所会議に始まった、三職全員による会議、②複数の課による合同会議、③各課内での会議などとなろう。「上ノ議事所」で行われる会議が、これらのうちのどれか、あるいは、それら各種の会議すべてなのかは、不明である。しかし、いずれにせよ、それが三職の会議であることは間違いなかろう。

「上ノ議事所」での会議がかような実態である上、戊辰戦争への突入という事態の下、「下ノ議事所」の方も、実際にそれを開設し、議事を始める見通しすら、この時点では立っていない。しかし、こうした「議事ノ体」の実際が、「公議政体」を希求し、ようやくその端緒として実現した、わが国における「立憲政体」導入への試みの、初発の形姿《けいし》だった。

三職分課の人員配置

右の人員配置では、新たに「副総裁」が設けられ、亡命先の大宰府《だざいふ》から京都に帰還した三条実美《さんじょうさねとみ》（刑部二〇一六）と、岩倉が任ぜられている。各課の事務総督は、神祇が熾仁親王・中山忠能と白川資訓《しらかわすけのり》（長く神祇伯《じんぎのかみ》を世襲し、朝廷の神祇祭祀を担当）、内国が正親町三条・松平慶永・山内豊信と徳大寺実則《とくだいじさねつね》（西園寺公望《さいおんじきんもち》は実弟）、外国が晃親王と三条実美・東久世《ひがしくぜ》通《みち》禧《とみ》（「王政復古」政変後、三条らと帰京）・伊達宗城《だてむねなり》（前宇和島藩主）、海陸軍が嘉彰親王・岩倉具視・島津茂久、会計は中御門経之・岩倉具視・浅野茂勲と西四辻公業《にしよつつじきみなり》、刑法が長谷信篤《ながたにのぶあつ》・細川護久《もりひさ》（熊本藩主の世子）、制度寮が万里小路《までのこうじ》博房《ひろふさ》である。

右のうち、「三職」設置後に補充任命されたのは、公家が三条実美ほか六名なのに対して、武家は伊達宗城と細川護久の二名に止まる。また、三条が外国、岩倉が海陸軍と会計を兼ねているが、他に兼職者はいない。注目されるのは海陸軍で、軍事総裁の嘉彰親王と岩倉、薩摩藩主の島津茂久で固めた上に、事務掛は長州藩士出身の広沢兵助《ひろさわひょうすけ》（真臣《さねおみ》）と薩摩藩士出身の西郷吉之助《きちのすけ》（隆盛）の二名だけなことである。軍事は、皇族を要して、戦費の調達も含め、岩倉がその事務を取り仕切り、将兵の実質的な指揮権は薩長両藩が掌握する、という態勢であろう。ちなみに、大久保市蔵《いちぞう》（利通）は、内国事務掛を担任し、内政に当たる形になっている。

図10　三条実美

それは単なる政治力学の所産ではない。前出の勤務規定の第三条によって、仮に事務総督の議定が議事の場に誰も出席しなかった場合ですら、「次官」の者、つまり事務掛の参与だけで案件を処理できることとなっている。ここに、新政府の施政上の実務が、三条や岩倉と、薩長両藩を中心とする諸藩士出身者によって、実質的に掌握され、執行されていくこととなる、制度上の条件が成立しているのである。

その一つの典型的な事例は、新政府の財政運営である。福井藩士出身の三岡《みつおか》八郎（のち由利《ゆり》公正《きみまさ》）は、会計事務掛と

図11　由利公正

制度寮掛を兼任している。事務掛の兼任は、人員配置の発令時では、彼だけである。三岡は、新政府の財政運営を実質的に取り仕切り、軍資金や徴士への給与などの財源となる「会計基立《もとだて》金《きん》」の原資三〇〇万両を、京坂の豪商などから調達する一方、その償還と全国市場の掌握をねらって、太政官札《だじょうかんさつ》（金札《きんさつ》）の発行に踏み切っていく。いわゆる新政府当初の「由利財政」である（藤村一九六八、山本一九九四）。

また、三岡が掛を兼職した制度寮の職掌は、「官職・制度・名分・儀制・撰叙・考課・諸規則ノ事ヲ督ス」と規定されている（全書一）。彼は、同じくその掛となった土佐藩士出身の福岡藤次《とうじ》（孝弟《たかちか》）とともに、新政府の政務議事綱領の起草に当たっていく。これが「五ヶ条の御誓文《ごせいもん》」の原型となったことは周知のところだろう。ちなみに、三名が撰任された制度寮掛のもう一人は、尾張藩士出身の田中邦之助《くにのすけ》（国之輔、不二麿《ふじまろ》）で、その後、新政府による教育制度の創設、とりわけ「教育令」の制定を主導していくこととなる。

八局への改編

新政府は、慶応四年（一八六八）二月一日付で、明後三日、天皇が二条城の太政官代へ親臨すること、ついで翌二日付で、「東征《とうせい》」進発の「大軍議」を開くため、一月二八日に、将軍宮（軍事総裁）嘉彰親王を帰洛《きらく》させたことを布達した。かくして、三日、天皇親臨の下、太政官代で、「東征」進発の態勢が決定される。

局	職員
総裁局	総裁（熾仁親王） 副総裁（三条実美，岩倉具視） 輔弼（中山忠能，正親町三条愛実） 顧問（小松清廉，後藤象二郎，木戸孝允） 弁事（公卿 2，諸藩士ら 6） 史官（2）
神祇事務局	督（白川資訓） 輔（諸侯 1，公卿 1） 判事（ほか 1） 権判事（公卿 1，公家 3）
内向事務局	督（徳大寺実則） 輔（諸侯 1） 権輔（公卿 1，諸侯 1） 判事（諸藩士 7） 権判事（公卿 4，ほか 2）
外国事務局	督（晃親王） 輔（諸侯 1） 権輔（公卿 1，諸侯 1） 判事（諸藩士 7）
軍防事務局	督（嘉彰親王） 権輔（公卿 1） 判事（諸藩士 4）
会計事務局	督（中御門経之） 輔（諸侯 1） 権輔（公卿 1） 判事（諸侯 1，諸藩士ら 3） 権判事（公卿 1）
刑法事務局	督（近衛忠房） 輔（諸侯 1） 権輔（公卿 1） 判事（諸藩士ら 3）
制度事務局	督（鷹司輔熙） 権輔（公卿 1） 判事（諸藩士ら 2） 権判事（諸藩士 1）

図 12　八局の新政府組織

その第一は、三職の分掌を七課から八局に改編することだった（全書一）。「万《ばん》機《き》ヲ総《す》ヘ、一切ノ事務ヲ裁決ス」る「総裁職」として、宮が就任する総裁と、公卿・諸侯が就任する副総裁を置き、総裁には熾仁親王、副総裁には三条実美と岩倉具視が引きつづき任ぜられた。注目点は、副総裁の権限が総裁と同等とされ、長官不在の場合は次官がその権限を代行する、という前出の規定を職制本文に盛り込んだことである。同じく三日付で、天皇の「親征」

図13　後藤象二郎

図14　木戸孝允

と「大総督」の任命とが布達され（同上）、九日夕、総裁の熾仁親王が大総督に親補され（『熾仁親王行実』巻上）、総裁はまもなく不在となるのである。

七課が八局になったのは、「総裁局」が新置されたからである。同局には、総裁・副総裁の下に、議定が就任する「輔弼《ほひつ》」、参与が就任する「顧問《こもん》」と「弁事《べんじ》」が置かれた。輔弼には中山忠能と正親町三条実愛、顧問には薩摩藩士出身の小松帯刀《こまつたてわき》（清廉《きよかど》、高村二〇一二）、土佐藩士出身の後藤象二郎《ごとうしょうじろう》（元曄）、長州藩士出身の木戸準一郎《きどじゅんいちろう》（孝允《たかよし》）の三名、弁事には公家の東園基敬《ひがしぞのもとゆき》と坊城俊章《ぼうじょうとしあや》、土佐藩士出身の神山《こうやま》左多衛《さたえ》（郡廉《くにきよ》）、田中国之輔（不二麿）らの八名が任ぜられた。弁事は、このとき置かれた「史官《しかん》」とともに、総裁局の書記官だった（沿革三）。

これを要するに、「東征」進発後の新政府の政務は、三条・岩倉両副総裁と薩長土三藩を代表する顧問の小松・後藤・木戸の三名が中心となって、「万機」を取り仕切ることとなり、その事務は弁事が担当することとなったのである。

総裁局以外の七局の「事務各課ヲ分督シ、議事ヲ定決ス」る「議定職」には宮・公卿・諸侯を任じ、「事務ヲ参議シ、各課ヲ分務ス」る「参与職」には公卿・諸侯・徴士を任ずる。注目点は、徴士を「諸藩士及都鄙《とひ》有才ノ者」に限定し、その職を参与に定めたことである。これにより、公卿と諸侯は徴士から除外され、当然、その給与も支給されないこととなった。徴士・貢士とも、それ以外は前出の規定を踏襲している。

公卿と諸侯は、徴士から除外されても、朝臣であることには変わりない。公卿は元から朝臣である。三職に登用された諸侯も、その時点で朝臣化している、との扱いなのであろう。しかし、諸侯一般が朝廷との間にどのような関係を取り結んで朝臣化したのか、また、彼らが新政府の政治組織でどのような職、したがって職掌・権限を有するのか、といったことは、この時点では何ら制度的な規定を与えられていないことには留意しておきたい。

それ以上に注目すべきは、前出の七課を改称した、神祇・内国・外国・軍防《ぐんぼう》・会計・刑法・制度の七事務局に、各役職にそれぞれの職階上の地位に応じて職務と権限を配当し、それら相互間に指揮―被指揮関係の重層的な序列秩序を形成する、職務階統制《しょくむかいとうせい》を導入していることである。すなわち、各事務局は、長官の「督《かみ》」(就任者は独任の議定)、次官の「輔《すけ》」(就任者は複任の議定・参与)、三等官の「判事《はんじ》」(就任者は複任の参与)、輔には「権輔《ごんのすけ》」、判事には「権判事《ごんはんじ》」という准任職がそれぞれ置かれたのである。なお、総裁局の史官と、各事務局の一部の権判事には、参与ではない者も任ぜられている。

これにより、各事務局は、独任の長官の下、議定と参与が輔・権輔・判事・権判事という階統に配され、さらに参与ではない史官や権判事をその下に置いて、業務を執行する体裁に、一応はなった。しかし、独任の督が就任する議定の権限は、「事務各課ヲ分督」する一方で、そこでの「議事ヲ定決ス」ることとなっており、各事務局の運営が談合方式から容易には脱却できない状況が、職制の規定文面にも顕れている。

「東征」進発と大坂「親征」

「東征」進発態勢の第二は、前出の天皇「親征」と「大総督」任命である。前述したように、鳥羽・伏見の戦の勃発に伴い、慶応四年（一八六八）一月三日付で、嘉彰親王が軍事総裁に任ぜられ、徳川慶喜とその与党の征討軍の指揮権を委ねられたが、征討軍の編制は以下のようになされていく。すなわち、同月五日に橋本実梁《はしもとさねやな》を東海道鎮撫総督、翌六日に岩倉具定《ともさだ》（具視の子）を東山道鎮撫総督、高倉永祐《たかくらながさち》を北陸道鎮撫総督に任じ、二月八日に三道鎮撫総督を三道先鋒総督兼鎮撫使と改称し、翌九日に、前述したように、熾仁親王を大総督（東征大総督）に任じ、三道先鋒総督兼鎮撫使を統督させることとした。熾仁親王は、同月一五日、「節刀《せっとう》」と「錦旗《きんき》」（二旒《りゅう》）を授与され、征討軍の指揮権を委ねられて、「進発」したのである（『熾仁親王行実』巻上）。

このように、幕府＝征夷大将軍の制度を廃止して「王政復古」したものの、戊辰戦争の勃発で、「将軍」による天皇の軍事指揮権代行制度を実質的に復活せざるを得ず、しかもその軍事組織（当然ながら、占領地では軍政組織ともなる）は、天皇を擁する京都の太政官代の新政府と、江戸へと向かって政治空間的には遠ざかっていく。新政府の成立で制度的に統一＝止揚《しよう》されたはずの、武家政権成立の制度的端緒をなす、政軍二元化が再現されかねない制度的状況が生じたのである。実際、二月一二日付で、熾仁親王によって「陸軍諸法度《しょはっと》」と称する軍法が布達されている（全書一）。

頼山陽《らいさんよう》は、幕末の「志士」必読書となった『日本外史《にほんがいし》』で、「源氏《げんじ》は王土《おうど》を攘《ぬす》み、（中略）足利《あしかが》氏は王土を奪《うば》」った、と断罪しているが（『日本外史』（中）、足利氏への論賛《ろんさん》）、両者の武家政権が天皇の軍事指揮権を代行する「征夷大将軍」にその制度上の正統性を求め、かつ関東を軍事的に制圧し、全国へその支配をおよぼす拠点としたこともまた、その活写するところである。前出の「王政復古の大号令」が、「志士」たちの間で「常識」化している、こうした歴史理解を土台としていることは明白であり、新政府が建武《けんむ》政権の二の舞を踏《ふ》むことを用心して政軍二元化を忌避《きひ》するのは当然だろう。

政軍二元化の再現回避には、天皇自身の「親征」の事実と、大総督はその先鋒にすぎない、との政治的かつ軍事的な位置づけが必要となろう。二月一四日付で征討軍全体の編制が布達されているが、この編制では大総督が「親征大総督」と記されているのは、その一証左だと言えよう。なお、大総督の参謀は、正親町公董《おおぎまちきんただ》（参与）、西四辻公業、西郷隆盛、林玖十郎《はやしくじゅうろう》（通顕、宇和島藩士出身の参与）の四名である（同上）。この陣容からすれば、征討軍の実質的な指揮権は、西郷が掌握していると見てよかろう。

しかし、天皇「親征」には、公家や諸侯、さらには京都市民の間に根強い反対があり、大久保利通がその緊要性をしきりに説いて、ようやく大坂「行幸《ぎょうこう》」という形で実現に漕《こ》ぎ着けている（佐々木一九九八・二〇〇一）。すなわち、熾仁親王の大総督任命と抱き合わせ、同じく二月九日付で同月下旬の「親征」実施、ついで同月二六日付で三月五日の大坂行幸発輦《はつれん》（出発）と、大坂行在《あんざい》中の太政官代の大坂一時移転とが布達されたのである（同上）。

しかも、同じ二六日付で、天皇「親征」＝大坂行幸につき、「種々浮説《しゅじゅふせつ》（流言）等申唱《などもうしとなえ》、人心疑惑《じんしんぎわくに》及動揺《およびどうよう》」が生じているが、「関東平定」の上は還幸《かんこう》（京都に帰還）するので「心得違《ちがい》無之様《これなきよう》、安堵生《あんどしせい》業《ぎょう》ヲ相励《あいはげむ》」よう、わざわざ布達せねばならぬ始末だった（同上）。

実際には、三月二日付で大坂行幸の出発延期が布達され、同月一五日付で、「関東平定之上ハ速《すみやか》ニ還御《かんぎょ》（帰還）」することを断って再達され、出発日も同月二一日と布達されたが、同時に行幸に伴う太政官代の大坂一時移転は中止される。そして、ようやく二一日に出発する。ほぼ一ヵ月半、天皇は大坂に滞在し、天保山で軍艦に乗艦するなどし、閏四月四日付で還幸を布達し、翌五日付で同月七日を還幸出発日と定め、八日に京都御所へ「凱陣《がいじん》」（凱旋）している（同上）。

大久保がこの天皇「親征」に託した政治的意図は、太政官代の大坂一時移転すら実現し得ない有り様だったので、表面的には不発に終わったとも見える。しかし、大久保はこれしきのことで諦《あきら》めるような人物ではないし、この問題が前述した、新政府の存立にも関わる制度的要請をはらんでいるので、後日の東京行幸（東幸）、さらには再東幸＝「東京奠都《てんと》」（遷都《せんと》）へと繋《つな》がっていくことは、もちろんである（佐々木一九九八・二〇〇一）。

3―「五ヶ条の御誓文」と「五榜の掲示」

「五ヶ条の御誓文」の成立経緯

慶応四年（一八六八）三月一五日付で大坂行幸実施が再達された前提には、その前日、一四日付で、「五ヶ条の御誓文」と、その趣旨を説いた「宸翰《しんかん》」（天皇の書翰）が布達されたことがある（全書一）。

「誓文」の原型は、三岡八郎が起草した「議事之体大意《ぎじのていたいい》」であり、その第四条は「貢士期限を以《もっ》て賢才《けんさい》に譲《ゆず》るへし」となっていた。それが後筆で表題が「会盟《かいめい》」、第四条の貢士が「徴士」と修正されている（『明治維新史料選集』下、史料番号一六〈以下、選集下―一六と省略〉）。前述したように、一月一七日付布達の「三職分課」では、貢士には任期の規定がなく、徴士は任期制をとっている。その辺を勘案すると、おそらく、三岡の当初案は、「三職分課」制定以前に「議事之体」の「大意」、すなわち新政府の政務議事綱領として起草され、その制定後に右のように修正されたものと考えられる。

また、三岡案の第五条は「列侯《れっこう》会議を興し、万機公論に決すべし」、また、五ヵ条の後書きには「諸侯会盟之御趣意《ごしゅい》、右等之《みぎなどの》筋《すじ》ニ可被仰出哉《おおせいださるべくや》」とある（同上）。ここから、三岡が当初構想していた「議事之体」は、徳川慶喜の大政奉還上表前後に浮上して来た、全国の諸侯を召集し、その会議を開催して、今後の国制のあり方を審議し、決定しようという、「公議政体」論の新国制制定手続き構想を踏襲した、「諸侯（列侯）会議」構想に立つものであったと見られる。この構想は、福岡孝弟による修正案「会盟」では、三岡案の第四条が、文面を変えず、第一条へ移されて（同上）、より明確な形となっている。

先に、貢士による「下ノ議事所」と対になる「上ノ議事所」が三職の政治組織それ自体である実態を指摘したが、この「諸侯会議」構想によれば、それは「諸侯会議」となろう。しかし、「下ノ議事所」が貢士という諸藩の代表者による議事機関であるのに、それに屋上屋を重ねるように、「諸侯会議」の「上ノ議事所」をも設ける必要があるのか。また、諸侯（諸大名）個々人に自藩を代表して実質的な議事に参加し得る「賢才」がどれほどいるのかも、開国前後以来の政治的経験をふまえれば、すこぶる疑問であろう。

「誓文」と「宸翰」は、総裁局、とりわけ木戸孝允が主導してまとめたもので、そのねらいは、「誓文」第一条に「広ク会議ヲ興《おこ》シ、万機公論ニ決スベシ」と謳《うた》われている通り、「公論」による政治を、新政府の政治綱領の基本に据《す》えようとするものだという（三宅二〇一三）。その形式も、天皇が群臣を率《ひき》いて「天地神明《てんちしんめい》ニ誓《ちか》」う（全書一）というもので、「諸侯会議」に参集した全国の諸侯がその議事綱領を「会盟」（盟約）するという、三岡―福岡案のそれを否定したものだった。

後日、公議所として制度的に実現される「議事院《ぎじいん》」の開設目的について、明治元年（一八六八、慶応四年九月八日に改元）九月一二日付の行政官達では、「誓文」第一条を引いた上で、「朝廷・列藩之際《さい》、気脈《きみゃく》ヲ通《つう》シテ公議ヲ興シ候御趣意《ごしゅい》」によるものと説かれている（同上）。この「趣意」であれば、屋上屋を重ねる「諸侯会議」は不要という判断は当然であろう。

「五ヶ条の御誓文」の政治目標

「誓文」の第二条「上下心《しょうかこころ》ヲ一《いつ》ニシテ盛《さかん》ニ経綸《けいりん》ヲ行フヘシ」の意は、身分の違いを越えて、わが国のすべての人々が一致協力して国家の経営に当たらねばならない、ということで、幕末政治以来の根本課題である「四民協力」による国家経営が謳われている。この第二条の政治綱領こそが、「公論」による政治が目指す目標であるとともに、それを必要とする根源的な理由であることは、多言を要しまい。

そのためには、「誓文」第三条の「官武《かんむ》一途庶民ニ至ル迄、各《おのおの》其《その》志《こころざし》ヲ遂《と》ケ、人心《じんしん》ヲシテ倦《う》マサラシメン事ヲ要ス」、つまり四民全体の諸要求を実現させ、人心を収攬《しゅうらん》することが肝要なのである。

そして、具体的な施政の中身は、第四条で「旧来《きゅうらい》ノ陋習《ろうしゅう》ヲ破《やぶ》リ、天地《てんち》ノ公道《こうどう》ニ基《もと》クヘシ」とあるように、近世までのわが国で支配的であった、とりわけ政治に関する観念や慣習、制度や政策などにとらわれず、「普遍的」なそれらに基づいて進められねばならない。そのためには、第五条前半の「智《ち》識《しき》ヲ世界ニ求メ」ること、具体的に欧米諸国に範を求め、そこに学ぶことが必要なのである。

そうした政治を進めて、第五条後半の「大ニ皇基ヲ振起スヘシ」、つまり「皇国」＝わが国の国家経営の基盤を発展させなければならないのである。

後述するように、米欧回覧から帰国後、木戸孝允は、この「誓文」の政治綱領を拡充して、憲法を制定し、「立憲政体」を導入するよう、政府首脳部に説いている（奥田二〇〇四a）。これは、前述したように、木戸がこの「誓文」成立に深く関与したことによるばかりではない。ましてや、彼の牽強付《けんきょうふ》会《かい》などではなかろう。「誓文」は、「四民協力」の政治的実現という幕末政治以来の根本課題を解決すべく、文久期に「政体」改革構想として成立し、慶応期に「公議政体」論として政局に登壇した国制改革構想（奥田二〇〇四a・一〇）を、新政府の成立という事態を経て、政治理念的なレベルではあるが、ようやくにして、国家意思としての闡明へと漕ぎ着けたものである。さすれば、「誓文」自体が、「立憲政体」の導入へと展開する契機を、その根幹に内在させていると見るのが自然であり、木戸の思考はすこぶる当然な成り行きと捉えるべきではなかろうか。

「宸翰」布達の政治的背景

それにしても、「誓文」の解説とも言うべき「宸翰」がわざわざ付され、この時点で同時に布達された、直截《ちょくせつ》の政治的背景は如何《いか》なるところにあるのだろうか。「宸翰」の中で「神州《しんしゅう》（わが国）ノ危急《ききゅう》ヲ知ラス、朕《ちん》（天皇の自称）一度《ひとたび》ヒ足ヲ挙《あぐ》レハ非常ニ驚キ、種々ノ疑惑ヲ生《しょう》シ万口紛紜《ばんこうふんぬん》トシテ、朕カ志《こころざし》ヲナサヽレシムル時ハ是《これ》、朕ヲシテ君タル道ヲ失《うしな》ハシムルノミナラス、従《したがっ》テ列祖《れっそ》（歴代の天皇）ノ天下ヲ失ハシムルナリ」（同上）と述べられている箇所は、「誓文」第一〜五条に謳われた、人心を収攬して「四民協力」による国家経営を進め、欧米諸国に範《はん》をとった開明《かいめい》政策を推進しようとする、新政府の政治を阻《はば》む動きに対する戒《いまし》めとも、一般的には解し得るし、それはそれで妥当であろう。

と同時に、右の一文は、大坂行幸実施に伴う人心動揺の鎮静《ちんせい》のために、二月二六日付で出された、前出の布達中の文面や、「誓文」と「宸翰」が布達された翌日付で出された、大坂行幸再達の但書中の「全体ノ御危急ヲ知ラス、種々ノ浮説申唱《ふせつをもうしとな》ヘ彼是《かれこれ》疑惑ヲ生シ」云々の文面とも部分的に重複しており、この「宸翰」が翌日再達される大坂行幸の布石でもあったことも明らかだろう。

五榜の掲示

「誓文」布達の翌日、大坂行幸が再達されたの同じ、慶応四年（一八六八）三月一五日付で、いわゆる「五榜《ごぼう》の掲示《けいじ》」が布達され、旧幕府による「諸国ノ高札《こうさつ》、是迄《これまで》ノ分《ぶん》、一切取除《いっさいとりの》ケ」て、「永年掲示《えいねんけいじ》」の「定三札《じょうさんさつ》」（第一〜三札）と、「時々ノ御布令《ごふれい》」で「追《おっ》テ取除《とりのけ》ノ御沙汰《おさた》」がある二つの「覚札《おぼえさつ》」（第四・五札）に取り替えることが指示された（全書一）。

「定三札」の内容は、①五倫《ごりん》（道徳）の奨励、身寄りのない者や障碍《しょうがい》者の援護、殺人・放火・窃盗《せっとう》の禁止、②徒党《ととう》・強訴《ごうそ》・逃散《ちょうさん》の禁止、その告発の奨励、③キリシタンの禁教で、基本的には近世以来の民衆統治方針を継承したものである。また、「覚札」の内容は、①新政府による外交の実施、「万国《ばんこく》ノ公法《こうほう》」（国際法）の遵守、条約の履行、外国人殺傷の禁止、②士民の「本国脱走」の禁止、脱走者の主君・領主の連帯責任、新政府への建言の奨励である。

こうした「五榜の掲示」とりわけ二つの「覚札」は、これに先立つ二月三〇日に京都で起こった、駐日イギリス公使のH・パークスが襲撃され負傷した事件があり、彼の対策要求に応える措置だったという（三宅二〇一三）。

新政府は、パークスが襲われた日、彼の他、駐日フランス公使L・ロッシュと、駐日オランダ代理公使D・G・ポルスブックを京都御所に参内《さんだい》させ、天皇が謁見《えっけん》するはずだった。襲撃はこれに反発した攘夷論者の仕業で、犯人は「本国脱走」者だった。ロッシュらは予定通り参内し、パークスは、三月三日に参内するが、事件の再発防止措置を新政府に、当然ながら求めたのである。

実は、一月一一日に岡山藩兵が外国人と衝突する神戸《こうべ》事件、二月一五日に土佐藩兵がフランス兵と

図15　H・パークス

図16　堺事件

衝突し殺傷する堺《さかい》事件が起きており、攘夷論の払拭《ふっしょく》は新政府自身が内部に抱える政治課題でもあった。

かくして、二つの「覚札」となるわけだが、そのうち第四札は、パークスの要求に応え、攘夷論を払拭し、それに伴う外国人殺傷行為を禁止するに止《とど》まらず、新政府の国際的地位に関わる緊要な政治課題に対する解決策を、前日付で布達した「誓文」をふまえて、疑問の余地のない形で、内外に闡明《せんめい》したものだった。

新政府の国際的地位

第二次幕長戦争（慶応二年〈一八六六〉）の開戦後、旧幕府による近世国家の統合は破綻を生じ、近代法の立場から見れば、その国家統治権が実質的に及ばない、換言すれば、それに実質的に服さない地域が形成され、わが国は事実上の「内戦」状態に入っていたと見ることができよう。

「王政復古」政変は、新政府の下で、そうした事実上の「内戦」状態を解消し、近世国家の統合を回復するためのものでもあったはずだった。だが、今度は、旧幕府側がそれに服さず、遂には鳥羽・伏見の戦を惹起し、欧米諸国が「局外中立」を宣言し、わが国の正統政権の所在に関する外交的判断を留保する、近代国際法上、正真正銘の「内戦」たる戊辰戦争に突入してしまったのである（奥田二〇一一a）。

もっとも、慶応四年一月二五日（西暦一八六八年二月一八日）付で発せられた、イギリス・アメリカ・フランス・イタリア・オランダ・プロシアの六ヵ国による「局外中立」宣言は、「王政復古」政変後の慶応三年一二月一六日（西暦一八六八年一月一〇日）、大坂城に登城した駐日各国公使に対して、徳川慶喜が条約遵守を約束し、引きつづき外交権を把持《はじ》することを表明したことを前提に、旧幕府が翌一月三日付で、「内乱」を起こした薩摩藩などへ武器や艦船を売却し、あるいは開港場以外に寄港しないよう、各国公使に求めたことに発端する（『明治戊申局外中立顚末』）。旧幕府側は、長州藩、次いで薩摩藩の軍事行動を「内乱」行為として、いわば「国際社会」の外交的認定を得ようとしたわけだが、結果的には「国際社会」の大勢（ロシアは「局外中立」宣言に加わっていない）は、「内戦」と認定したのである。

こうした経緯に加え、文久二年（一八六二）五月九日に旧幕府が締結した「ロンドン覚書《おぼえがき》」では、攘夷論の高揚と、それに伴う外国人襲撃事件の頻発、当面、それらを払拭・抑止できそうにない、わが国の政情に、イギリスなどが配慮し、江戸・大坂の開市と兵庫・新潟の開港を五年間延期することが取り決められていた。「安政の五ヵ国条約」の内容を修正した、この「覚書」での約定に従えば、

「王政復古」政変の時点で、新潟の開港は二年、江戸の開市は一年を超えて条約不履行の状態にあった。大坂の開市と兵庫の開港も、政変の二日前、慶応三年一二月七日（西暦一八六八年一月一日）に実施されたが、それは延期された条約履行期限当日だった。

つまり、「王政復古」政変は、わが国が国際法上、もはやこれ以上の猶予を求める余地のない、条約不履行状態に突入している状況下で起こったのである。それは決して偶然の一致ではなく、関係当事者間では、政治的立場の相違を越えて、かかる状態に突入していることが理解されている下で、起こった政変だったと見るべきだろう。

新政府は、慶応四年一月一五日、四日前の一一日に起きた前出の神戸事件を処理するため、勅使の東久世通禧が兵庫で駐日各国公使と会見し、「王政復古」を通告する国書を手交して、開国和親の方針を伝えた（『明治戊申局外中立顚末』）。欧米諸国側は、この新政府の外交方針に好感を示しつつも、「内戦」の現状を前にして、前述したように、その一〇日後の同月二五日付で「局外中立」を宣言したのである。

このように、新政府の対外政策の基本が、攘夷論ではなく、開国論であることは、右の一月一五日の時点で、対外的には闡明されていたのである。しかし、国内的には、三月一四日付の「誓文」、翌一五日付の「五榜の掲示」第四札の布達を俟たねばならなかった。

第四札で、新政府が国際法の遵守と条約の履行を宣言したのは、条約不履行状態を自身の手で解消する方針を明示し、欧米六ヵ国の「局外中立」宣言を解除させ、「国際社会」からわが国の正統政権としての外交的認定を得ようとしたことは明らかだろう。パークスらの京都御所参内はその布石だったが、彼への襲撃事件の発生によって、そのメッセージはより一層明確なものになった、と見てよかろう。

二　戊辰戦争と新政府の全国統治

1―「政体書」の制定

新政府の全国統治

新政府は、「王政復古」政変により、国家理念的には、近世国家を全面的に継承したはずであった。しかし、戊辰戦争の勃発により、そうした「平和的」な政権交代を目論《もくろ》む向きの期待は水泡《すいほう》に帰《き》した。大久保利通や西郷隆盛に代表される討幕派にとっては、新政府の政治的主導権を掌握する上でも、それがむしろ望むところだったろう。

だが、その代償は、国際的には「内戦」状態の外交的認定となり、国内的には全国統治体制の新規構築の必要となった。かくして、新政府の全国統治は、近世国家の統治機構を継承するのではなく、「内戦」状態を克服する過程で、新たな制度と政策を模索しつつ、徐々に構築されていくこととなる。

その戊辰戦争の戦局はどう展開していったのか（大山一九六八）。鳥羽・伏見の戦直後に、徳川慶喜が大坂城を脱出し、海路、江戸へ遁走《とんそう》したため、旧幕府軍も大坂城を放棄して潰走《かいそう》した。東海道・東山道・北陸道の各方面とも、新政府の征討軍に対する抗戦は、近藤勇《こんどういさみ》が率いる甲陽鎮撫隊《こうようちんぶたい》による甲府城奪回をはかる動き（三月六日に敗走）などが主なもので、大規模な戦闘は見られなかった（保谷二〇〇七)。

東海道を進んだ征討軍の総帥、大総督の熾仁親王は、慶応四年(一八六八)三月六日、江戸城の総攻撃を命じた。江戸では、これより先、二月一二日に、慶喜が上野の寛永寺《かんえいじ》に自ら蟄居《ちっきょ》して、新政府への「恭順《きょうじゅん》」を表明していた。三月一三日、江戸の薩摩藩邸で、征討軍参謀の西郷隆盛と、旧幕府を代表する勝安芳《やすよし》(もと義邦《よしくに》、号は海舟《かいしゅう》)が会見し、翌一四日に「無血開城」の和議が成立した。かくて、四月一一日、江戸城が開城し、戊辰戦争は終結したかに見えたのである。

図17　戊辰戦争出征の島津珍彦と薩摩藩兵

「政体書」の制定・頒行

新政府が「誓文」と「宸翰」、「五榜の掲示」を布達した背景の一つには、こうした戦局の有利な展開があったと言えよう。さらに、江戸開城を受けて、新政府(太政官)は、慶応四年(一八六八)閏四月二一日付で、「政体《せいたい》」(いわゆる「政体書《せいたいしょ》」)を制定し、同月二七日付で頒行《はんこう》(頒《はん》布《ぶ》・施行《しこう》)した(全書二)。

太政官は、その布達文で、「王政復古」政変による「皇政《こうせい》維新」後も、戊辰戦争のため、本格的な「政体・職制」を定められなかったが、

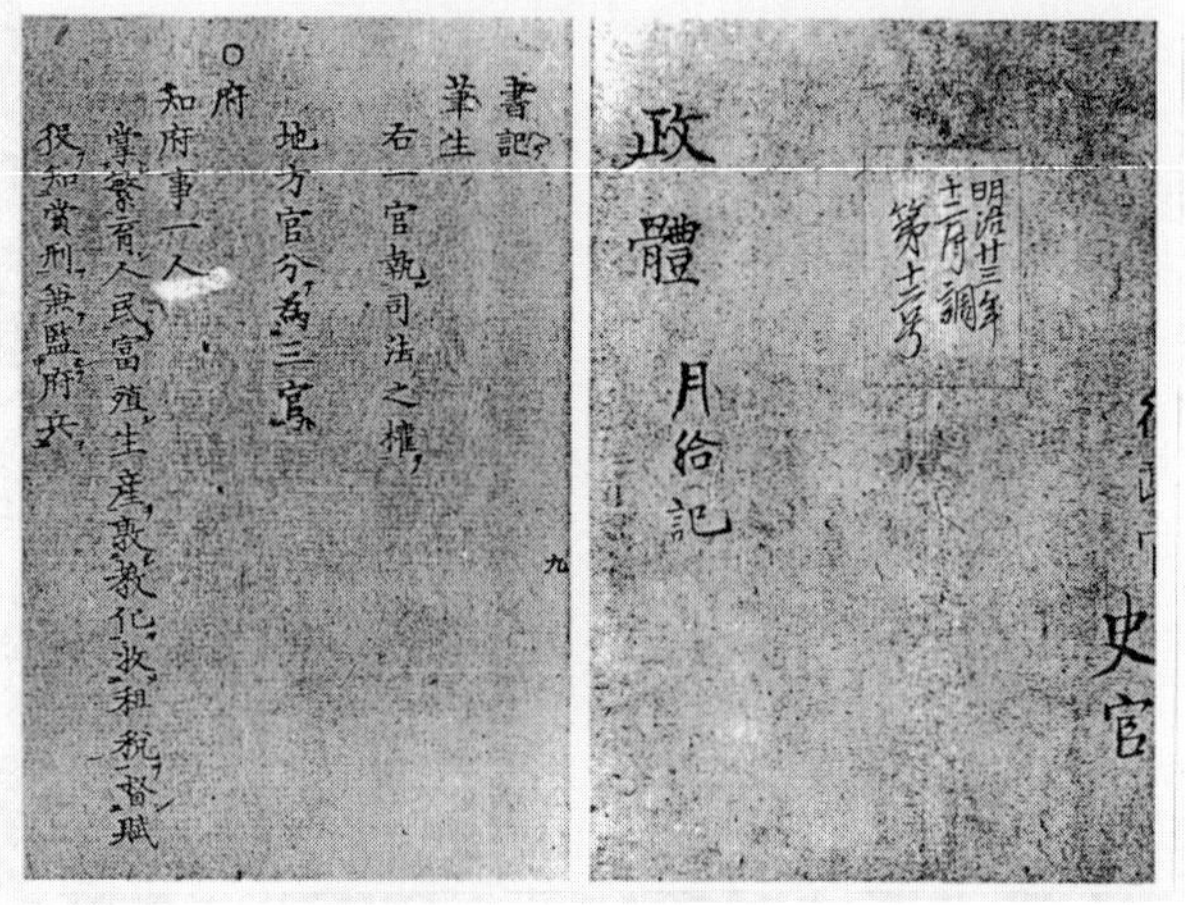

図18 「政体書」

「誓文」を「目的」（政治の原則）として、この「政体」を制定したことを宣言している。全一四ヵ条からなる、その内容は以下の通りである。

①「誓文」を「目的」として、「国是《こくぜ》」を定め、「制度・規律」を建てる（「誓文」五ヵ条を掲出）。

②「天下ノ権力」すべてを太政官に帰す。それは、「政令《せいれい》二途《にと》ニ出《いず》ルノ患《かん》」をなくすためである。また、太政官の権力を「立法・行法《ぎょうほう》（行政）・司法」の「三権」に分ける。それは、それらいずれかへの権力の「偏重ノ患」をなくすためである。

〔解説〕本条の前半部分の規定により、新政府の政治組織全体が「太政官」と称されることとなる。この規定を設けたのは、京都の「三職」と征討軍の大総督とが、政軍二元化へと繋がる事態を防ぐためだろう。しかし、「三職」の総裁とは異なり、疑問の余地がない形で、太政官の全権力掌握が規定されたため、ほどなく、天皇「親政」との関係が問題化して来ることとなる。本条の後半は、欧米諸国の国制における、いわゆる「三権分立」を導入する規定である。

③立法官と行法官の兼職を禁ずる。ただし、行政のうち、地方巡察と外交は例外とする。

〔解説〕②の後半で規定された、新政府における行政権と立法権を区別する方針が、本条では人的構成の面から規定され、後出の⑫で組織構成の面から規定されているのである。しかし、司法官については、⑫で組織上の区別はあるが、本条に他の二官との兼職禁止規定はない。実際の統治現場を担う諸藩や直轄府県（後述）は、近世以来の、行政と司法を組織・人員ともに区別しない状態にあったから、政府中央だけそうするのは、かえって制度の運用上、不都合だったからかとも思われる。行政機関から一応独立した司法機関が中央に設置されるのは、明治八年（一八七五）四月一四日付で渙発《かんぱつ》された「漸次《ぜんじ》立憲政体樹立の詔《みことのり》」による大審院《だいしんいん》の設置を俟《ま》たねばならない。もっとも、この時点での制度上の課題は、前述したように、新政府における執行機関と議事機関の区別であったから、その点では一歩前進したと言えよう。

④一等官は親王・公卿・諸侯に限り、二等官までは「藩士・庶人《しょじん》（士分以下の身分の者）」から登用する徴士もなれる。

⑤各府藩県から貢士を出して「議事ノ制」を立てる。それは「輿論《よろん》公議」による政治を行うためである。

⑥「官等《かんとう》ノ制」はそれぞれの職務責任を明確にするためである。

〔解説〕④と⑤で、徴士と貢士の制度を存置し、議事制度の創置を確認する一方、本条では、④で定めるように、太政官の職員（「官員《かんいん》」と称されていく）の役職に、所属部局の相異を越えて統一された等級を付した理由を説明している。これについては後述する。

⑦「僕従《ぼくじゅう》」（従者）は、親王・公卿・諸侯が「帯刀《たいとう》」六人と「小者《こもの》」三人、それ以下は「帯刀」二人と「小者」一人とする。それは、身分の上下による、官員間の尊卑意識を除き、「隔絶《かくぜつ》ノ弊《へい》」をなくすためである。

〔解説〕近世では、公家や士分は、出勤や外出のさい、大小両刀を帯びて護衛する若党《わかとう》（「帯刀」）や、脇差《わきざ》しの小刀《しょうとう》のみ帯びて荷物などを運ぶ中間《ちゅうげん》（仲間）・小者を伴うことが、一つの身分標識であった。本条では、この身分秩序へのメスの第一刀を、官員を対象に、先ず入れようというわけである。

⑧官員が自宅で他人と政治上の議論をすることを禁ずる。それを求める者があれば、役所において「公論」（議論）せよ。

〔解説〕本条から、新政府が言う「公論」が、先ずは、役所における、官員間ないしは官員の前で行われる議論を意味するものとして概念されていることが確認できよう。

⑨官員の任期は四年とし、「公選入札《こうせんにゅうさつ》ノ法」で交代する。最初の交代は、現任者の半数の任期を二年延長して、残りの半数を公選の対象とする。ただし、「衆望《しゅうぼう》」がある者は、さらに「数年」任期を延長し、公選の対象から除外できる。

〔解説〕この「公選」は、後述するように、明治二年（一八六九）五月一四日、太政官の上層職員に限って実施されている（全書二）。実施はこれ一回のみである。

⑩諸侯から「農工商」まで、それぞれ「貢献《こうけん》ノ制」（献金・献米の制度）を立てる。それは、政府の

経費を補い、兵備を強化し、庶民の安全を保つためである。新政府から位階・官職を授与されている朝臣は、「秩禄《ちつろく》」（世襲する禄高《ろくだか》）と「官給《かんきゅう》」（新政府からの給与）の三〇分の一を、新政府へ献納せよ。

⑪府藩県の施政規定（後述）。

⑫太政官の職制（後述）。

⑬諸法制は別掲。

〔解説〕それまでに出された布達類で、この時点で有効かつ主要な法令を、頒行のさいに併せて再録したものと思われる。

⑭官員はこの（「政体書」に定められた）「規律」を遵守せよ。その「改革」（改正）の必要が生じた場合は、「大会議」での審議を経て決定する。

〔解説〕右の「大会議」は、本条以外に登場しないので、太政官の職制上の位置づけは不明だが、議政官の上・下両局（後述）の合同会議を指すのかとも考えられる。

以上の①～⑫と⑭が、前記の日付で定められた法令としての「政体」だが、それに⑬の既発の単行諸法令を添付して、冊子の形で頒行したので、この冊子が「政体書」と呼ばれるようになり、さらに、法令の「政体」もそう称されるようになったと考えられる。本書では、普通名詞となった「政体」の語と、法令名の「政体」が紛《まぎ》らわしいので、法令名の方は通称である「政体書」を以下で用いる。

太政官の議事機関

「政体書」の第一二条に定められた、太政官の職制はおおよそ以下の通りである。

太政官は、立法権を執《と》る議政官《ぎせいかん》、「行法」権を執る行政・神祇・会計・軍務・外国の五官、司法権を執る刑法官の、合わせて七官に分ける。

議政官は、議定と参与を議員とする「上局《じょうきょく》」と、弁事《べんじ》（後出）が兼職する議長二名と、貢士を議員とする「下局《げきょく》」とで構成し、『太政官日誌』（『官報』の前身）を発行する。

『太政官日誌』は、これより先、四月五日付の布達で、「上下貴賤《じょうげきせん》」にかかわりなく、新政府の「御《ご》政道筋《せいどうすじ》ヲ敬承《けいしょう》」させ、その「方嚮《ほうきょう》」（目的）を知らせ、「践行《せんこう》」（実践）させるために出版し、諸道の鎮撫使と諸藩の留守居役《るすいやく》を通じて、全国に漏れなく頒布させようとしたものである。近世でも、法令の通達は、高札による掲示とともに、文書による回覧と筆写、読み聞かせ、請書《うけしょ》（承諾書）の提出によって、厳密になされていたが、旧幕府が出版することはなかった。新政府は、「公論」による政治の前提として、政務に関する情報の、出版による公開と普及を、議政官という議事機関に担当させ、施政の一環として開始したのである（岡田二〇一三）。

上局は、政体の創定、法制の造作《ぞうさく》、「機務《きむ》」（政務）の決定、三等官以上の銓衡《せんこう》（人選）と賞罰、条約と和戦（宣戦と講和）の決定を審議する。議定は、親王・諸王、公卿、諸侯を任じ、そのうち二名が「輔相《ほしょう》」（後述）を兼職する。参与は、公卿、諸侯、「大夫《たいふ》・士《し》」、「庶人《しょにん》」（士分以下の者）を任ずる。なお、「大夫」は四・五位の位階を有する者、「士」は六位以下の者、および位階を有しない士分の者を指すと見られる。

これによって、三職として設置された議定と参与は、議政官とされ、輔相となる議定二名以外は、

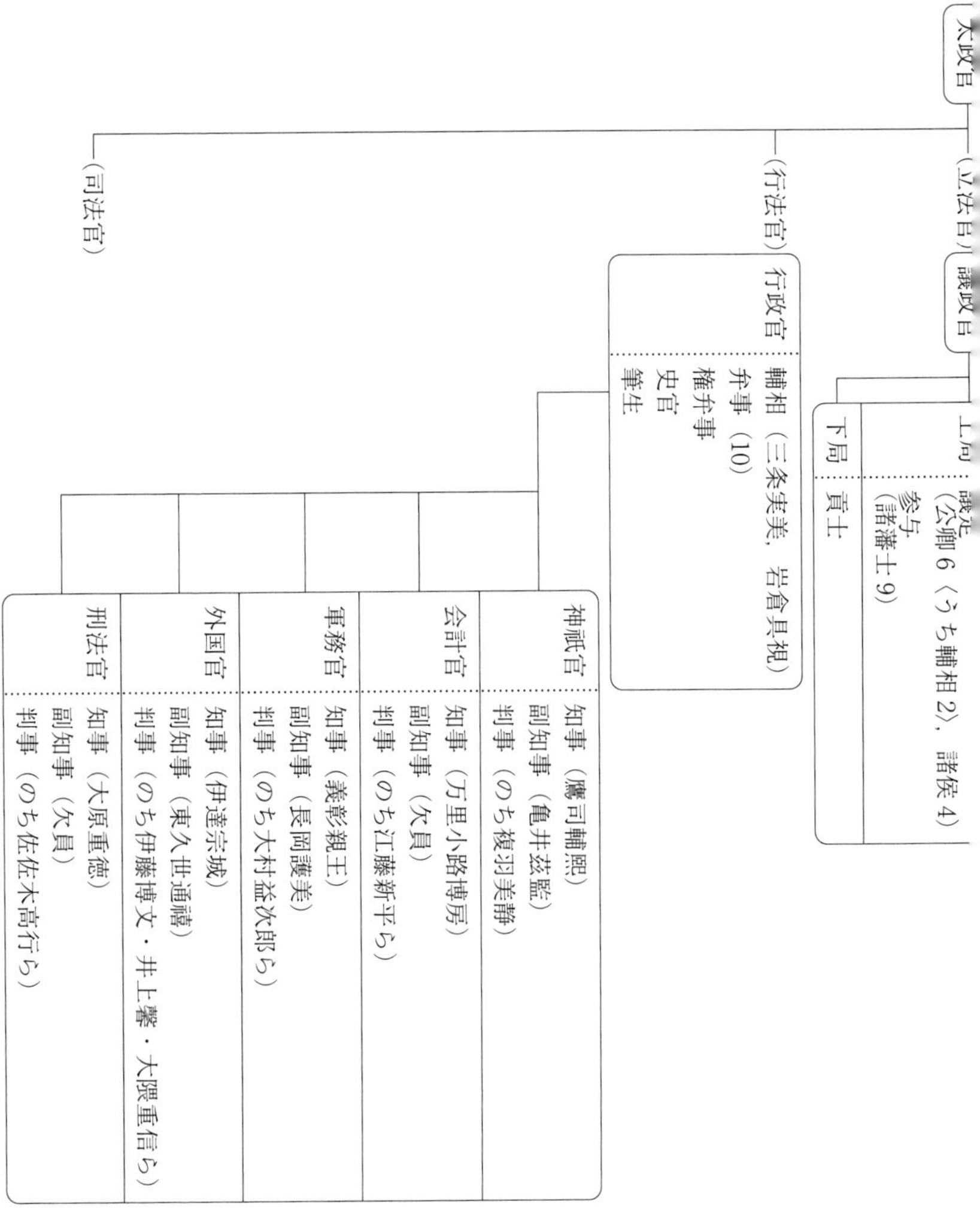
太政官
（立法官）
議政官
上局
議定（公卿6〈うち輔相2〉, 諸侯4）
参与（諸藩士9）
下局
貢士
（行法官）
行政官
輔相（三条実美, 岩倉具視）
弁事（10）
権弁事
史官
筆生
神祇官
知事（鷹司輔熙）
副知事（亀井茲監）
判事（のち福羽美静）
会計官
知事（万里小路博房）
副知事（欠員）
判事（のち江藤新平ら）
軍務官
知事（嘉彰親王）
副知事（長岡護美）
判事（のち大村益次郎ら）
外国官
知事（伊達宗城）
副知事（東久世通禧）
判事（のち伊藤博文・井上馨・大隈重信ら）
刑法官
知事（大原重徳）
副知事（欠員）
判事（のち佐佐木高行ら）
（司法官）

図19 「政体書」の新政府組織

前出の第三条の規定により、地方巡察と外交を除いて、行政機関である行法官の五官の職には就けないこととなった。つまり、議定と参与は、「政体書」では存置されたものの、新政府の行政実務から外《はず》されたのである。

「政体書」制定と同日付で、その主要な役職の人事も発令されている。議定は、公卿では中山忠能・正親町三条実愛・中御門経之・徳大寺実則と輔相の三条実美・岩倉具視、諸侯では松平慶永・鍋《なべ》島直正《しまなおまさ》（前佐賀藩主、もと斉正《なりまさ》）・蜂須《はちす》賀《か》茂韶《もちあき》（阿波藩主）・毛利《もうり》元徳《もとのり》（長州藩主の世子、もと定広《さだひろ》）である。同じく、参与は、木戸孝允・小松清廉・大久保利通・広沢真臣・後藤象二郎・福岡孝弟・副島種臣《そえじまたねおみ》（佐賀藩士出身）・横井《よこい》平四郎（号は小楠《しょうなん》、熊本藩士出身）・由利公正である。

後日、議定・参与ともに補充されるが、その面々も含めて、それまでの三職の新政府を担って来たメンバーが、輔相の三条と岩倉を除き、行政実務から一斉に外れた観があろう。「政体書」の起草に当たった福岡と副島（稲田一九六〇）も、そうした参与となっていることには留意しておきたい。

下局は、上局での審議を承《う》けて、租税と駅逓《えきてい》の「章程《しょうてい》」（規則）、貨幣の製造、度量衡の制定、条約の新規締結、内外の通商「章程」、拓殖《たくしょく》（開拓と植民）と領土・国境、宣戦と講和、水陸での拿捕《だほ》、兵員の召集と兵糧《ひょうろう》の調達、兵賦《へいふ》（兵役《へいえき》と賦《ふ》役《えき》）、城砦の構築と諸藩領の武器庫、諸藩間の争訟《そうしょう》（紛争や訴訟）を審議する。

上局には、史官四名と、筆生《ひっせい》（定員の規定を欠く）を置く。史官は、他の諸官も含め、大夫・士と庶人を任ずる。その職務は、審議案件の文案作成と、『太政官日誌』の編集である。筆生は、職務の規定を欠くが、史官の下で実務に当たる書記官だろう。史官と筆生は、下局には置かれないので、議政官全体の事務を担当したと見てよかろう。

太政官の執行機関は、行政機関である行政官などの五官と、司法機関である刑法官とからなる。

輔相と行政官

行政官は、それまでの総裁局と内国事務局を合併した観がある。長官は「輔相」で、前述の通り、議定二名が任ぜられ、天皇を補佐し、議事を天皇に「奏宣《そうせん》」（報告）し、「国内事務」（内政）を「督《とく》」（統督《とうとく》）し、宮中の庶務を「総判《そうはん》」（総括《そうかつ》的に判断・指揮）する。

輔相の下に、総裁局に置かれた弁事（定員は一〇名へ増加）が存置され、また権弁事《ごんべんじ》も置かれ、ともに内外の「庶事《しょじ》」（諸事務）を「糾判《きゅうはん》」（調査・判断）し、宮中の庶務を担当する。ここでの弁事と権弁事は、職務の規定を欠いていた総裁局の弁事とは異なり、宮中では後の宮内省《くないしょう》職員、政府内では旧幕府の目付に近い役割が、合わせて求められていたことがわかる。

弁事・権弁事の下に、史官（定員は六名）と筆生（定員と職務の規定を欠く）が置かれている。史官は、天皇が発する詔勅《しょうちょく》の文案を起草し、法令・布達類の文案の「稽失《けいしつ》」を検出（添削《てんさく》）することになっている。

これを要するに、実務面から見た、行政官の職掌は、宮中と政府双方を一括して担当する、事務局ないし書記局といったものであり、内政事務の特定分野を担当する体《てい》のものではなかった、と言えよう。

このような職制の有り様から考えると、輔相は、太政官の最高権限者だった総裁とは異なり、「親政」を行う天皇を補佐して、職務上の権限ではなく、政治的な内面指導の形で、太政官全体を掌握しようとする仕組みの役職だったと見られる。すなわち、「天下ノ権力」すべてを掌握する太政官において、立法権を執るのは議政官であり、輔相はそこでの議事を天皇に「奏宣」することにはなっているが、裁決を仰ぐことにはなっていない。つまり、議政官との連絡・調整に当たるのが、その職務である。しかし、輔相は、上局には議員としてそこでの審議に直接参加し、下局には部下の弁事をその議長に配している。しかも、法令・布達類の文案を「添削」する下僚を指揮する立場にもある。これらはいずれも、政治的な内面指導には相応しい、制度上の媒介環となり得るだろう。

しかも、輔相が宮中を管理下に置いていることは注目される。さらに、「政体書」制定・頒行と同日付で、二条城の置かれていた太政官代を、御所での施設造営が成ったとして、御所へ戻す措置が布達されている(全書一)。これにより、御所という政治空間において、輔相が宮中と太政官の双方を掌握する条件が整ったのである。この点は、輔相が、総裁とは異なり、天皇「親政」と制度的に矛盾する面を解消して、天皇と一体化する方向にあることは明らかだろう。

しかしながら「国内事務」を統督することにはなっているが、その権限が内政を分掌する神祇・会計・軍務・刑法の四官の上に、どのような形でおよぶのか、明文規定を欠いている。また、外国官が分掌する外交に、どの程度までその権限がおよぶのか、部下の弁事が「庶事」を「糾判」するという以上の明文規定はなく、不分明である。

これを要するに、輔相が総裁のように、政府の一体性を維持する要となるかどうかは、制度上には担保されていないので、就任者の政治力に頼らざるを得まい。

輔相には、前述したように、副総裁だった三条実美と岩倉具視が横滑《よこすべ》りで任ぜられ、征討軍の大総督を兼職する総裁だった、熾仁親王は太政官から外された格好となっている。さらに、三条はこの時点で東下しており（後述）、実質的には、岩倉が輔相の職権を一手に掌握した形となったのである。

五官の職制と人事

神祇・会計・軍務・外国・刑法の五官には、それぞれ知官事《ちかんじ》一名、副知官事一名、判官事《はんがんじ》（定員は神祇・会計両官が二名、軍務・刑法両官が四名、外国官が六名）、権判官事（定員の規定を欠き、外国官には置かない）、書記、筆生が置かれている。

五官が分掌し、それぞれ「総判」する職務は、神祇官が神祇祭祀と祝部《はふりべ》（神職）・神戸《かんべ》（神祇官の雑役《ぞうやく》奉仕者）、会計官が田宅の租税と賦役・用度《ようど》金《きん》・金穀の献納・秩禄《ちつろく》・倉庫の営繕・運輸・駅逓・工作・銀納税、軍務官が海陸軍・郷兵《きょうへい》（草莽《そうもう》隊など）の招募《しょうぼ》・守衛《しゅえい》（御所と京都の守衛）・軍備、外国官が外交・貿易の監督・開拓・疆土《きょうど》（国境と領土）、刑法官が執法守律《しっぽうしゅりつ》（法律の執行と遵守《じゅんしゅ》）・監察《かんさつ》・糾弾《きゅうだん》（検挙・取《とり》調《しらべ》・起訴）・捕亡《ほぼう》（逮捕）・断獄《だんごく》（裁判と判決の執行）である。

刑法官は、「三権分立」のうち、司法権をになう機関とされているが、本来の裁判に加え、今日の警察・検察・監獄に相当する、行政権に属する職務まで担当し、さらに行政監察までその職掌としている。ここから、「政体書」立法者の「三権分立」理解の有り様が透視できよう。

発足時の五官の知官事と副知官事には、神祇官が鷹司輔煕《たかつかさすけひろ》（政通《まさみち》の嗣子《しし》、右大臣・関白を歴任）と亀井《かめい》

図20　伊藤博文

図21　井上　馨

茲監《これみ》（石見国津和野《つわの》藩主）、会計官が万里小路博房（副知官事は欠員）、軍務官が嘉彰親王と長岡護美《ながおかもりよし》（熊本藩主の弟）、外国官が伊達宗城と東久世通禧、刑法官が大原重徳（副知官事は欠員）が任ぜられている。

それまで行政実務を担ってきた主要メンバーがいずれも議政官の議定・参与となったため、それぞれの職務執行に不安があったと思われ、翌月の慶応四年（一八六八）五月四～一二日付で、判官事の補充人事が行われていく。神祇官に福羽美静《ふくばよししず》（津和野藩士出身）、会計官に江藤新平《えとうしんぺい》（佐賀藩士出身）、軍務官に大村益次郎《おおむらますじろう》（長州藩士出身）、外国官に伊藤博文・井上馨（ともに長州藩士出身）と大隈重信（佐賀藩士出身）らが任ぜられる。これらの面々がいずれも、その後の新政府の施政と諸改革において、主導的な役割を演じていくことは、周知のところであろう。

なお、官名を付して役職を称する場合、例えば神祇官の知官事は「神祇官知事《ちじ》」と称した。これは、府県も含め、他も同様だった。

太政官の職員のうち、その主体をなす、弁事・権弁事・知官事・副知官事・判官事・権判官事について、公卿から庶人まで、身分にかかわりなく就任できる規定となっている。これは、前述した新政府の人的構成原則を再確認したものと言えよう。その一方、前述した職員の各職階間のタテの重層的な序列秩序である職務階統制に加え、部局の相異を越えて各役職に統一した等級を付し、職員の各職階を横断するヨコの序列秩序である官等制を設けている。

太政官の官等制

職員は、朝臣として、律令制以来の位階（公家や諸侯は官職も）を与えられていた。元来、位階は朝臣の身分序列上の地位を示すものであり、各位階がそれぞれ一定の官職と対応する関係にあった（官位相当制）から、官等制の創置は屋上屋を重ねるような観もある。

しかし、諸藩士や士分以下の身分の者に与えられる位階は、伝統的な叙位《じょい》制度の下では、職員間の職務や権限、職階の差異には到底、相応しない、隔絶したものとならざるを得なかったと見られる。例えば、木戸孝允の場合、参与就任時に与えられた位階は従四位《じゅしい》だった（『木戸孝允文書』八〈以下、木戸文書八と省略〉）。これは、旧幕府の老中クラスに与えられる位階で、新参の朝臣としては破格な待遇だったと言えるが、それでも三位《さんみ》以上の位階を有する公卿の議定との差異には歴然たるものがある。太政官の職制上の地位に応じた相互関係の秩序を、職員間に構築する上で、この官等制は不可欠だったと思われる。

官等制は、第一等官から第八等官、さらに第九等を置いたものである。第一等官は輔相・議定・知官事・一等海陸軍将、第二等官は参与・副知官事・知府事・二等海陸軍将、第三等官は議長（議政官下局の議長、弁事が兼職）・弁事・判官事・判府事・一等知県事・二等海陸軍将、第四等官は権弁事・権判官事・権判府事・二等知県事、第五等官は史官・知司事・三等知県事・一等判県事、第六等官は二等判県事・一等訳官《やくかん》、第七等官は書記・三等判県事・判司事・二等訳官、第八等官は官掌《かんしょう》・守辰《しゅしん》・筆生・三等訳官、第九等は訳生《やくせい》・使部《しぶ》である。このうち、第三等官までを、対外的には「大臣《だいじん》」と称する。

この官等制の規定には、後述する直轄府県以外にも、職制には登場していない、軍職の海陸軍将、通訳と翻訳に携わる訳官と訳生、政府の下級職員である官掌と使部、暦を管理する守辰が見える。訳官の官等が高いのは、前述した、当時における新政府の国際的地位を反映していよう。古代・中世では、朝廷や国衙《こくが》の下級職員として、雑掌《ざっしょう》や使部が置かれていたが、その役職名が部分的に復活していることは、「政体書」の立法経緯を投影しているだろう。

2―戊辰戦争と直轄府県

府藩県三治制

「政体書」の官等制には、直轄府県の職員は登場するが、諸藩については一切、規定されていない。その職制では、「地方官」を「三官」に分けるとして、「府」・「藩」・「県」を挙《あ》げている。そして、「府」と「県」は職名とその職務を規定しているが、「藩」は単に「諸侯」とのみ記されているにすぎない。

「諸侯」は、朝廷が、徳川慶喜による大政奉還上表の翌日、慶応三年（一八六七）一〇月一五日付の布達で、諸大名（知行高一万石以上の領主、旧幕府は「万石以上《まんごくいじょう》」と呼称）をそう称したのが、朝廷―新政府の公的言明における初出と見られる。新政府成立後の布達類に見える用法も、公卿や諸藩士・庶人などと同様、身分を示すもので、職名ではないことは明らかだろう。

また、右の布達の宛所《あてどころ》を「諸藩」としていたことに表れているように、朝廷は「藩」の存在とその統治機構を既存・所与のものとして扱っていた（全書一）。「政体書」でも、直轄府県との扱いの相違から、同様だったと言えよう。

以上を勘考すれば、「政体書」制定・頒行の時点では、諸侯は新政府の職員制度、諸藩はその政治組織の内部に、いまだ組み込まれてはいない、と見るのが妥当だろう。

「政体書」は、第一一条で、「各府・各藩・各県、其政令《そのせいれい》ヲ施《ほどこ》ス亦《また》御誓文ヲ体《たい》スヘシ」とし、既存の「藩」に加え、戊辰戦争の過程で接収した旧幕府領や旧旗本領などの新政府直轄地の統治機関として「府」と「県」を設置することを定めた。この新置された府と県は、「直轄府県」と呼ばれ、廃藩断行以前は諸藩と併存し、廃藩置県後の府県分合によって廃止され、同時に新置された「初期府県」へと再編されるまで存続する（奥田二〇一一b）。後出の「藩治《はんち》職制」の前文の文言から、「政体書」制定以降、廃藩置県までの時期の、新政府の地方制度を「府《ふ》藩県三治《はんけんさんち》制《せい》」と称する。

「政体書」の第一一条は、府藩県全体に適用される一般規定として、爵位授与・通貨鋳造・外国人雇用・隣藩ないし外国との盟約締結の四つを、「政体ヲ紊《みだ》ル」行為として禁じている。この規定は、内容から見て、主に諸藩を対象にしたものであることは明らかだろう。また、府藩県は、「唯其《ただその》一方ノ制法ヲ以テ他方ヲ概《がい》スル勿《なか》レ」とされ、地方統治上の制度や施政において、それら相互間で模倣《もほう》しないように、わざわざ注意されている。

しかし、後述するように、「藩治職制」で「府藩県三治一致」の施政原則が打ち出され、地方統治上の制度と施政において、諸藩は直轄府県との斉一化を求められるに至る。裏返せば、この時点で、新政府は、直轄府県に対して、諸藩の模範ないし基準となるような地方統治を求めたとも言えよう。

以下で、直轄府県の成立過程を概観し、その統治が抱える問題点を見ていこう。

新政府直轄地の形成

鳥羽・伏見の戦の三日後、慶応四年（一八六八）一月七日付で、徳川慶喜追討令が出され、「仮令《たとい》賊徒ニ従《したが》ヒ譜代《ふだい》臣下之者タリトモ悔悟《かいご》憤発《ふんぱつ》、為国家尽忠《こっかのためじんちゅう》之志有之《こころざしこれあり》候輩《やから》ハ寛大思食《かんだいなおぼしめし》ニテ御採用可被為在《あらせらるべく》候」（全書一）と、徳川譜代の家臣にも朝廷への帰順を呼びかけ、応ずる者は朝臣化すると約束した。これは、取り敢えず、旧旗本の軍事力を旧幕府から引き離す算段である。

ついで、同月一〇日付で「農商」宛にも同令が布告される（同上）。ここでは、尾張・福井両藩を介して「御沙汰」の受諾をいったん表明しながら、麾下《きか》（配下）を引き連れて闕下《けっか》（京都）を犯そうとして兵端を開いたと断罪するとともに、「是迄《これまで》徳川支配イタシ候地所《じしょ》ヲ天領《てんりょう》ト称シ居《おり》候ハ言語道断《ごんごどうだん》之儀《ぎ》ニ候、此度《このたび》往古《おうこ》（昔）ノ如《ごと》ク総《すべ》テ天朝《てんちょう》（朝廷）ノ御料《ごりょう》ニ復《ふく》シ（戻し）真《まこと》ノ天領ニ相成《あいなり》候間《あいだ》、左様《さよう》相心得《あいこころえ》ヘク候」と、旧幕府領全体の朝廷直轄化が宣言されたのである。

当面は旧幕府領（「是迄徳川支配イタシ候地所」）に限定されてはいるが、「往古ノ如ク総テ　天朝ノ御料ニ復シ」という文言に顕現しているように、その接収処分の法的正統性と政治的正当性を「王土論」に求めることが闡明《せんめい》されたのである。

かくして、新政府軍の軍事的制圧を推進力として、新政府が直接統治する「御料」（「御領」とも表記）、すなわち直轄地が形成されていくのである。もっとも、その統治が実効的なものとなるまでには、しばらくの時日を要したことはもちろんであり、それは直轄府県の設置と、その一応の定着を俟《ま》たねばならない。

鎮台と裁判所の設置

新政府が最初に接収したのは、当然ながら、京都市中と山城国内の旧幕府領である。これと雁行《がんこう》して、関西地方の制圧が進むが、慶応四年（一八六八）一月二一日付で、先ず大和、翌日付で大坂と兵庫に、占領統治の軍政機関とも言うべき「鎮台《ちんだい》」が設置されている（『地方沿革略譜』）。

大坂鎮台は、一月二七日付で廃止されて、大坂裁判所が設置され、これに兵庫（二月二日付）がつづく（同上）。この「裁判所」は、後年の司法機関のそれではなく、地方統治機関である。その後、裁判所は、接収された旧幕府領の代官や遠国《おんごく》奉行の支配所の統治機関として、長崎（二月一日付）、京都（同月一九日付）、大津（三月七日付）、横浜（同月一九日付）、箱館（四月一二日付）、笠松《かさまつ》（美濃国）（同月一五日付）、新潟と府中《ふちゅう》（但馬国）（ともに同月一九日付）、佐渡（同月二四日付）、参河（ママ）（同月二九日付）へと、順次、設置されていく（同上）。

しかし、大和鎮台はなかなか廃止されず、「政体書」制定後の五月四日付でようやく罷《や》められ、同月一九日付で奈良県が設置されている。また、中部地方では、駿河と甲府に「城代《じょうだい》」が置かれ、しばらくそのままとなっている（同上）。

難航する直轄府県設置

慶応四年（一八六八）四月一一日に江戸無血開城がなり、前出の「政体書」が制定され、以後、直轄府県が順次、設置されていくこととなる。しかし、西国・東国とも、事情は異なるが、その設置はともに難航している。西国筋から見ていこう。

中国地方では、瀬戸内海側の倉敷には五月一六日付で倉敷県が設置された。しかし、日本海側で旧幕府直轄の銀山を抱える、大森の方は、長州藩が進駐して接収し、同藩に預託されたままの状態がしばらくつづき、明治二年（一八六九）八月二日付でようやく大森県が設置され、山口藩（版籍奉還聴許後の正式名称）から移管されている（『地方沿革略譜』）。

九州地方の旧幕府領は、一応、長崎裁判所の監督下に置かれることにはなっていたが、新政府側に立つ諸藩がそこへ競合しつつ進駐する事態を前に、分担させるように整理はしたものの、引きつづきいずれかの藩の軍事的制圧下に委ねる方針をとっていたという（杉谷一九六七）。日田《ひた》県は、慶応四年閏四月二五日付で設置されているが、こうした状況下で、旧幕府の西国郡代《さいごくぐんだい》の支配所全域を直ちに管轄下に収めたわけではなく、翌明治二年（一八六九）八月二日付で、山口藩に預託されていた豊前国企救《きく》郡以東を移管されている（同上）。

東国筋では、江戸無血開城後に、戊辰戦争の本番とも言うべき、本格的な戦闘が始まり、そこに前述した新政府の政治組織のあり方の根幹に関わる、政軍二元化の早期解消や「公論」政治の制度的実現の問題などが重なり、直轄府県の設置は、一段と複雑な様相を呈していった。

3—戊辰戦争の再燃と本格化

上野戦争の衝撃

江戸では、開城前の慶応四年(一八六八)二月一二日以降、一部の旧幕臣が雑司ケ谷《がや》の鬼子母神《きしもじん》境内の茶屋「茗荷屋《みょうがや》」や四谷・鮫河橋《さめがはし》(鮫ヶ橋)の円応寺などで会合し、同月二三日には浅草本願寺《あさくさほんがんじ》(東本願寺)で「彰義隊《しょうぎたい》」を結成して、屯集した上野の寛永寺《かんえいじ》で開城を迎えた(山崎一九一〇)。江戸に進駐した大総督の熾仁親王の許には、四月二〇日、四〇〇人余の同隊が上野山内に「徳川秘蔵之品」守護の名目で屯集している、との情報が寄せられた。閏四月五日の夜には、勝安芳が熾仁親王の許を訪れ、江戸市中の旧旗本の「沸騰《ふっとう》」を心痛している、と語っている(『熾仁親王日記』一〈以下、熾仁日記一と省略〉)。

軍防事務局判事の大村益次郎は、閏四月一日、大坂を発ち、海路、東下して、同月四日、江戸に到着している(『大村益次郎』)。大村は、「政体書」制定後の五月七日付で軍務官判事となり、彰義隊の討伐を主導し、同月一五日、上野戦争が起こるのである。

上野戦争は、江戸に残る旧幕臣に、相当な精神的衝撃を与えたものと見られる。一面では、新政府軍への軍事的反抗がようやく本格的に始まり、個々の旧幕臣がそれにどう対処するか、あらためて迫

図22　上野戦争

られることになった、という事情もある。

　そればかりではない。注目すべきは、上野の東叡山《とうえいざん》寛永寺の伽藍《がらん》の大方《おおかた》が戦火で焼亡し、旧幕府にとって、芝の三縁山《さんえんざん》増上寺《ぞうじょうじ》とともに「両山《りょうざん》」と称された、江戸における旧幕府の精神的なシンボルが消失した、という事実である。

　万延遣米使節に軍艦奉行並《なみ》として加わり、福沢諭吉を従者とし、勝義邦《よしくに》（のち安芳）が艦長の咸臨丸《かんりんまる》で渡米した、木村喜毅《よしたけ》（号は芥舟《かいしゅう》）は、翌日の一六日の日記に、「昨夕七時頃、彰義隊不残《のこらず》販（敗）走之由《よし》、祖廟《そびょう》延焼之由、痛憤甚之至《はなはだしきのいたり》」と、大層憤慨している（『木村摂津守喜毅日記』）。ちなみに、木村は、当日の一五日に、「上野戦争、近傍延火《きんぼうにえんか》、夜中迄不滅《よなかまでめっさず》」と記しており、「上野戦争」の語が当時からのものであることがわかる。なお、日記中の時刻は、現在同じ、午前・午後各一二時間法である。

　木村は、「祖廟」（東照宮）が類焼したと聞いて、「痛憤」しているが、実際には焼亡を免《まぬが》れている。彼も一七日の日記で、「上御御宮（東照宮）・御霊屋《おたまや》（歴代将軍の廟所《びょうしょ》）者《は》無御別状《ごべつじょうなく》、山門・中堂・本坊者《は》焼失之由」（同上）と確認している。しかし、寛永寺の大伽藍が焼失し、住持の輪王寺宮公現法親王《りんのうじのみやこうげん》（後の北白川宮能久親王《きたしらかわのみやよしひさ》、軍務官知事の嘉彰親王の弟）も逃亡したことで、「両山」の一つが物的にも人的にも消滅したことは明白だった。これは、江戸開城に次ぐ、追い打ちだったろう。

木村の日記には、上野戦争直後、旧幕府の解体が一挙に進んでいく有り様が記録されていく。一八日、「府内（江戸市中）制札（高札）」の撤去。一九日、「本所御蔵」の封印。二〇日、「三奉行」の廃止。二一日、「町奉行役所」の引き渡し。二二日、「評定所」の引き渡し。

しかし、二四日は違っていた。二三日付で布達された、田安亀之助《たやすかめのすけ》（のち徳川家達《いえさと》）による徳川宗家の相続許可が、この日、江戸城へ当人を呼び出して伝達されたことが記されている。これは、木村をはじめ、江戸の旧幕臣たちが待ち望んでいたであろう、徳川宗家存続の許可決定だった。二五日には、三〇日付で正式に布達される、新たな領地に関する達文（後述）が漏れなく写し取られている。

戊辰戦争の再燃

大村益次郎の東下は、京都の新政府首脳が、江戸開城に伴う、征討軍の解隊と戦後処理の問題に取り組むための最初の一石だったと思われる。一方、大総督の熾仁親王も、大村と入れ代わる形で、参謀の西郷隆盛を、開城後の措置を新政府首脳と協議するため、慶応四年（一八六八）四月二八日の夜、海路、上洛させている（熾仁日記一）。

しかし、五月三日には奥羽二五藩が盟約を結び、その後、これに会津・庄内・長岡など八藩が加わり、奥羽越列藩同盟が成立する。さらに、上野戦争を機に、江戸を脱走した旧幕臣が各地で抵抗し始めたので、大村の役割は、再燃し本格化した戊辰戦争の戦争指導へと向けられざるを得なくなったのである。

また、江戸と関東地方における直轄府県の設置も、こうした情勢展開のため、一見、逆転したような様相を呈していく。すなわち、五月一一日付で「江戸府」が設置され、知事に行政官弁事から転じて烏丸光徳《からすまるみつえ》が就任した後、上野戦争を挟《はさ》み、それと併置する形で、同月一九日付で「江戸鎮台」が設置され、征討軍の大総督である熾仁親王が兼職している（『地方沿革略譜』）。

つまり、江戸と関東では、地方統治機関である直轄府県が設置された後に、軍事情勢の変化から（宮間二〇一五）、新たに軍政機関も設置せざるを得なくなったのである。

しかし、京都の太政官は、大総督とその麾下《きか》の征討軍による、江戸と関東に対する軍政を、長期化させようとはしなかった。

三条実美の東下

慶応四年（一八六八）閏四月一〇日付で、副総裁の三条実美に「関東監察使」を兼職させ、「億兆《おくちょう》（万民）人心安堵《じんしんあんど》候様取計可致《ようとりはからいいたすべく》、総《すべ》テ御委任《ごいにん》候」と、戦後処理の全権を委ねて東下させた（全書一）。三条は、直ちに京都を発ち、同月二四日、江戸に到着し、その道中、「政体書」の制定に伴い、前述したように、輔相となっている。上野戦争後の五月二四日付で、三条は、関東監察使の兼職を解かれ、新置された「関八州鎮将《かんはっしゅうちんしょう》」を兼職している（『三条実美公年譜』〈以下、三条年譜と省略〉）。

この間も、奥羽・北越の状況は次第に深刻化していった。西郷隆盛は、六月五日、再度、上洛して太政官に援兵を要請した。この日、太政官は、西郷の意見で、折しも薩摩藩主の島津忠義が国元《くにもと》から引率して上洛していた兵隊を、急遽、東下させることを決定するとともに、参与の大久保利通に東下を命じた。大久保は、翌六日、大坂へ下り、一一日、鹿児島へ海路、帰国する忠義を見送り、一八日、自身も海路、江戸へ出立し、二一日、到着している（『大久保利通日記』一〈以下、大久保日記一と省略〉）。

さらに、太政官は、六月一九日、参与の木戸孝允と京都府判事の大木民平（喬任《たかとう》、佐賀藩士出身、沿革三）に東下を命じ、木戸に「以江戸《えどをもって》東京と被　定《さだめらるる》之儀より件々、遠大《えんだい》の御内慮《ごないりょ》」が申し含められた。天皇の意向として「御内慮」を木戸に告げた主は、岩倉具視以外ではあり得まい。木戸は、翌二〇日午前七時に京都を発ち、その夜、大坂で大木と合流して船便を待ち、二三日、出航し、二五日、品川沖に到着している（『木戸孝允日記』一〈以下、木戸日記一と省略〉）。

二七日、木戸は、大久保・大村・大木と「此度《このたび》之要件を密議」して、意見の一致を見た上で、一同で三条に面会して相談し、その同意を得ている。そこでの了解は、「御東幸《ごとうこう》の一件は辱《かたじけな》くも至尊《しそん》（天皇）（中略）平定の際に至《いた》りては百《ひゃく》（すべての）の賞罰其他《しょうばつそのほか》大所（処）分親《した》しく御裁決在《ごさいけつあらせ》らせらるゝの思食《おぼしめし》」を実現するところにあった（同上）。つまり、戦後処理を、大総督とその麾下の征討軍の手から取り上げ、天皇が「親征」＝東幸して自ら行う、裏返せば太政官が直截行う、ということなのである。

そのため、先ずは、大総督の権威と権限の縮減をはかる必要があった。七月四日、三条は、熾仁親王に対し、「奥羽大抵《たいてい》平定迄御滞府《ごたいふ》（江戸に滞在し）、軍務御指揮可被為在様《あらせられべくよう》」との「御沙汰《おさた》」と、経費節減を理由に大総督の従者を「左右御使用人数輩」に限るようにとの「朝旨《ちょうし》」を伝えた（三条年譜）。ついで、その軍政機能が剝奪される。

江戸から東京へ、鎮将府の設置

太政官は、慶応四年（一八六八）七月一七日付で、江戸を「東京」と改称する。とともに、同日付で、江戸鎮台と関八州鎮将をともに廃止して、新たに「鎮将府《ちんしょうふ》」を設置し、駿河・甲斐・伊豆・相模・武蔵・安房・上総・下総・常陸・上野・下野・陸奥・出羽の一三ヵ国を管轄させ、三条実美に「東国事務ヲ総裁ス」る鎮将を兼職させた。また、江戸府を「東京府」に改置して、その知事には引きつづき烏丸光徳を任じている

鎮将府には、議政官の議定と参与、行政官の判事（諸侯・軍務・社寺・刑法・会計の分課を担当）と弁事、他に史生と筆生が置かれ（全書一）、あたかも「東国の太政官」のような体《てい》をなしていた（松尾一九九五）。鎮将府は、征討軍の大総督ではなく、太政官の輔相による東国軍政機関であり、その管轄下に当該地域の直轄府県は編入されたのである。これにより大総督の軍政機能を吸収し、天皇東幸の下で大総督を解任し征討軍を解隊して、政軍二元化を解消する布石だった、と見てよかろう。当然、それは東京遷都への布石でもあったろう（同上）。

ちなみに、熾仁親王の日記の七月四日と一七日の条には、それぞれの前後を含め、右の措置に関する記載は、いずれも見られない。両日条に共通する記事は「攻馬《せめうま》（乗馬訓練）之事」のみである（熾仁日記一）。

しかし、問題は戦局だった。大久保は、鎮将府設置の前日、七月一六日付で京都の岩倉へ発翰し、「白川（河）口・平潟口・仙台進撃之事ハ大村配慮にて追々相運《おいおいあいはこび》候間《あいだ》、必《かならず》御《ご》案労《あんろう》（心配）ニ被為及間舗《およばせられまじく》奉存《ぞんじたてまつり》候」と述べ、大村主導による軍事指揮を信頼して、心配しないよう説いている（『大久保利通

文書』二〈以下、大久保文書二と省略〉)。

前出の江戸で「密議」に加わった木戸・大久保・大村・大木の結束と信頼の関係が、江戸―東京の三条と京都の岩倉を支えて、鎮将府設置―天皇東幸を実現していく、中核的な政治的主体をなしていた、と見てよかろう。ちなみに、その面々のうち、大木は、七月一二日付で参与に転じ、東幸した天皇が京都還幸へ出発する四日前の一二月四日付で東京府知事を兼ねている(沿革三)。

4―天皇東幸と「議事之制」の模索

東幸の準備と態勢

かくして、太政官は、天皇の東幸に向けて、その準備と体制固めを進めていく。

慶応四年(一八六八)八月四日付で、詔書が出され、「政権一途《いっと》、人心一定」が「国体」維持の前提であり、そのため「政法ヲ一新」して「広ク会議ヲ興シ、万機公論ニ決スル」ことにしたが、それは「四海《しかい》ノ内孰《うちいずれ》カ朕《ちん》(天皇の自称)ノ赤子《せきし》ニアラサル、率土《そつど》之浜亦《ひんまた》朕ノ一家ナリ」(王土王民論)との趣旨からであるが、奥羽地方で「朕ノ政体ヲ妨《さまた》ケ、朕ノ生民《せいみん》ヲ害《がい》ス」者があり、やむなく全国の兵を差し向けて討伐させているが、そこにも「国体ヲ弁《べん》スル者」もあろうし、今からでも「帰服《きふく》」すれば「至当《しとう》ノ典《てん》」(寛大な処分)を行う、と抗戦する奥羽・北越諸藩の士民に告諭した(全書一)。

そして、同日付で、「先般、海内《かいだい》一家・東西同視《どうし》之思食《おぼしめし》」から「東京之儀《ぎ》」が布達されたが、奥羽・北越戦争が起こり「東国」の人民が「塗炭《とたん》」の苦しみに陥っているので、彼らを慰撫《いぶ》するため、天皇が東京に「親臨《しんりん》」(東幸)することになった、と沙汰《さた》した(同上)。「東京之儀」とは、七月一七日付で布達された、江戸を「東京」と改称し、西の京都と並ぶ、東の皇都とする、前出の措置である。

また、八月七日付で、天皇の意向を受けて発せられる「御沙汰之類」の重要な法令・布達類を、行法官の五官がそれぞれに制定・発令していたのでは、「政体ニ相背《あいそむ》」くとして、今後は行政官で「一途《いっと》ニ取扱《とりあつかう》」と、行政官の弁事から通達している(同上)。これは、前述した、太政官における輔相と行政官の政治的指導権の脆弱さを解消する措置であるとともに、東幸発輦後、京都に残留する太政官の諸職員に対する規制措置であったとも言えよう。

さらに、東幸発輦の前日、九月一九日付で、議政官を「姑《しばら》ク」廃止し、議定・参与・史官を行政官の輔相の次に列することを、行政官より布達した(同上)。その理由は、立法官と行法官の兼職を禁ずる「政体書」第三条の規定が貫徹し難い実情があるが、「議事之制」は「天下衆庶《しゅうしょ》(天皇の全被治者)ト共ニ衆庶之政《まつりごと》ヲ為《な》シ」、また会計の問題を処理する上でも不可欠であるので、実情に合わせた形に変更する、ということだった。要するに、議政官の上局が担当した政策・法令審議機能を吸収し、輔相指揮下の行政官への権限集中をはかったわけである。たしかに、前述した東幸決定に至る経緯を考えれば、制度を政治的実態に合わせたものだと言えよう。

問題は議政官の下局の扱いである。右の行政官達では、「天下一体」に「議事之制」を敷くことをあらためて確認し、「議事之制取調《とりしらべ》候一局」を別に設けるとしている。この問題は、後述するように、東幸と併行して、その模索が進められていく。

天皇の東幸

天皇は、八月二七日、即位大礼を挙行した。ついで、九月八日付で、行政官は、同日をもって「明治」と改元し、以後、「一世一元」とする詔書を布告した（同上）。そして、会津若松城攻防戦の最中、明治元年（一八六八）九月二〇日、天皇は、輔相の岩倉具視以下を従え、東京行幸（東幸）へ発輦した。同日付で、外国官は知事以下の職員が東幸に供奉《ぐぶ》するので、東幸中の同官の事務はすべて東京で取り扱う、と行政官が布達している（同上）。東幸は、実質的には、太政官枢要部の東京への移動でもあった。

九月二二日、会津若松城は松平容保が降伏して開城し、奥羽・北越戦争は終結へと向かう。東幸の途中、一〇月一日付で、奥羽・北越戦争の終結が宣言され、従軍した「諸兵隊」に「帰休《ききゅう》」が沙汰された。征討軍は、天皇の東京着輦を前に、早くも解隊され、東幸は、東国への「親征」ではなく、「親臨」へと、途次、その性格を変じたのである。そして、同月一三日、天皇は東京に着輦し、同日付で、江戸城を「東京城」と改称し、同城を行宮《あんぐう》ではなく、「東臨《とうりん》」時の「皇居《こうきょ》」と定めた（同上）。

一〇月一七日付で、行政官は、「皇国一体、東西同視」の立場から、東幸して「内外之政」を「親《しん》聴《ちょう》」するとの詔書を布達し、天皇が「日々《ひび》臨御《りんぎょ》、万機《ばんき》御親裁《ごしんさい》」すると闡明した（同上）。その翌日、一八日付で鎮将府を廃止し（三条年譜）、ついで一九日付で、鎮将府管轄下の駿河以東の一三ヵ国に領分を有する諸侯と、同諸国に知行所を有し、江戸開城前後に京都に伺候《しこう》し「勤王」を願い出て許され、新置された中大夫《ちゅうたいふ》・下大夫《かたいふ》・上士《じょうし》の家格を与えられて、朝臣に列せられた旧旗本（奥田二〇一二・二〇一三）

とを、ともに太政官の管轄、また、鎮将府支配の直轄府県を行政官の支配、鎮将府付の諸職員を行政官付とした（全書一）。

さらに、熾仁親王は、同月一七日に参内した折、「万機御親裁、東陸（関東・奥羽）諸大小名取計《とりはからい》方《かた》」について指示を受け、二九日付で「東北及平定候ニ付《へいていにおよび》、大総督辞退、錦旗・節刀返上」を聞き届けられたことが伝えられている。もっとも、熾仁親王の日記に、彼が大総督辞任を申し出たとの記述は、一三日の天皇着輦以降、この日までの間には見えない。熾仁親王は、一一月二日に参内して錦旗と節刀を返上した（熾仁日記一）。かくして、政軍二元化は完全に解消されたのである。

「議事之制」の模索

天皇の東幸は、「公論」政治の制度的実現への企ても伴っていた。前出の「政体書」は、第五条で、「輿論《よろん》公議」による政治を行うため、各府藩県から貢士を出して「議事ノ制」を立て、第一一条の太政官の職制で、立法官である議政官の下局に当てることを定めていた。慶応四年（一八六八）五月二四日付で、以下の「貢士対策規則」が制定された（全書一）。

①「貢士対策所」を当分の間、菊亭《きくてい》邸に設ける。

②貢士が「対策」（政府への建議の提出）を行う「定日《じょうじつ》」（定例日）を毎月五・一五・二五日とし、貢士の出仕時刻を「巳刻《みのこく》」（午前九時）とする。定日以外に建議を提出する場合は、行政官の「弁事伝達所」（弁事の役所）へ提出する。

③「政体書」第一一条の職制で定められた、租税の「章程」以下の各件について、順次、「建策」を

定日に持参して提出する。病欠の場合は代理を出す。

また、その建議の内容は、「誇大空遠之論」ではなく、「時宜之適用」に合致し「着実施行」し得るものであることが求められた。

ついで、五月二七日付で、従来の「留守居役《るすいやく》」による「公務取扱《こうむとりあつかい》」（新政府と諸藩の連絡）を「不相当《ふそう》」だとし、新たに「公務人《こうむにん》」を置いてそれを担当させ、それに貢士を充てて、その藩の「国論《こくろん》」（「藩論《はんろん》」）を代表させ、その定員や選任の規定は貢士のそれによることが布達された。そこでは、公務人＝貢士には、「朝命ヲ奉シ藩論ヲ振起《ちょうめいほうしんき》」するよう努めるとともに、「各国ノ持論」（藩論）に加え、「各自固有之見込《かくじこゆうみこみ》」（私見）も提出し、他と「雷同《らいどう》」しないよう注意されている（同上）。要するに、貢士を公務人にすることで、彼らに「藩論」を代表させる一方、その「私見」で有用なものは吸い上げようというわけである。

しかし、この貢士対策所は、なかなか動き出さなかったようである。六月九日付で、行政官の弁事が、諸侯が国元にいる場合、速やかに公務人を選任できない向きがあるので、当面、「対策」の方は従来の貢士、「公務」は従来の留守居役にそれぞれ担当させ、早急に公務人を選任するよう指示している（同上）。

そして、東幸の方針が決定すると、八月一日付で、「議事之体裁《ていさい》」を改正し、定日の「対策」提出を止め、公務人・貢士による建議を随時、「見込存付次第《みこみぞんじつきしだい》」に行い、また臨時に召集して「下問《かもん》」する、という制度に変更した（同上）。

八月二〇日付の行政官布告で、公務人を「公議人《こうぎにん》」と改称するとともに、それとは別に、従来の留守居役の職務を管掌する「公用人《こうようにん》」を置くよう達した（同上）。近世以来、諸藩の藩邸を管理するとともに、対外交渉を担って来た留守居役の機能を、藩を代表する議事職である「公議人」と、藩邸管理職である「公用人」へと二分し、前者の役割をより一層、制度的に明確化しようとした措置と見てよかろう。

と同時に、この措置は、「藩論」の代表者を召集して、「議事之制」の下院に相当する機関を構成する基本方針には変わりないものの、諸藩から貢士を出させる、という方針が放棄されたことを意味しよう。貢士には、諸藩を代表するとともに、新政府の施政方針に則って、各藩内の現存政治秩序の枠組を踏み出て、その改革を領導するような人材が期待されていた。貢士選抜方針の放棄は、貢士を軸とした諸藩改革構想の断念でもあったと言えよう。

しかし、そうまでしても、依然として、諸藩での公議人選任は進まなかったようである。九月一三日付で、行政官より、公議人の姓名をいまだ届け出ていない向きがあるが、一ヵ月後の「来《らい》一三日迄ニ届出可申事《とどけでもうすべき》」とし、但書で「未撰挙分」はその理由を届け出よ、とその選任を督促している（同上）。

議事取調の着手

前述したように、明治元年（一八六八）九月一九日付の行政官達で、議政官が行政官に合併されるが、その一方、同じ達で「議事之制取調候一局」の開設が予告されている（全書一）。そして、同日付で、その開設準備担当と見られる、「議事体裁取調御用」の

図23　森　有礼

図24　鮫島尚信

「総裁」に山内豊信（議定）（沿革四）、「掛《かかり》」に福岡孝弟（参与）、大木喬任（参与）、秋月《あきづき》右京亮（種樹《たねたつ》、日向国高鍋《たかなべ》藩主世子、議政官下局議長・行政官弁事・侍読《じどく》を兼職）、森《もり》金之丞（有礼《ありのり》、薩摩藩士出身、外国官権判事）、鮫島《さめじま》誠蔵（尚信《なおのぶ》、薩摩藩士出身、外国官権判事）、神田《かんだ》孝平《たかひら》（旧幕府の開成所頭取《かいせいじょとうどり》、徴士）が任ぜられている（国立公文書館所蔵「太政類典」、沿革四、『明治文化全集』第四巻　憲政篇〈以下、全集憲政篇と省略〉、『神田孝平――研究と史料――』〈以下、神田史料と省略〉）。京都にいた福岡と神田は東京在勤を命ぜられるが、福岡は病気を理由に同御用掛を辞している（沿革四）。

森と鮫島は、幕末に藩命でイギリスへ留学し、慶応四年六月、ともに帰国している。後出の公議所では、秋月が議長、森が議長心得、神田が副議長（心得）となっている（全集憲政篇）。この「御用」の設置は、太政官首脳部がいわゆる「開《かい》明官僚《めいかんりょう》」を用いて、「議事之制」の創置へ本格的に動き出したことを示していよう。

東幸発輦の翌日、九月二一日付で、行政官より、「議事之制」の変遷経緯と現状を明示し、その打開策を指示する布達が出される。そこでは、冒頭、「議事院《ぎじいん》」が誓文第一条に基づく「最重大之挙《さいじゅうだいきょ》」であると確認した上で、貢士＝公務人の「対策」制度が「空《くう》文《ぶん》ニ流《なが》レ」る弊風を生んで廃止され、ようやく公議人が選任されたものの、その人材を欠くわけではないが、彼らが代表すべき「藩論」が「未定」の藩がある現状では、公議人が「私見」によって「空《くう》論浮議《ろんふぎ》」し、「衆説《しゅうせつ》ニ雷同」する弊害も生じかねないので、諸藩に「藩論」を「一定」するよう求めている（同上）。

そして、行政官は、同日付で、諸藩に各一名の公議人を東幸着輦前後までに東京へ派遣することとし、該当の公議人に対して、同月二五日の巳刻（午前九時）に「人体《にんてい》」確認のため、飛鳥井《あすかい》邸へ集合するよう指示している（同上）。ところが、同月二四日付で、翌二五日に飛鳥井邸へ集合との指示を取り消し、現時点で京都にいる公議人のうち、誰でもよいので、各藩一名を海陸いずれの方法でも、着輦前後までに東京へ派遣せよ、と先の指示を訂正している（同上）。

東幸着輦後の一〇月二三日付で、行政官は、東北平定により、ますます「皇国一致、朝廷・列藩ノ間《かん》、気脈相通《きみゃくあいつう》シ」る必要が高まったとし、「下問」の諸案件もあるので、自藩の「藩論」を「一定」しておくよう、諸藩の公議人に達している（同上）。ついで、同月二九日付で、抗戦した奥羽・北越諸藩に対する「処置」について、一一月八日午刻《うまのこく》（午前一一時）までに「見込《みこみ》」を文書で提出するよう、下局議長（坂田莠）から諸藩の公議人へ沙汰される（同上）。京都でも、一一月三日付で同様の達が在京する諸藩の公議人へ布達され、同月八日午刻まで非蔵人口へ提出するよう指示されている（同上）。

このように、天皇東幸に伴って進められて来た「議事之制」の模索は、天皇の京都還幸を前に、ようやく制度的実現へと漕《こ》ぎ着《つ》けていく。

議事体裁取調所の開設

明治元年（一八六八）一一月一九日付で、「議事体裁取調所」を設け、公議人を管轄させることが布告される（全書一）。これは、前出の九月一九日付の行政官達で開設が予告されていた「議事之制取調候一局」で、同日付で任ぜられていた「議事体裁取調御用」が太政官の一部局へ格上げされたものである。

同「御用」には、辞任した福岡を除く前出の面々に加え、一一月四日付で、鈴木唯一と黒沢孫四郎（福井藩家老本多《ほんだ》副元《すけもと》の家臣出身カ）、同月一一日付で細川潤次郎《ほそかわじゅんじろう》（土佐藩士出身）と副島種臣、二年（一八六九）一月一八日付で津田真一郎《つだしんいちろう》（真道《まみち》、駿府藩士出身）が補充されている（「太政類典」）。なお、二年二月一七日付で黒沢、同年四月一七日付で細川は、免ぜられている（同上）。

右を受け、一一月二五日付で、行政官から直轄府県に対して、東京に議事体裁取調所が設けられたことが告知され、いずれ「府県議員」も「徴集」して会議することが予告された（同上）。「府藩県三治一致」の施政原則からすれば、当然の予告だったと言えよう。

また、一一月三〇日付で、在京の公議人に、議事体裁取調所が公議人を管轄することを告げ、彼ら全員に東下するよう指示するとともに、いまだ公議人を選任していない藩は至急、選任して、東京へ派遣するよう命じた（同上）。

東京では、翌日の明治元年（一八六八）一二月一日付で、同月八日に京都還幸へ発輦することが、行政官から布告される（同上）。

公議所の設置

同月六日付で、奥羽・北越戦争の終結により、誓文第一条の趣旨に基づき「政体書」に定められた議事制度を設置する条件がようやく整ったので、「公明正大之国典確立《こうめいせいだいのこくてんかくりつ》」を「熟議」する機関として、来春、東京の旧姫路藩邸に「公議所」を設置し、その開会期日や会議規則などは追って沙汰する、と太政官より達した。

そこでは、東京にいる公議人には、当年は「御暇《おいとま》」を下賜《かし》するが、来年一月中には遅滞なく東京へ参集するよう指示し、また、在京の公議人には、一一月三〇日付の通達にある東下の期限を来年一月中に改め、さらに、未選任の藩には、再度、督促している（同上）。

天皇の京都還幸発令にもかかわらず、公議所の来春東京開設と、それに間に合うよう、公議人の来年一月中の東京参集を、太政官が達していることは、還幸が一時的な措置であり、再東幸＝東京奠都《てんと》（実質的な遷都）が既定方針であったことがうかがえよう。はたして、右の太政官達が出された翌日、七日付で、行政官より、来春の「再臨幸《さいりんこう》」と、その準備として、火災で焼失していた東京城の旧本丸跡への「宮殿」造営とが布達されている（同上）。

5——全国統治体制の成立

奥羽・北越戦争の終結は、太政官による諸藩への政治的指導を強化する、一つの画期となった。これもまた、東幸中に実現した政治的成果の一つだと言えよう。

「藩治職制」の制定

大総督の熾仁親王が解任される二日前、明治元年（一八六八）一〇月二七日付で、行政官より「藩治職制《はんちしょくせい》」が諸藩へ布告される（全書一）。その制定は、「天下地方《てんかのち》府藩《ほう》県之三治《さんち》ニ帰《き》シ三治一致《いっち》ニシテ御国体可相立《あいたつべし》、然《しか》ルニ藩治《はんち》之儀ハ従前各《おのおの》其家《そのいえ》之立《たつ》ルニ随《したが》ヒ職制区々異《くくい》同有之《どうこれあり》候ニ付《つき》、今後一般同《どう》軌《き》（統一）之御《ご》趣意《しゅい》」にあると、そこで説明されている。

「府藩県三治一致」は国体上の要請によるもので、そこから、前述したように、「政体書」には何らの規定もなかった、諸藩の職制を統一するというのである。具体的には、「執政《しっせい》」・「参政《さんせい》」と、前出の「公議人」の三役を諸藩に統一して設置した。

執政は、「朝政」（新政府の施政）を体認して藩主を輔佐《ほさ》し、藩の「綱紀《こうき》」と「政事《せいじ》」に「無不総《すべざるなし》」とされ、それら全体を管掌する、藩政指導全般の責任者である。参政は、藩の「政事」に参与し、藩の「庶務」一切を管掌する、藩政実務全般の責任者である。両職とも定員は定めない。公議人は、前述の通り、「朝命」（新政府の指示）を承けて、「国論」（「藩論」）を代表して「議員」となる。

これら三役による藩政運営上の基準五ヵ条が以下のように定められている。

①執政と参政は、藩主が任命するが、「門閥《もんばつ》ニ不拘《かかわらず》人材《じんざいを》登庸《とうよう》」し、その任命・交代時に太政官へ報告する。

②「兵刑《へいけい》・民事《みんじ》及庶務」の職制は、藩主が定めるが、直轄府県の「簡易ノ制」に準じ、制定後は太

政官へ報告する。
③藩主側近の「用人」などを廃止し、「家知事《かちじ》」を置き、藩政へ関与させず、専ら藩主の家政を担当させる。
④公議人は、執政と参政の中から選任する（前述）。
⑤藩に「議事ノ制」を立てる。

ここでの特徴は、第一に諸藩にも新政府の人材登用政策に倣うことを求めている、第二に藩の職制と職員の報告を義務づけたが、藩の職員は太政官の職員とはしない、第三に藩政と藩主の家政とを分離させようとしている、第四に公議人に「藩論」を代表させるため、藩政の指導と実務の責任者の中から選任させることにした、第五に第四とも関連するが、藩にも議事制度を創置させようとしていることである。

第一・二・三の特徴は、版籍奉還聴許後の藩制度へと繋がる措置である。第四・五の特徴は、やがてそこへと着地していく、諸藩の新政府への政治的統合のため、縷述したように、この東幸前後の時期に、太政官が躍起となって進めていた「議事之制」創置政策の一環である。

奥羽・北越諸藩の処分

天皇東幸の仕上げは、抗戦した奥羽・北越諸藩の処分である。天皇の京都還幸は、その発輦の前日、明治元年（一八六八）一二月七日付で、行政官弁事より布達される。同じく七日付で、会津藩主松平容保《かたもり》らの「死一等」を宥免し「寛典」に処する詔書を発し、また、陸奥・出羽両国の分割、奥羽・北越諸藩の処分、奥羽の新政府直轄地の諸藩による取締《とりしまり》を布達した（全書一）。

陸奥国は磐城《いわき》・岩代《いわしろ》・陸前《りくぜん》・陸中《りくちゅう》・陸奥《むつ》五ヵ国、出羽国は羽前《うぜん》・羽後《うご》両国へそれぞれ分割された。いずれも家名存続は許した上で、陸奥国の仙台《せんだい》藩（伊達慶邦《だてよしくに》）は六二・五六万石を二八万石、盛岡《もりおか》藩（南部利剛《なんぶとしひさ》）は二〇万石を一三万石、棚倉《たなくら》藩（阿部正静《あべまさきよ》）は一〇万石を六万石、二本松《にほんまつ》藩（丹羽長重《にわながしげ》）は一〇・〇七万石から五万石、出羽国の庄内《しょうない》藩（酒井忠篤《さかいただすみ》）は一七万石を一二万石、越後国の長岡《ながおか》藩（牧野忠訓《まきのただくに》）は七・四万石を二・四万石へそれぞれ減封した。

図25　戊辰戦後の会津若松城（鶴ヶ城）

そこで、盛岡・庄内両藩について、「土地之儀」（転封）は追って指示するとされていた。盛岡藩は、二年（一八六九）一二月一七日付で、磐城国白石《しろいし》へ移されるが、翌三年（一八七〇）七月二七日付で盛岡へ戻されている（『諸侯年表』）。庄内藩は、元年一二月一五日付で岩代国若松《わかまつ》へ移され、さらに二年六月一六日付で磐城国平《たいら》へ移され、同年七月二二日付で庄内へ戻されている（同上）。

右の処分により膨張した新政府の直轄地は、出羽国秋田《あきた》（佐竹《さたけ》義尭《よしたか》）・陸奥国弘前《ひろさき》（津軽承昭《つがるつぐあきら》）・信濃国松代《まつしろ》（真田幸民《さなだゆきもと》）・陸奥国中村《なかむら》（相馬誠胤《そうまともたね》）・越後国新発田《しばた》（溝口直正《みぞぐちなおまさ》）・上野国高崎《たかさき》（大河内輝声《おおこうちてるな》）・陸奥国三春《みはる》（秋田映季《あきたあきすえ》）・上野国館林《たてばやし》（秋元礼朝《あきもとひろとも》）・常陸国土浦《つちうら》（土屋挙直《つちやしげなお》）・同笠間《かざま》（牧野貞寧《まきのさだやす》）・陸奥国守山《もりやま》（松平頼升《よりのり》）の諸藩に、

「兵乱」のため「人民愁苦《しゅうく》之情状」にある「奥羽御領」の「民政取締」が命ぜられ、「朝廷之御政体」に基づく「人民撫育《ぶいく》」に「厚ク心ヲ用ヒ」て「御一新之御趣意」をあまねく「貫徹」するよう指示された。

しかし、東北地方の戦後統治は難しく、二年二月二〇日付で、行政官が「奥羽人民告諭」を布達して、「天子《てんし》様《さま》」とは何かから説き起こし、「一尺《いっしゃく》ノ地《ち》、一人《いちにん》ノ民《たみ》モミナ天子様ノモノ」との王土王民論の立場から新政府の統治を正統化して、「百姓トモ」がその辺を弁《わきま》えず「騒動」を起こしてはならない、と諭《さと》している(全書二)。

同じく二〇日付で、「会津降伏人《こうふくにん》」に「蝦夷地《えぞち》」の石狩《いしかり》など三ヵ所を軍務官の管轄下で開拓させることが沙汰される(同上)。その後、会津藩(松平容大《かたひろ》)は、同年一二月四日付で、家名存続をゆるされ、陸奥国斗南《となみ》の地に三万石を与えられ、翌三年五月一五日付で斗南藩知事に任ぜられた(『諸侯年表』)。

かくして、抗戦した奥羽・北越諸藩の処分は決着を見たのである。

直轄府県設置の完成

戦後統治が難しかった東北地方では、直轄一〇県(若松《わかまつ》、福島《ふくしま》、白石《しろいし》、白河《しらかわ》、石巻《いしのまき》、登米《とめ》、胆沢《いさわ》、江刺《えさし》、九戸《くのへ》、酒田《さかた》)の新置があらためて布達されたのは、明治二年(一八六九)八月一八日付であり、同日付で諸藩に委ねられていた「取締之地所」がそれらの諸県へ移管されている(全書二)。東北地方での直轄県体制はこの時点でようやく発足したのである。

しかし、それより先、同年五月四日付で岩代国巡察使《じゅんさつし》と、陸前・陸中・陸奥・羽前・羽後・磐城六カ国を管轄する按察使府《あぜちしふ》がそれぞれ設置されており（『地方沿革略譜』）、地方統治が直轄県に完全に委ねられているわけではない。按察使府は、翌三年（一八七〇）九月二〇日付で、岩代国の若松県を管轄下に収めた上で（岩代国巡察使の廃止措置と見られる）、同月二八日付でようやく廃止されている（同上）。

このように見てくると、かつて唱えられた、鎮台→裁判所→直轄府県という、新政府の地方統治機関の成立パターン（丹羽一九七〇）は、新政府軍の軍事的展開が順調に進展した地域では、一応成り立つ。しかし、組織的な抵抗などにより軍事的な不安を抱える地域では、軍政機関の存続や新置を余儀なくされていた。

これは、関東や奥羽・北越に加え、旧幕府の艦隊を率いて江戸を脱走した、榎本武揚が占拠した「蝦夷地」についても、同様である（菊池二〇一五）。また、諸藩に預託された一部の旧幕府領や旧旗本領などでは、直轄府県の管轄下への編入が、版籍奉還聴許後にまでずれ込んでいる（奥田二〇一一b、一二一・一二三）。

本格的な地方統治機関として、「政体書」で制度化された直轄府県の設置は難航し、全国規模で見れば、直ちには実現できなかったが、奥羽・北越戦争の終結により、ようやく成立への目処《めど》が立ってきたと言えよう。

三　東京奠都と版籍奉還の聴許

1――東京奠都と「議事之制」の制度的実現

東京奠都

天皇は、明治元年（一八六八）一二月二二日、京都に還幸する。それからほどない、同月二八日付で、欧米六ヵ国の局外中立宣言が解除された。その経緯は以下の通りである。

同月八日の東京発輦《はつれん》を前に、輔相の岩倉具視らが横浜に出張して、イギリス・フランス・アメリカ・オランダ・イタリア・プロシアの公使に面会し、翌四日付の申入書を渡して、「国内平定」を根拠に、これら六ヵ国の局外中立宣言の解除を求めていた。これに対して、京都還幸後の二八日付で、六ヵ国がこれに応ずることを通知したのだった（全書一、『明治戊申局外中立顛末』）。

新政府は、わが国の正統政権としての国際的地位を、ようやく確保したのである。

しかし、天皇の東京着輦《ちゃくれん》の二日後、一〇月一五日に榎本武揚が率いる旧幕府の艦隊は蝦夷地に到着している。そして、蝦夷地全域を占拠するにおよび、一二月一四日付で箱館駐在のフランス領事に対し、翌一五日に全島平定の祝砲を発することを通告している。新政府とは別個の事実上の政権が、蝦

図26　東京入城東京府京橋之図（月岡芳年画）

夷地に誕生したのである（菊池二〇一五）。

新政府は、欧米諸国に承認された正統政権として、蝦夷地を「国土」とし、開港場である箱館を管理下において、それらの諸国と締結した条約を遺漏なく履行していかなければ、ようやく確保した、その国際的地位を担保し得ない。新政府は、一〇月三〇日付で伊勢国津・備前国岡山・筑後国久留米の三藩に合わせて約一〇〇〇名の出兵を命じたのを皮切りに、箱館戦争へ突入していった（同上）。

天皇は、二年（一八六九）三月七日、再東幸のため京都を発輦し、同月二八日、東京に着輦した（全書二）。東京への事実上の遷都、「東京奠都《とうきょうてんと》」である。

箱館戦争の終結と「北海道」の設置

しかし、奥羽・北越戦争の場合とは異なり、それまでに箱館戦争を終結させることはできなかった。だが、明治二年（一八六九）五月一八日には、箱館の五稜郭《ごりょうかく》がついに開城し、戊辰戦争は完全に終結した。天皇は、六月二日付で、戊辰戦争の従軍将兵に対して、その「遠方艱苦《かんく》尽瘁《じんすい》」をねぎらい、軍功を賞する詔書を発し

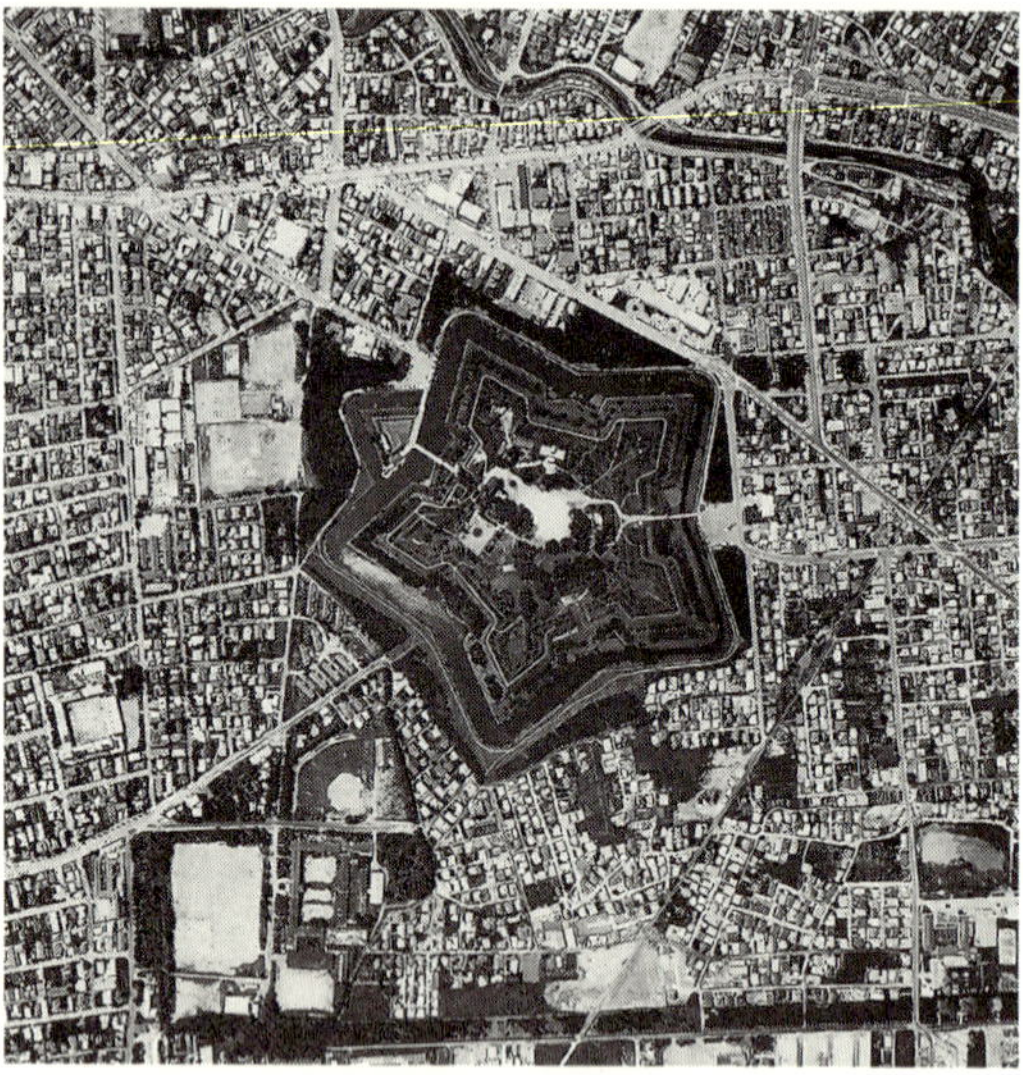

図27　五稜郭

ている（同上）。

蝦夷地は、同年八月一五日付で、全国の八番目の「道《どう》」として新置された「北海道」と改称され、渡《お》島《しま》・後志《しりべし》・石狩《いしかり》・天塩《てしお》・北見《きたみ》・胆振《いぶり》・日高《ひだか》・十勝《とかち》・釧路《くしろ》・根室《ねむろ》・千島《ちしま》の一一ヵ国が置かれ、各国には郡も設けられた。ちなみに、千島国には、国後島に国《くな》後《しり》郡、択捉《えとろふ》島に択捉・振別《ふれべつ》・紗那《しゃな》・蘂取《しべとろ》の四郡が置かれている（同上）。

公議所の「開議」

天皇が京都還幸のため東京を発輦した二日前、慌《あわ》ただしく設置された公議所について、発輦から二日後の明治元年（一八六八）一二月一〇日付で、行政官が以下の四ヵ条からなる規定を布告する（全書一）。

①公議所は、二年二月一五日に「開議《かいぎ》」（開会）する。
②公議人は、従来の大藩三名・中藩二名・小藩一名の定員を、各藩一名に改める。
③公議人は、従来、「藩論」を代表する「人材」を選任することになっていたが、今後は執政・参政のうち一名を「撰挙」する。

〔解説〕この規定は、前出の「藩治職制」を受けたものである。

④従来、藩主が太政官の職員として在職する場合、その藩については公議人の選任を免除してきたが、今後は藩主在官の有無に関係なく、公議人を選出する。

以上の四ヵ条は、前述した貢士選抜方針の放棄を制度的に確定したものである。

天皇は、同月二二日（西暦一八六九年二月三日）、京都に着輦している。その後、再東幸＝東京奠都への動きと連動して、「議事之制」もまた、その制度的実現へと向かっていく。先ずは、既に設置されている公議所を実際に起動させることである。

二年（一八六九）二月八日付で、公議所の同月一五日「開議」を再確認し、以後、毎月二・七・一二・一七・二二・二七日に会議を開くので、太政官の各官は、四等官以上の職員一名を、それぞれ出席させるようにせよ、と布告する（全書二）。また、同日付で、今後、直轄府県の公議人は、その「建言」を公議所へ提出するよう、布告する（同上）。さらに、奥羽諸藩に対し、執政・参政のうち一名を公議人として、五月中までに東京の公議所へ派遣するよう達する（同上）。前述したように、「府藩県三治一致」の施政原則により、全国すべての諸藩と直轄府県から、公議人を選出させようとする方針が、ここでも堅持されていることがわかる。

ところが、天皇再東幸が延引した関係であろう、同月一二日付で、同月一五日の公議所「開議」の延引と、追っての「開議」期日通達が沙汰される（同上）。

再東幸は、二月一八日付で、行政官より、三月七日に発輦と布告される（同上）。ついで、同月二四日付で、行政官より、東京「滞輦《たいれん》」中、太政官を同地へ移す、と布告され、その中で、諸藩に公用人を東京へ派遣するよう指示される（同上）。諸藩の藩邸機能の中心も、東京へ移させようとしたのである。

二月二五日付で、詔書が出され、天皇が「東臨」して「公卿・群牧《ぐんぼく》（牧民《ぼくみん》＝施政に当たる太政官の諸職員）」に会議させ、その「衆議」に諮《はか》って「国家治安ノ大基《だいき》」を構築するため、公議所を速やかに「開局」し、そこで「皇祖ノ遺典《いてん》」に基づき、「人情・時勢」に適《かな》い、「先後《せんご》・緩急《かんきゅう》」を分別《ふんべつ》して、順次、「細議《さいぎ》」したところを、「親《した》シク之《これ》ヲ裁決セン」と闡明した（同上）。同日付で、「議事取調局」（「議事体裁取調所」の改称カ）に対し、右の詔書の通り、近日、天皇が「東臨」の上で、「議事之件」を「親裁」されるので、公議人にその旨を速やかに伝えるよう、達せられた（同上）。

なお、右の詔書の中に「公議所法則略《ほぼ》既《すで》ニ定《さだま》ルト奏《そう》ス」とあるが、議事取調局で策定された、明治元年一二月付の「公議所法則案」（全三六ヵ条）が伝存している。その内容は会議規則であり（全集憲政篇）、実際に公議所の開会準備が進んでいたことがわかる。

議事所設置の帰趨

公議所は、「政体書」が定める議政官下局の制度的実現であり、「議事之制」の下院に相当する機関だが、前述したように、上院に相当する議政官上局は東幸の際に行政官に吸収されていた。

京都還幸後、明治二年（一八六九）一月一八日付で、太政官は「議行両官規則」を達し、議政官上局と合併（実質は吸収）した行政官における議事手続き（一一ヵ条）を定めている（全書二）。この規則は、二月五日付で一部改正が行政官より布達されており（同上）、議政官上局を吸収した行政官において、議事が実際に行われていることがわかる。

もっとも、同日付で「議参弁官分課」も達せられ、議政・行政両官合併体制下での、議定・参与・弁事らによる五官などの分担が定められている（同上）。そこには、特定の議定と参与による行政関与の傾向が看取できる。

前出の二月二五日付の詔書を受けて、それと同日付で、再東幸後、東京城内に「議事所」を設け、公卿・諸侯・二等官以上の太政官職員（一等官は輔相・議定・知官事・一等海陸軍将、二等官は参与・副知官事・知府事・二等海陸軍将）によって「毎次《まいじ》、会議ヲ興《おこ》」すことが沙汰されたので、「議事所規則」などを速やかに取り調べる（起案する）よう、議事取調局に指示されている（同上）。

太政官は、右の通り、議定と参与の行政関与を強める一方、再東幸後の東京で、下院相当の公議所とともに、行政官内部の議事機能を拡張して、太政官首脳部と公卿・諸侯が共議する、上院相当の議事所も、併せて開設しようとしていたと見られる。

さらに、同日付で、東京在勤の五等官以上の職員に対し、再東幸の上、「天下ノ衆議公論」をもって「国是《こくぜ》」の「大基礎」を確定するので、それについて意見があれば忌憚なく建言書を、三月一五日までに提出せよ、との沙汰を行政官が布告している。

東京奠都《てんと》の重要な政治的目的の一つに、「議事之制」を起動して「国是」を確定しようという企てがあったことは明らかだろう。

ところが、天皇の東京着輦後、四月一二日付で、前年の元年（一八六八）九月一九日付で行政官に合併されていた議政官が復活された（同上）。右の動きから一転して、議政官を復活し、その上局として、上院に相当する議事機関を創置する動きとなったのである。

公議所の開議式

公議所は、明治二年（一八六九）三月五日付で、「来ル七日、公議所御開《おひらき》ニ付」と達され、当日の午刻《うまのこく》（午前一一時）に、太政官の五官から四等官以上の職員一名を「直垂《ひたたれ》」着用で出席させるよう指示されている（同上）。三月七日は天皇が再東幸へ発輦する日であり、太政官はそれに合わせて、東京に設置されている公議所の開議を、急遽、まさしく儀式的に実施したのである。

開議式は、議定の正親町三条実愛、議長の秋月種樹、「議事取調御用掛」の他、軍務官副知事と神祇・会計・刑法の三官判事、行政官弁事が「直垂・狩衣《かりぎぬ》」、諸藩の公議人二二七名が「礼服」をそれぞれ着用し、七日正午に公議所へ「出仕」して挙行された。式は、籤《くじ》で公議人の席順を決め、議長の秋月が前出の二月二五日付の詔書を奉読し、諸侯の領分や旧旗本の知行所の処分に関する五ヵ条の「御下問」を配布して、午後四時に終了した（全集憲政篇）。

東京への実質的な遷都と、「議事之制」の制度的実現とを、これほどまでに密接に関連させて政策的に推進した、新政府首脳の政治的意図が、「政体書」で「国是」とされた誓文の第一条に闡明され、前出の明治元年九月一九日付の行政官達でも再確認されている、「天下衆庶《しゅうしょ》ト共ニ衆庶之政《まつりごと》ヲ為《な》」す、今日風に言い換えれば、「国民とともに、国民の政治を行う」という政治理念を実現して、その

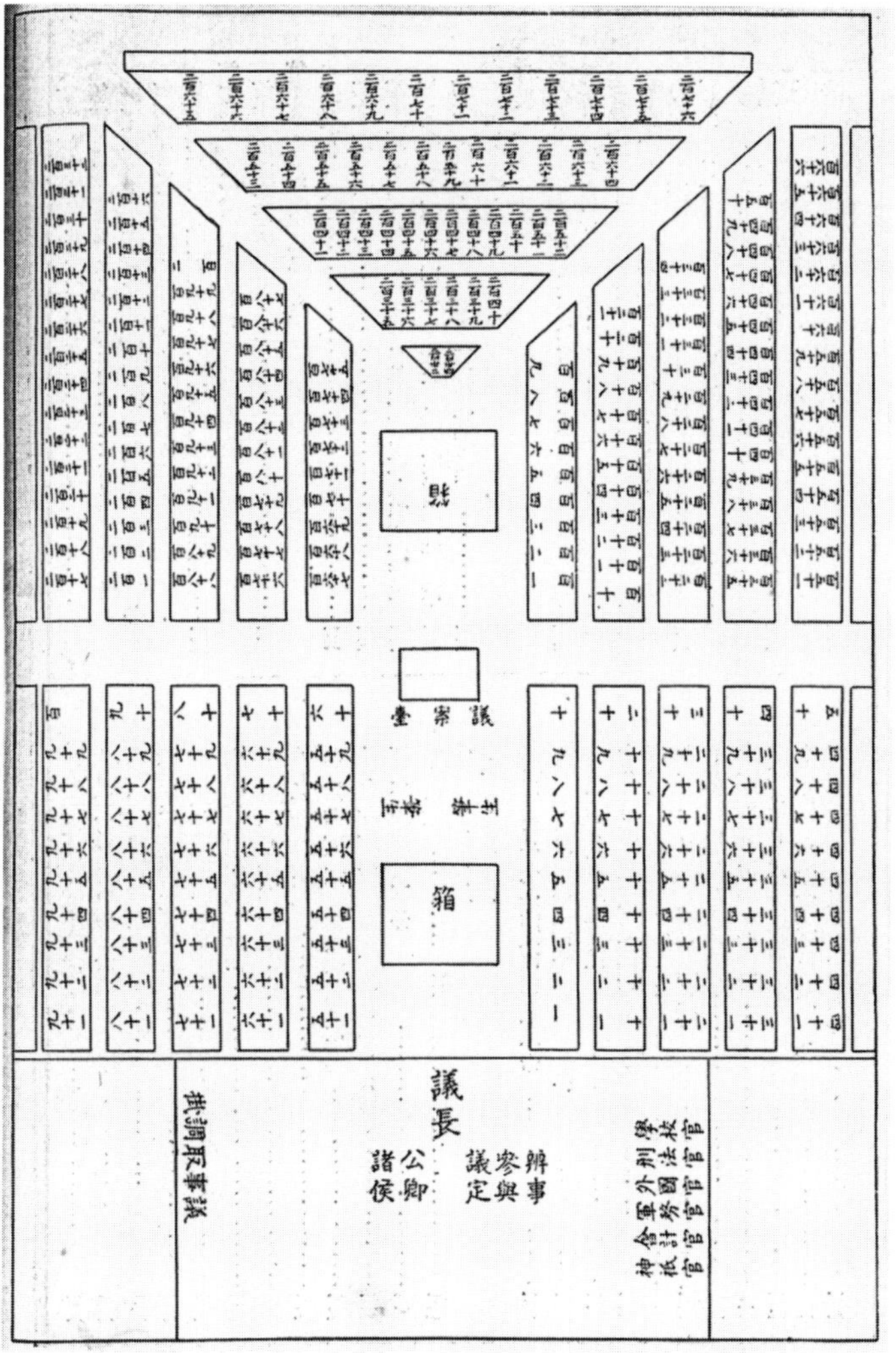

図 28　公議所の議場

政治的正統性を顕示《けんじ》しようとするものであることは明らかだろう。

待詔局と制度寮

明治二年（一八六九）三月一二日付で、東京城に「待詔局《たいしょうきょく》」を新置し、「草莽《そうもう》・卑賤《ひせん》」に至るまで、「有志ノ者」に「御為筋《おためすじ》ノ儀」を建言するよう、行政官より布告した（全書二）。同月一七日付で、その建言について、「関係スル所ノ官員」に待詔局へ「出席」して、その趣旨を「篤《とく》ト可遂議論《ぎろんをとぐべし》」と、行政官弁事より達している（同上）。新政府への建言の提出は、従前、諸藩と直轄府県の公議人には勧奨されていたが、これにより士分以下の者にも、その門戸を開放したのである。なお、待詔局は、四月二〇日付で馬場《ばば》先門《さきもん》内の旧武蔵国忍《おし》藩邸、ついで、同所への会計官の移転（二六日付発令）に伴い、同月二五日付で同門内の旧平岡丹波《ひらおかたんば》（旧旗本）邸へ移転した（同上）。

東京着輦後、四月一七日付で、議事取調局を廃止し、「制度寮《せいどりょう》」を設け、「制度・律令」の「撰修《せんしゅう》」を職掌とし、総裁（一等官）一名、副総裁（二等官）二名の下、定員を定めない撰修（三等官）・准《じゅん》撰修（四等官）・録事《ろくじ》（六等官）・筆生（八等官）・使部（九等官）を置いた（同上）。

議事機関を設置すれば、そこでの審議に付する、制度や政策、財源などを提案・説明する政府職員とは別個に、それを施行する法令の起草や審査に当たる、専門職員が必要となる。制度寮は、いわば今日の法務省と法制局を併せたような機能を有する機関であり、前出の「三職分課」でも制度寮が設けられていたが、こちらの方が格段に充実した組織となっている。

制度寮の総裁には設置と同日付で山内豊信、設置から二日後の一九日付で、副総裁摂行《せっこう》（代理）兼撰修には森有礼、准撰修に神田孝平が任ぜられており（沿革四、任命日付は『明治史料顕要職務補任録』〈以下、補任録と省略〉と神田史料に拠る）、議事体裁取調御用―議事体裁取調所＝議事取調局が人的構成の面でも継承されている。

国是会議

明治二年（一八六九）四月二〇日付で、詔書が布達され、戊辰戦争のために阻まれて来た、誓文をようやく実現できるようになったとして、天皇が「親臨《しんりん》」して「百官《ひゃっかん》群臣《ぐんしん》ヲ朝会《ちょうかい》シ大《おおい》ニ施設《しせつ》スルノ方《ほう》ヲ諮詢《しじゅん》ス」ることを宣言した（全書二）。天皇臨席の下に、誓文の政策的具体化を審議する「国是会議《こくぜかいぎ》」を開催するというのである。

とともに、同日付で、「諸官規則」を行政官より沙汰し、今後、規則の改正・制定は、担当する官で「決議」した上で、輔相をへて「天裁《てんさい》」（天皇の決裁）を受ける、という手続きを制度化した（同上）。前述したように、「政体書」では、「天下ノ権力」すべてを掌握する太政官において、立法権を執るのは議政官であり、輔相はそこでの議事を天皇に「奏宣」することにはなっているが、裁決を仰ぐことにはなっていなかった。これにより、前述の通り、議政官は復活させたが、天皇「親政」を前面に押し出して、制度的には、天皇の最終的な決裁権限を確立し、実質的には、天皇を補弼《ほひつ》する輔相が決裁を判断する仕組みを制度化したわけである。

この措置は、議政官復活以前の議政・行政両官合併体制を、政治的実質において継続させるものだったと言えよう。その意味では、前出の議政官復活とこの「諸官規則」はセットで捉える必要があろう。と同時に、右の国是会議や既設の公議所が、どのような審議結果を出そうとも、それらによって、ここに至るまでの新政府の施政方向を変えさせないよう、制度的に担保する措置でもあった。
右の詔書が布達された二日後の二二日付で、それにつき、輔相より太政官の職員へ口達で意見書の提出、また、諸侯（「在職《ざいしょく》諸公《しょこう》及ヒ列侯《れっこう》」）へ書面で建議の提出と藩内の指導が求められた（同上）。さらに、二五日付で、行政官より、士分以下の身分の者へも「不顧卑賤《ひせんをかえりみず》」、建言書を待詔局へ提出するよう布達された（同上）。

これらの布達を見る限り、この国是会議は、復活した議政官の上局に新置される議事機関を指しているものと考えて間違いなさそうである。

公議所の「封建・郡県」論議

明治二年（一八六九）五月四日、公議所の会議に、制度寮撰修の森有礼から「御国体之儀ニ付、問題四条」が提議された（全集憲政篇）。要は、今後のわが国体を「封建」と「郡県」のいずれにすべきか、という問いかけだった。そのねらいは、後述するように、折柄、諸藩から版籍奉還の建白がつづいている状況の下で、この問題について、公議所の場で「藩論」の動向を見定めようとしたところにあったと思われる。先の国是会議も、この問題に決着をつけるのが、先ずもっての開催目的だったろう。つまり、国是会議に先立って、既設の公議所で瀬踏《せぶ》みしたわけである。

その結果は、①「皇国一円私有ノ地ヲ公収シ」て府県を置き、その知事は「当分ヲ限リ、旧藩主并《ならびに》執政・参政」の中から任じ、藩士を朝臣化する、という意見が加賀・紀州・広島・姫路藩など四○（三九との史料もある）藩と昌平学校、②①と同趣旨だが、「当分」規定を外して藩主を知事とする、という意見が駿府・福井・宇和島藩など六一藩、③若干のニュアンスの相異はあるが、要するに従来通りの「封建」の継続論が合わせて一一五藩（うち一藩は公議人ではなく、藩主）だった（同上）。

諸藩の過半は、依然として従来通りの「封建」継続論だった。一方、完全な「郡県」移行論は皆無で、①も、版籍奉還聴許後に制度化される藩のあり方に、府県の称を冠したものに止まっている。これでは、「国是会議」などと大袈裟な名称の下に公卿・諸侯との会議を開いてみても、版籍奉還を仕掛けた太政官首脳部の思惑通りの審議結果が出て来るのか、危ぶまれよう。

上局会議の開設

にもかかわらず、明治二年（一八六九）五月七日付で、行政官より、議政官の「上局会議《じょうきょくかいぎ》」が東京城の「大広間《おおひろま》」（当分）をその「会議所」として開設されたのである。会議には、太政官の職員ではない「無職」の「宮・堂上・諸侯」と、旧旗本で朝臣となった中大夫（総代二名）・下大夫（同五名）・上士（同三名）の面々に出席が達せられる（全書二）。

上局の議長には、すでに同月二日付で鍋島直正が任ぜられていたが、七日付で制度寮総裁の山内豊信と職務を交代し、さらに一五日付で大原重徳に代わった。また、副議長には、同じく四月二六日付で松浦詮《まつらあきら》（肥前国平戸《ひらど》藩主）が任ぜられていたが、五月一五日付で阿野《あの》公誠（公卿）も加えられている（補任録）。

かくして、国是会議に必要な「議事之制」が、下院に相当する公議所につづき、上院に相当する上局会議という形をとって、ようやく制度的実現をみたのである。

2―「政体書」の改正と「公選」

東京奠都前後の政局

東京奠都前後の政局は複雑な様相を呈していた。輔相の三条実美は、そもそも京都還幸に反対していたが、京都の英照皇太后《えいしょうこうたいごう》（孝明天皇の皇后、九条《くじょう》夙子、父は関白・左大臣に任じた尚忠《ひさただ》）や桂宮淑子内親王《かつらのみやすみこないしんのう》（仁孝《にんこう》天皇の皇女、天皇の伯母《おば》）から強く還幸を求める動きがあり、もう一人の輔相である岩倉具視や、木戸孝允に説得され、ようやく納得したという（三条年譜）。三条と岩倉は、明治元年一二月八日（西暦一八六九年一月二〇日）の東京発輦には品川宿まで随行したが、そこから東京へ引き返していた。岩倉は、一五日、海路で鳥羽《とば》（志摩国）へ向かい、一九日、関《せき》宿（伊勢国）で天皇の一行に合流した。また、三条は、一八日、東京を発ち、海路、京都へ戻っている（同上）。

政局の焦点の一つは、東京奠都それ自体だった。皇族や公家が先祖の地である京都を離れることに不満なのは当然で、それに配慮して、輔相の岩倉は再東幸の布告に慎重だった。大久保利通は、二年（一八六九）一月九日付で、福岡孝弟と連名の書翰を岩倉へ送り、その決断を促している（『岩倉具視関係史料』上〈以下、岩倉史料上と省略〉）。

政局のもう一つの焦点は、後述する版籍奉還への動きだった。大久保は、同月一四日付で、岩倉宛に書翰を送り、広沢真臣（参与）や乾《いぬい》（のち板垣《いたがき》）退助《たいすけ》（正形、土佐藩士出身、のち同年四月九日付で参与就任）らと会合し、「長土薩」三藩で「土地・人民返上一条《へんじょうのいちじょう》」（版籍奉還の一件）を「合議」して結束を固め、とりわけ「土州《としゅう》、殊之外《ことのほか》憤（奮）発」（土佐藩士出身者が特段に積極的な姿勢を示している）とし、安堵されたい、と報じている（同書下、大久保文書三）。

その三日後の一七日付で、岩倉は、輔相の二名体制は新政府成立当初の「草創《そうそう》多端《たたん》ノ日《ひ》、一時《いちじの》不得止勢《やむをえざるいきお》ヒ」による臨時措置であり、奥羽「平定」、東京「親臨」後の現在では、「廟議《びょうぎ》」（太政官首脳部の会議）が「公論ニ基《もと》キ」行われるのに、その結論を天皇に奏宣する輔相が二名いたのでは、天皇の「大権《たいけん》之所《あるところ》有、表面両岐《ひょうめんりょうき》ニ分《わか》候様《よう》ノ御体裁《ごていさい》」となり、不都合だとして、輔相を辞任している（『岩倉具視関係文書』二（以下、岩倉文書二と省略））。岩倉の輔相辞任の背景には、もう一人の輔相である三条との確執があったという（松尾一九九五）。太政官首脳部内に生じて来た不協和音が、政局の三つ目の焦点だったと言えよう。

ともあれ、以後、輔相は三条実美の一名体制になった。そして、前述したように、三月七日、天皇は、三条を従え、再東幸のため京都を発輦した。しかし、岩倉、大久保、木戸は随行していない。

大久保は、このとき、鹿児島に帰藩していた。それより以前、版籍奉還を薩長両藩主に了解させるため、一月末に、戊辰戦争の軍功に対する賞典禄の賜与と、鹿児島・山口への勅使派遣が太政官首脳部で論議され、一月二九日に、前日は会計官の異論で決まらなかった、一〇〇万石の軍功賞典と、勅使派遣が決定された。翌三〇日付で、勅使には山口が万里小路博房、鹿児島が柳原前光《やなぎはらさきみつ》（大正天皇の生母である愛子《なるこ》の兄）へ仰せ付けられ、大久保は柳原の随行を命ぜられた。大久保は、二月六日に京都を

→（明治2年4月112・13日付の分離・行政官機務取扱設置）

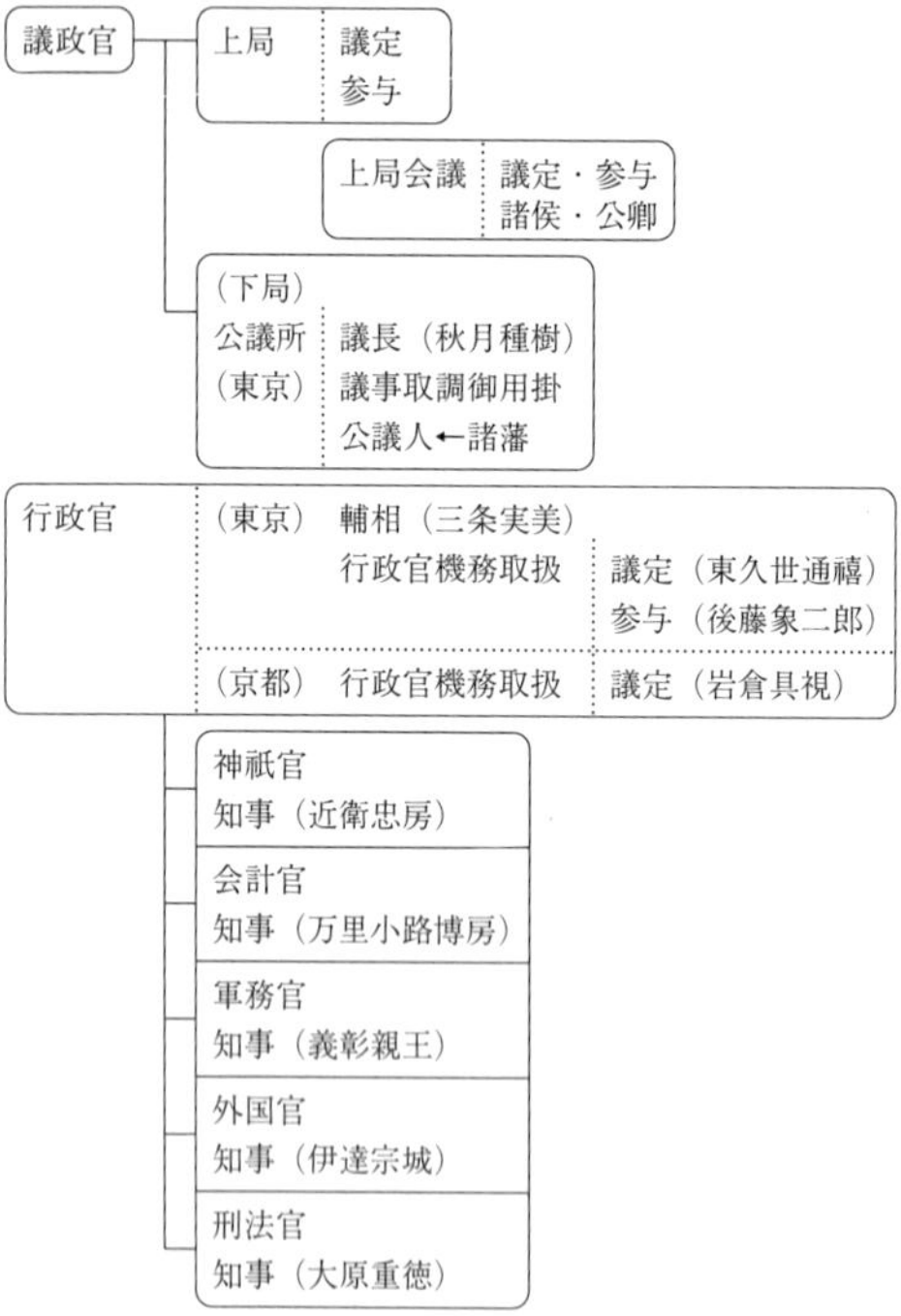

発《た》ち、一一日に大阪を出航し、一三日に鹿児島に到着している。柳原は二二日に帰京の途に就くが、大久保は、随行せず、三月一三日に鹿児島を出航し、一五日に京都へ帰着している（大久保日記二）。

木戸は、天皇が再東幸へ発輦する前日、三月六日に、東京在勤の秋月種樹（議政官下局議長・侍読）と後藤象二郎（参与）からの書翰を受け取り、「名分《めいぶん》を正《ただす》の論《ろん》に付《つき》、大《おお》いに興起《こうき》の説《せつ》あり」と、東京での動きを評価する一方、互いに足の引っ張り合いをやる「従来の陋習《ろうしゅう》」から脱しない「西京《さいきょう》」（京都）の状況に「長嘆息《ちょうたんそく》」している（木戸日記一）。

秋月の書翰は、二月一八日付のものと見られ、公議所「開議」へ向けての動きなどを報じ、森有礼から「西京」へ上申した、後藤の議事取調掛兼職の件への助力を求めている（『木戸孝允関係文書』第一巻〈以下、木戸関係文書一と省略〉）。また、後藤の書翰は、二月二九日付のものと見られ、木戸に約束した「戸籍改正局」設置案の検討状況を報じ、天皇の東京着輦までには目途をつけたいとしている（同書四）。木戸は、東京で後藤を中心にし

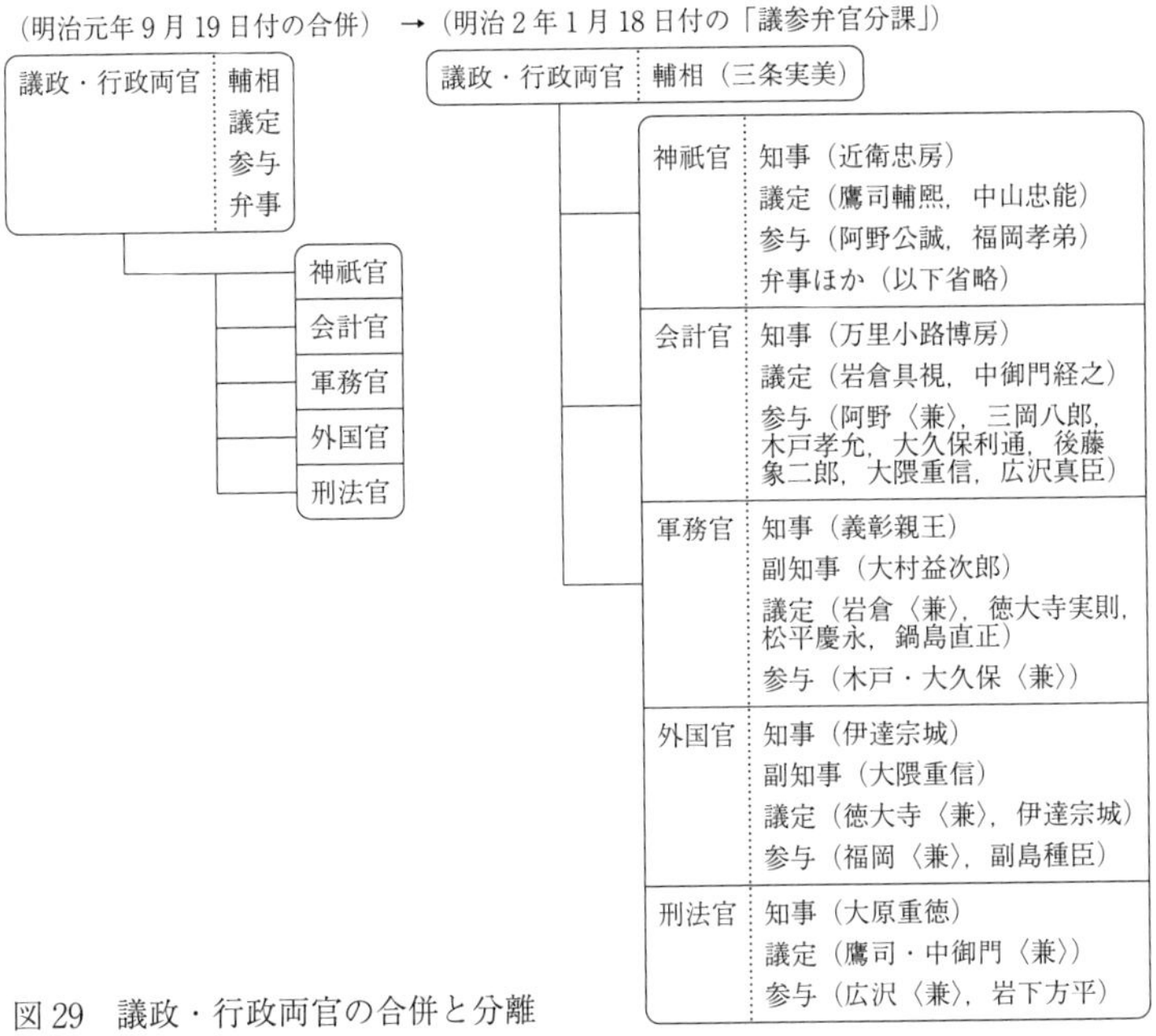

図29　議政・行政両官の合併と分離

て進む、こうした改革への動きを歓迎し、期待していたと見てよかろう。

議政官の復活と行政官機務取扱の設置

ところが、東京の太政官首脳部は、前述したように、明治二年（一八六九）四月一二日付で議政官を復活させ、その翌日、一三日付で、東京在勤の東久世通禧（議定）・後藤象二郎（参与）と、京都在勤の岩倉具視（議定）の三名に、行政官の機《き》務取扱《むとりあつかい》の兼職を命じた（沿革三）。

議政官が復活したため、議定と参与は太政官の中枢部である行政官に関与できなくなったので、右の三名に機務取扱を兼職させ、行政官の長官＝一名輔相の三条実美を補佐する形にしたのである。しかし、実際には、岩倉は京都におり、東京の太政官首脳部の政治的な主導権は東京在勤の二名、とりわけ後藤が実質的に握ったと見られる（松尾一九九五）。

これに先立って、三条は、四月六日付で、書翰を岩倉へ送り、東京の政情を報じ、欧米諸国の駐在外交官との紛議、太政官の五官間の不和など、「内外《ないがい》之憂患《ゆうかん》、眼前《がんぜん》ニ迫《せま》」り、新政府が「瓦解《がかい》土崩《どほう》」の危機に瀕しているので、岩倉・木戸・大久保の「東下《とうげ》」を「一日千秋之思《いちじつせんしゅうのおもい》」で待ち望んでいる、と述べている（『岩倉公実記』中巻〈以下、岩倉伝中と省略〉）。

岩倉は、この書翰を一一日に受け取り（同上）、同夜、田中不二麿（行政官弁事）宅へ赴き、そこへ木戸を招いて「密事《みつじ》を議《ぎ》」し、翌日、木屋町《きやまち》の土佐藩邸に木戸・大久保らを集めて「評議」し、そこに参会していた田中と渡辺昇《わたなべのぼる》（行政官弁事、長州藩士出身）の二名を「急速、東下」させることを決め、彼らは一四日に京都を発った。一八日に大久保、翌一九日に岩倉も、京都を発って東京へ向かった（木戸日記一）。岩倉と大久保は、二四日、ともに東京へ到着している（岩倉伝中、大久保日記二）。木戸は、五月八日に京都を発ち、大阪でオランダ人医師のA・F・ボードウィンに受診し療養した後、二三日に大阪を出航し、二九日に東京へ到着している（木戸日記一）。

岩倉と大久保の到着後、東京では、行政官の機務取扱に、五月四日付で松平慶永（議定）、同月一二日付で大久保（参与）が補充され（沿革三）、後述するように、翌一三日付で「政体書」の改正と太政官首脳部の「公選」の実施が布達されるのである。

政局と「議事之制」

こうした政局の目まぐるしい動きと、前述した「議事之制」をめぐる動きとは併行して展開していたわけだが、両者はどのような関係にあったのだろうか。

これについては、議政官復活措置を捉え、後藤象二郎らが幕末の土佐藩仕込みの「公議政体」論をこの時点でも堅持しているとの前提に立ち、「議事之制」のあり方をめぐる深刻な政治路線上の対立が、東京と京都の太政官首脳部間に生じていたと見る向きもある（松尾一九九五）。

しかし、前出の一月九日付の大久保利通・福岡孝弟連名の岩倉具視宛の書翰や、同月一四日付の大久保の岩倉宛の書翰に見えるように、東京奠都や版籍奉還という、まさしく「国是」の「大基礎」に関わる問題で、薩長土三藩士出身者の間に強固な結束が成立している一方で、そのような重大な政治路線上の対立が存在していたとは、いささか考えにくいのでなかろうか。

また、議政官復活措置も、翌日付の後藤らの行政官機務取扱兼職発令とセットにして考えれば、後藤が東京の太政官中枢部の指導権を握るための措置だったと見るべきだろう。

むしろ、大方の議定と参与を議政官に棚上げして、従前の行政関与を封ずるとともに、それまでの議政・行政両官合併体制の下での議事所設置構想に代え、議政官の下局の公議所に対応する形で、上局として議事機関を新置し、彼らをその担当に専念させるのが、ねらいだったのではなかろうか。

しかも、前述したように、岩倉・大久保の東京到着後の五月七日付で、上局会議が開設されており、右の政策が制度的実現をみているのである。

それらを勘案すれば、後藤とその他の太政官首脳部との間に確執があったことは明らかだったとしても、それが政治的主導権をめぐる角逐《かくちく》に止まらず、「議事之制」をめぐる政治路線上の対立に根ざすものであったとまでは、言い難いのではなかろうか。

「議事之制」をめぐる国制、そして国政上の問題の所在は、「藩論」を代表する公議所に加え、公卿・諸侯との会議まで開いて、「国是」の「大基礎」確定の審議を行うことに、その確定内容の正統性を担保する上で求められる、手続き上の制度的必要という以上の、政治的な効用がはたしてあるのか、という点にこそあろう。ほどなく、この問題への解答は出されることとなる。

「政体書」の改正と「公選」の実施

明治二年（一八六九）五月一三日付で、行政官より詔書を布達して、「政体書」を改正し、新しい職制の上層職員の「公選」を実施することとした（全書二）。

「政体書」改正の要点は、上局会議と公議所の開設を理由として、議政官を再び廃止する一方、議定と参与に定員を設けて、行政官に所属させることだった。これにより、新しい行政官は、輔相一名、議定四名、参与六名と、弁事（定員を設けない）によって構成されることとなった。なお、上局には、定員を設けない、議長・副議長・議員が置かれている。

この制度改正は、形式的には、特定の議定や参与が行政官機務取扱を兼職し、行政官の一名長官となっていた輔相を補佐して、実質的に太政官中枢部の実権を掌握する、四月一三日以降の体制を廃止し、それ以前の議政・行政両官合併体制へ回帰した観がある。しかし、議定と参与を少数に絞り込んで定員化し、行政官へ所属替えして、輔相を補佐させる仕組みにした、改正の肝心の点を見れば、むしろ少数・特定の議定・参与による行政官機務取扱体制を制度的に固定化したと見るべきだろう。いずれにせよ、行政官は、実質的に、太政官の「内閣」同然の中枢機関となったと言えよう。

右の改正とともに、三等官以上の職員全員が「会同《かいどう》」（集会）して、輔相一名・議定四名・六官知事各一名・内廷職《ないていしょく》知事一名を公卿・諸侯から選び、また、参与六名・六官副知事各一名を職員が「貴賤」に関係なく「公選」することとなり、翌一四日に実施された（同上）。

「公選」の結果、輔相には三条実美、議定には岩倉具視・徳大寺実則・鍋島直正、参与には木戸孝允（「公選」実施時は大阪で療養中）・大久保利通・後藤象二郎・副島種臣・由利公正・板垣退助・東久世通禧が選ばれた。東久世が議定から参与に降格したのを除き、他はすべて留任である。そのうち、鍋島は六月四日付で新置された「蝦《え》夷《ぞ》開拓督務《かいたくとくむ》」に転出している（補任録）。

また、二年四月八日付で新置された民部官（同上、後述）を含む、六官の知事と副知事には、神祇官が中山忠能と福羽美静、会計官が万里小路博房と大隈重信、軍務官

行政官	輔相（三条実美） 議定（岩倉具視，徳大寺実則，鍋島直正） 参与（木戸孝允，大久保利通，後藤象二郎，副島種臣，由利公正，板垣退助，東久世通禧）
神祇官	知事（中山忠能） 副知事（福羽美静）
会計官	知事（万里小路博房） 副知事（大隈重信）
軍務官	知事（義彰親王） 副知事（大村益次郎）
外国官	知事（伊達宗城→沢宜嘉） 副知事（寺島宗則）
刑法官	知事（正親町三条実愛） 副知事（佐佐木高行）
民部官	知事（松平慶永） 副知事（広沢真臣）
留守官（京都）	長官（鷹司輔熙）
上局	議長（大原重徳） 副議長（阿野公誠）

図 30 「政体書」改正―「公選」後の政府組織

が嘉彰親王と大村益次郎、外国官が伊達宗城と寺島宗則《てらしまむねのり》（薩摩藩士出身、もと松木《まつき》弘安《こうあん》）、刑法官が正親町三条実愛と佐佐木《ささき》高行《たかゆき》（土佐藩士出身）、民部官が松平慶永と広沢真臣が選ばれた。このうち、新任は、いずれも議定から横滑りした神祇・刑法・民部官の知事と、ともに同官判事から昇任した神祇・刑法両官の副知事で、他はすべて留任である。

右の面々を除き、「公選」により退任した議定は中御門経之・蜂須賀茂韶・毛利元徳・山内豊信・鷹司輔熙・池田慶徳・浅野長勲・大原重徳・細川護久、参与は小松清廉・岩下方平《いわしたみちひら》（薩摩藩士出身）・大木喬任・鍋島直大《なおひろ》（佐賀藩主）・阿野公誠・沢宣嘉《さわのぶよし》（「王政復古」政変後に帰京）・神山郡廉である。

このうち、鷹司は「公選」から二日後の一六日付に新置された京都の留守《るす》長官に任ぜられ（同上）、大原と阿野は上局の議長と副議長に横滑り（前述）、沢は同月二九日付で辞任した伊達に代わり外国官知事に任ぜられている。また、中御門は、議定に落選したことが不満で、内廷職知事への横滑りを拒否している（松尾一九九五）。さらに、大木は、参与の兼職は解かれたが、東京府知事に横滑りしている（補任録、なお同書はそれを「公選」によるとしている）。

これを要するに、「公選」によって、太政官首脳部から外されたのは、小松（翌年の明治三年〈一八七〇〉七月二〇日に大阪で病死）・岩下（三年に京都府権知事就任）・神山（帰藩、四年〈一八七一〉一一月二五日付で長浜県令に任命〈補任録〉）の三名を除き、すべて諸侯である。さらに、その直後の人事異動も含めれば、首脳部に残留した諸侯は松平慶永のみとなる。

こうした諸侯排除の事実と、まさしく諸藩士出身の実力者が勢揃いした観のある、行政官の参与と六官の副知事の陣容とを対照すれば、自ずと「公選」の政治的意義が浮かび上がってこよう。

「公選」後の政治構造と「議事之制」

主体の面から見た場合のそれは、「王政復古」政変で新政府への登用が始まった諸藩士出身者が、ここでようやく、政権を名実ともに掌握する第一歩を踏み出したことだろう。その政権掌握の政治構造は、五名の参与で太政官の「内閣」＝行政官（鍋島直正転出後は九名体制）で過半を占め、制度や法令の決定への主導権を確保するとともに、六官の副知事すべてを占め、施政の実務的な指導権を把握し、太政官の権力を決定と執行の両面から押さえる、というものだった。

もっとも、その政治構造のアキレス腱は、彼らが政治的意思において一致している場合にのみ、それは作動し得る、というところにあった。その成立時には、版籍奉還の推進という明確な政策的一致点があったと見てよかろう。ここに政策の面から見た場合の「公選」の政治的意義があろう。すなわち、版籍奉還の推進主体への、太政官首脳部の人的な再構成である。

だが、このように太政官首脳部が再構成されたとすれば、「議事之制」の政治的効用があらためて問われざるを得なくなろう。

「公選」の実施時点で、「議事之制」は、前述した公議所での「郡県」か「封建」かをめぐる論議の動向に見られるように、版籍奉還のレベルならば、何とか半数に接近する諸藩の賛同を得られそうなものの、それから先へ進む国制改革の司令塔になるどころか、それを阻む抵抗勢力の牙城となりかねない、その実態を次第に明らかにしつつあった。一方、「公選」で成立した行政官＝「内閣」は、後述するように、国是会議に付して国制改革を進めていく、既往の方針を大きく転換し、版籍奉還の「聴許」へと向かっていく。

最初の東幸前後から、ここに至るまでの時期において、太政官首脳部が期待した「議事之制」の政治的効用は、明治元年（一八六八）一〇月二三日付の行政官達にあるように、「朝廷・列藩ノ間《かん》、気脈《きみやく》相通《あいつう》」ずることであり、所詮、それは、戊辰戦争で破断ないしその危機に瀕した、諸藩の政治的統合を維持ないし回復するに止まるものであった。とすれば、戦争が終結すれば、その効用への期待は次第に後景へと退かざるを得まい。戦勝をバックに、再構成された太政官首脳部が諸藩に対して強気の態度で臨むのは、自然の勢いであろう。

しかし、その一方で、新政府は、同年九月一九日付の行政官達で、「天下衆庶」（国民）とともに「衆庶之政」（国民の政治）を行う、と宣言している。諸藩の政治的統合から、その先の国制改革へと、取り組む政治課題を進めようとするとき、右に宣言したような政治を行う上で、「議事之制」には政治的効用が認められないのだろうか。「議事之制」に対する、そうした政治的理解が、再構成された太政官首脳部にあるのだろうか。

それを占う一つの出来事は、五稜郭が開城して箱館戦争が終結した二年五月一八日付で、「議事之制」の制度的実現を支えてきた、制度寮が廃止されたことであろう。

3―版籍奉還の聴許

東京奠都後、最初の政治的画期は版籍奉還《はんせきほうかん》の聴許《ちょうきょ》だった。そこに至る経緯は以下の通りである。

版籍奉還の聴許

姫路藩は、「王政復古」政変後の慶応三年一二月三〇日（西暦一八六八年一月二四日）に、藩主酒井忠《ただ》惇《とし》が旧幕府の老中に任ぜられ、戊辰戦争の初期段階で「朝敵」となった経歴があった。ほどなく新政府に帰順した同藩では、「汚名挽回」の方策を模索していたが、それを知った隣接する兵庫県知事の伊藤博文の勧奨により（松尾一九九五）、帰順に伴い、家督を相続した新藩主の忠邦《ただくに》は、明治元年（一八六八）一一月付、ついで翌一二月付で新政府に建言し、後者では府藩県三治一致のため「一旦《いったん》土地御《お》引上《ひきあ》ケニ相成《あいなり》、改而《あらためて》御《お》預《あず》ケと申《もうす》御《お》沙《さ》汰《た》ニ相成《あいなり》、藩之名称御改《おあらため》ニ而《て》、府県と被成《なさる》」ことが必要だと説いた（選集下―四八）。

「兵庫論」と称される、この伊藤の画策を受け、木戸孝允と大久保利通の筋書きにより、二年（一八六九）一月二三日付で、長州・薩摩・肥前佐賀・土佐四藩主が「版籍奉還」を上表した。四藩主の上表は、「天祖《てんそ》（皇祖神）肇《はじめ》テ国ヲ開キ基《もとい》ヲ建玉《たてたま》ヒシヨリ　皇統一系《こうとういっけい》・万世無窮《ばんせいむきゅう》、普天率土《ふてんそつど》其有《そのゆう》ニ非《あら》サルハナク其臣《そのしん》ニ非サルハナシ」と「王土王民論」の大前提を説き、それが「中葉《ちゅうよう》（鎌倉期）以降」に侵犯・解体されてきた歴史を回顧して、「抑《そもそも》　臣等《しんら》居《お》ル所《ところ》ハ即《すなわ》チ　天子《てんし》ノ土《ど》、臣等牧《ぼく》（統治）スル所ハ

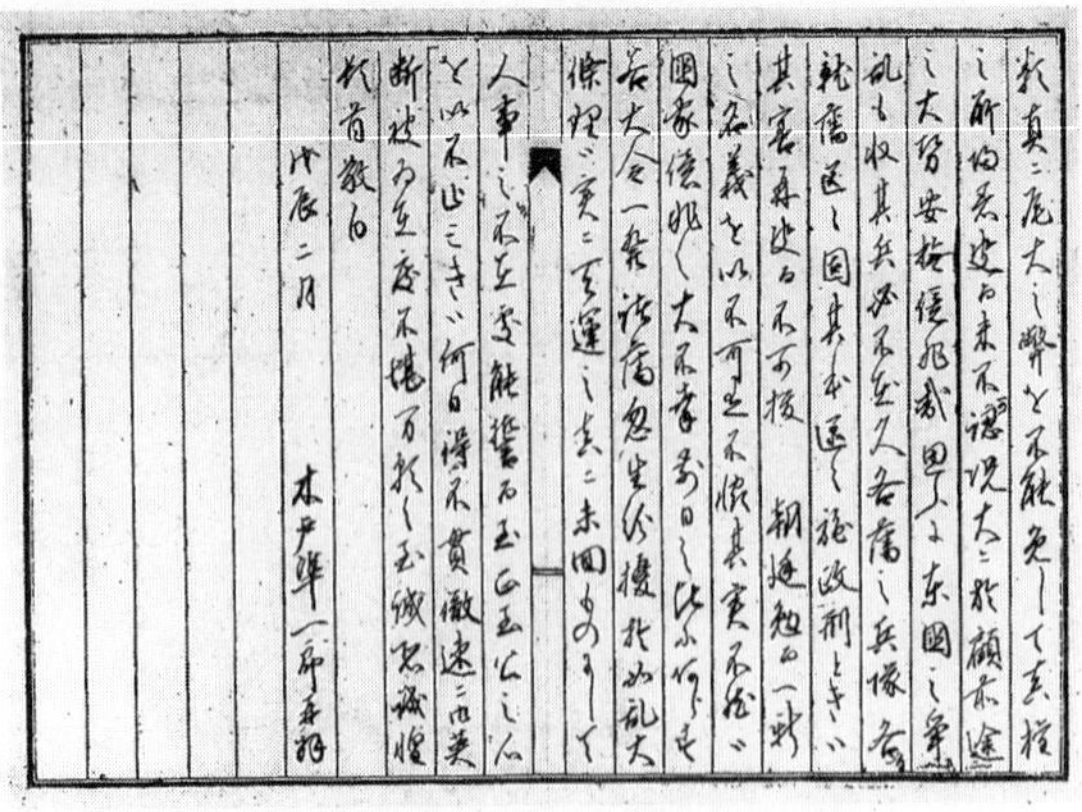

図31　版籍奉還建議書草案（木戸孝允起草）

即チ　天子ノ民《たみ》ナリ、安《いずく》ンソ私《わたくし》ニ有スヘケンヤ」と現状を反省し、いったん、「版籍」を朝廷に収め、しかる後、あらためて「封土《ほうど》」を定め下されんことを願い出ている。

太政官は、その翌日、二四日付で、四藩主の上表を公表し、天皇の再東幸後に「公論」を経て「何分《なにぶん》之御沙汰《おさた》」があると予告した上で、「版籍之儀」に関する「取調《とりしらべ》」を一応差し出すよう沙汰している（全書二）。この沙汰には宛先が明示されておらず、また「取調」の具体的な内容も指定されてはいなかったが、これを機に、諸侯に列せられていた諸藩主の大方が版籍奉還を建白することとなる。

そこで先ず、同年六月二日付で、詔書を出し、「王政復古」の功労と戊辰戦争の軍功を賞誉し（全書二）、薩長両藩主父子へ各一〇万石、土佐藩主父子へ四万石をはじめ、戊辰戦功のあった諸侯へ、世襲される永世禄として賞典禄を賜与する（落合二〇一五）。

その上で、同月一七日付で、それらの藩の版籍奉還を聴許し、未建白の諸藩にはそれを下命した（同上）。こうして、全藩の建白を揃《そろ》えさせ、その版籍奉還を「聴許」する体裁を整えたのである。また、同日付で、「公卿・諸侯之称《しょう》」を廃止し、ともに「華族《かぞく》」と称するよう、行政官より達した（同上）。

版籍奉還「聴許」の政治的意義

こうした経緯を見れば、版籍奉還は、「建白→聴許」という形式を踏んだものの、その実質は「下命」と言うべきだろう。もっとも、そうした形式を踏んだことに、当時の新政府と、かつての討幕派をも含め、諸藩との微妙な政治的関係が如実に投影していよう。けだし、前出の公議所における「郡県」か「封建」かをめぐる論議では、薩摩・長州・土佐・肥前佐賀の四藩はいずれも、その「藩論」を表明していない（全集憲政篇）。

四藩主はあらためて「封土」を定め下すことを願っていたが、聴許後、それまでの諸侯の「領分」だった土地は、もはやその「封土」ではなくなっていた。それは、直轄府県と並ぶ、新政府の地方統治機関である藩の「管轄地」となり、諸侯も法定された家禄を給与される地方官である知藩事となったのである。この転換を抵抗なく実現するためにこそ、「王土論」に立つ版籍奉還の「建白→聴許」という形式が、その仕掛けとして、どうしても必要だったのであろう。

伊藤博文は、四年一二月一四日（西暦一八七二年一月二三日）に、米欧回覧使節団を代表してサンフランシスコで演説し、「我国の諸侯は自発的にその版籍を奉還し、その任意的行為は新政府の容《い》るる所となり、数百年来鞏固《きょうこ》に成立せし封建制度は一箇《いっこ》の弾丸を放《はな》たず、一滴《いってき》の血を流さずして、一年以内に撤廃せられたり。かくの如《ごと》き驚くべき成績は政府と人民との合同行為に依《よ》り成就《じょうじゅ》せられたる」と述べている（『伊藤博文演説集』）。伊藤は、ここで、自分が先鞭をつけた版籍奉還の「建白→聴許」に始まる変革を、「明治維新＝無血の市民革命」として、自負を込めて描き出しているのである。

「聴許」の政治的意義を考える場合、「建白」と「聴許」の間に、「議事之制」の制度的実現として開設されている、上局会議と公議所のいずれでも、この件を「諮詢《しじゅん》」する国是会議を行った形跡はないことも注目されよう。「聴許」に至る過程は、終始、「公選」によって成立した行政官＝「内閣」が、政治的に主導したものと見てよかろう。

もっとも、太政官首脳部内では、知藩事を旧藩主の世襲制にするかどうかをめぐって意見が分かれ、世襲制に反対する伊藤が辞表を提出する一幕もあったが、世襲制の規定を外して決着している（松尾一九九五）。また、今後の兵制のあり方をめぐって、木戸と大久保の間に意見の相違があったという（同上）。しかし、いずれにせよ、行政官＝「内閣」とその周辺での論議に止《とど》まり、国是会議が開かれて論議がなされたわけではない。

藩の制度的変質

版籍奉還の聴許により、府藩県三治制、とりわけ藩は、その外貌には変化がなかったものの、前述した「政体書」と「藩治職制」によって法的に規律されたあり方からは変質することとなった。

そもそも、版籍奉還聴許以前にあっては、「御料」と「私領」の区別を前提として、それぞれの統治機構として、直轄府県と藩が存在していた。しかし、版籍奉還によって、その区別は消失し、府県と藩は、ともに「王土」の統治機構となり、管轄の区域と方式を異にするに過ぎなくなった。この変化は、奉還聴許の前後で、それぞれの統治対象区域を、府県は一貫して「管轄（地）」と称していたのに対し、藩は以前には「領地」（「地所」とも）と称されていたものが、以後は府県と同様、「管轄

（地）」と呼ばれるようになったことを見ても明らかだろう。例えば、明治元年（一八六八）一二月二四日付で、直轄府県に「管轄之地図」、諸侯に「藩々領地一図」を差し出すことがそれぞれ命じられている類である（全書一）。

新政府は、前述したように、二年（一八六九）一月二三日付で「版籍之儀」に関する「取調」の提出を布達していたが（全書二）、同年二月一五日付で、直轄府県と諸藩に対し、歳入の「取調」を行うとして、管轄下の旧旗本領・社寺領《しゃじりょう》・預所《あずかりしょ》の分も含め、元治元年（一八六四）から明治元年までの過去五年間の平均租税高を村単位で報告するよう、その「郷村租税録《ごうそんそぜいろく》」の雛型《ひながた》を提示して指示した（同上）。

ここで注目すべきは、この調査が、領地の石高ではなく、そこからの貢租収入の実態把握を目的にしている点である。新政府は、この貢租収納高の把握を相当に急いでおり、同月二三日には、会計官より、旧幕府領で毎年作成・提出させていた「郷帳《ごうちょう》」に倣って、去年（明治元年）分の「一村限租税納高」の「取調」を五月中に提出せよ、との指令が出されている（同上）。

こうした準備を経て、版籍奉還の聴許がなされたのである。

そして、それまで「諸侯」と呼ばれていた藩主二七四名が知藩事に任じられ、別に一橋茂栄《ひとつばしもちはる》・田安《たやす》慶頼《よしより》・山内豊誠《やまのうちとよしげ》（高知藩主分家）・足利聡氏《あしかがとしうじ》（喜《き》連川《つれがわ》藩）の四名が地所蔵米、浅野《あさの》長厚（広島藩主分地）ほか八名が蔵米を支給され、知藩事と同列とされた（同上）。

彼らには、藩（ないし家）の管轄石高である「草高《くさだか》」に賦課・徴収される貢租高を「現石《げんこく》」（現石高《げんこくだか》）

とし、その一割が「家禄《かろく》」として給付されることとなった。また、藩名は、その時点で藩庁が置かれている地名を用いることが原則だったと見られる。例えば、旧加賀藩主前田慶寧《まえだよしやす》は、草高一〇二万二七〇〇石、現石（高）六三万六八八〇石、家禄六万三六八八石の金沢藩知事に任ぜられたのである（同上）。

新政府が貢租収納高の把握を急いだ理由は、ここに至って明白になったと言えよう。それは、幕府から領知の宛行《あてがい》を受けた「万石以上」の領主である藩主と、版籍奉還の聴許によって「王土」に一元化された国土の一部区域の管轄を命じられた地方官である知藩事との決定的な相違点として、その家禄高を法定する制度を、ここで創置するための準備だったのである。

また、この「取調」は、幕府がついぞなし得なかったことでもあろう。新政府も、前年の慶応四年（一八六八）四月七日付の太政官達では、旧幕府領の預所や郡代・代官支配所中の取締所については、それらを預託された諸藩にその「昨卯年取箇帳《さくうどしとりかちょう》」（慶応三年分の年貢徴収記録）の提出も求めていたが、「万石以上以下」の「私領」と寺社領については「村高帳《むらだかちょう》」（村ごとに集計された石高の記録）の写しの提出を求めるに止《とど》まり、「私領」の貢租収納高の把握にまでは踏み込めていなかった（全書一）。

新政府のねらいは知藩事家禄制度の創置には止まらない。それを突破口として、諸藩に対して法制の網を順次、被《かぶ》せて行こうとした、と見てよかろう。その証左は、同月二五日付で知藩事宛に出された一一ヶ条の行政官達であり、とりわけその第一〇条で「一門以下平士《いちもんいかへいし》」に至るまでをすべて「士族《しぞく》」と称するように指示した上で、その「給禄《きゅうろく》」について知藩事の家禄制度に準じて改革するよう命じ

ているこ とであろう (全書二)。

4―「職員令」の制定

「職員令」による政府と宮廷の組織改編

版籍奉還の聴許によって成立した、政府と諸藩の新たな関係をふまえ、明治二年(一八六九)七月八日付で「職員令《しきいんりょう》」が制定され、政府の政治組織も大きく改編される(全書二)。

ここで、律令制の政治組織を規律する基本法令である「職員令」と同一名称の法令を制定した所以《ゆえん》は、掉尾《ちょうび》に「官位相当表」を付したことに示されている。前述したように、新政府発足後も併存しつづけた、朝廷の伝統的な官職・位階制度を、これによって解消し、政府の職員制度に一元化するところにあったのである。以後、知藩事に任ぜられた諸侯華族が、国守などの、近世以来の名目的な武家の位階と官職を称せなくなったのと同様、公家華族も政府から任ぜられた官職とそれに相当する位階のみを帯びることとなった。

その意味では、「職員令」は、政府組織のみならず、宮廷組織の画期的な大改編であり、「公選」での内廷職知事の選任に始まった、宮廷組織の政府編入を完成するものだったと言えよう。版籍奉還の聴許を機に、諸侯を政府の地方官化した、いわば余勢《よせい》を駆《か》って、公家を政府の宮廷官へと再編成したわけである。

ちなみに、右の「官位相当表」では、位階制度も改められ、一位から九位を正従《しょうじゅ》に分けて一八階とし、生前は叙位されない正一位《しょういちい》を除き、従一位《じゅいちい》以下に各官職が対応させられている。むろん、官職に就かず、位階のみを帯びる、律令制下の散位《さんい》の者も認められたが、それらも含め、あらためて叙位され、位記が交付されることとなる。前出の「華族」改称の行政官達では、「官位」については「是迄《これまで》之通《とおり》」とされていたが、従前の格式は踏襲されたものの、その約束は早くも反故《ほご》となったのである。

これにより、政府の首脳部を頂点とする政治的秩序と、国家の栄爵秩序との、二元併存構造が打ち破られた。そして、新たな栄爵秩序が設けられていく。同年七月一一日付で、叙位について、四位以上を天皇が行う「勅授《ちょくじゅ》」、六位以上を天皇へ奏上し、その裁可を得て行う「奏授《そうじゅ》」、七位以下を天皇に報告する「判授《はんじゅ》」に三分した（同上）。これに対応して、同月二七日付で、叙任について、四位以上相当の役職は「勅任」、六位以上は「奏任」、七位以下は「判任」とした（同上）。

「職員令」の政府組織

「職員令」では、律令制に倣《なら》って、政府組織が、祭典と諸陵《しょりょう》（天皇・皇族の陵墓）を管掌する神祇官《じんぎかん》（長官は伯《かみ》、相当する位階は従二位）と、天皇を補佐し、「大政《たいせい》」（国政）を「紗《しゃ》理《り》」（概括）する太政官《だいじょうかん》（長官は左大臣《さだいじん》と右大臣《うだいじん》、従一位・正二位）に二分された。神祇伯には中山忠能、左大臣は欠員で、右大臣には三条実美が任ぜられた。

なお、ここで設置された「太政官」の名称の読み方は、一般には「だじょうかん」だが、布達文上の傍訓では律令制のそれと同様、「だいじょうかん」となっている。

〔神祇官〕　神祇官は、「大教《だいきょう》」の「宣布《せんぷ》」を監督する。

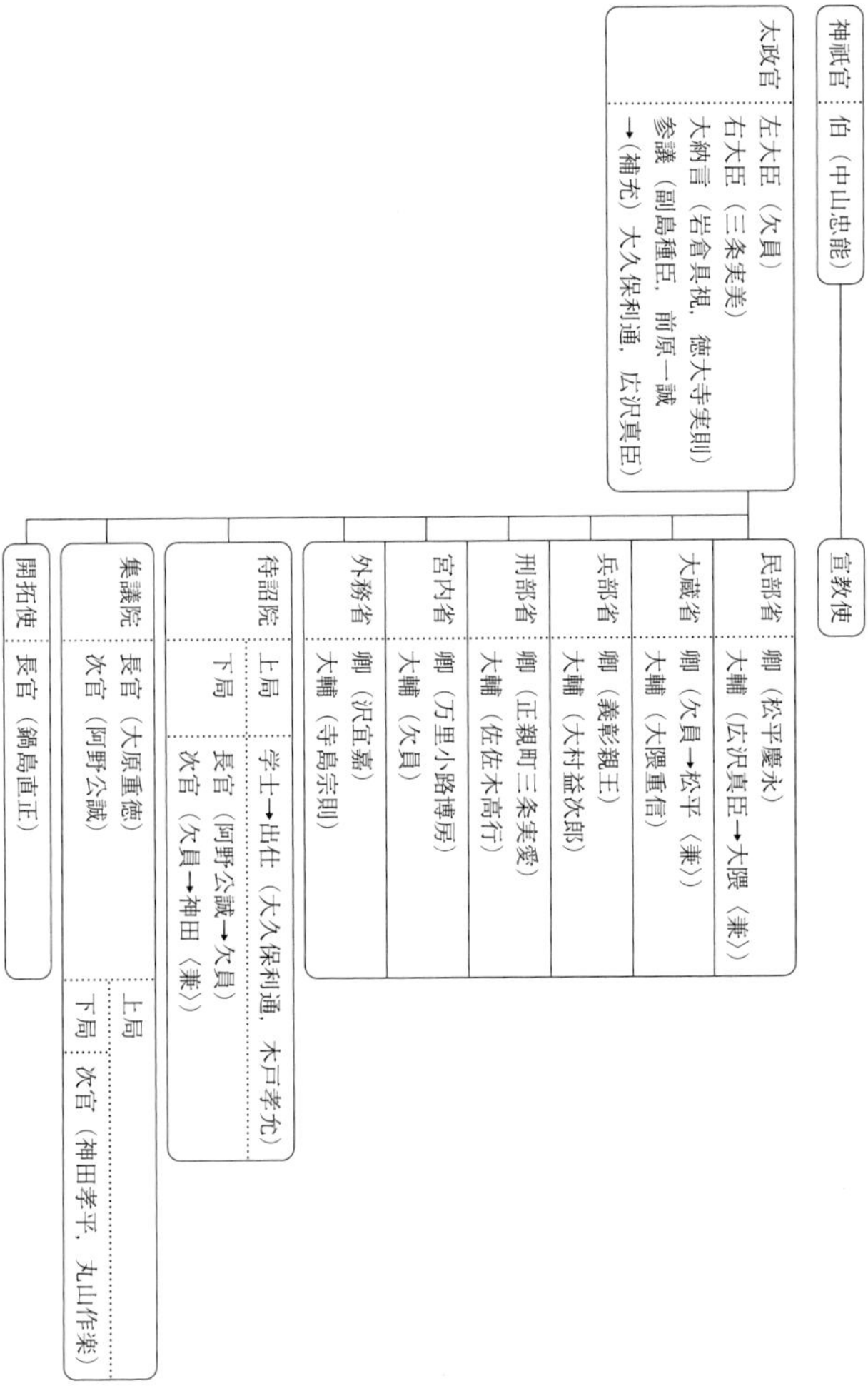
神祇官
伯（中山忠能）
宣教使
太政官
左大臣（欠員）
右大臣（三条実美）
大納言（岩倉具視，徳大寺実則）
参議（副島種臣，前原一誠
→（補充）大久保利通，広沢真臣）
民部省
卿（松平慶永）
大輔（広沢真臣→大隈〈兼〉）
大蔵省
卿（欠員→松平〈兼〉）
大輔（大隈重信）
兵部省
卿（嘉彰親王）
大輔（大村益次郎）
刑部省
卿（正親町三条実愛）
大輔（佐佐木高行）
宮内省
卿（万里小路博房）
大輔（欠員）
外務省
卿（沢宣嘉）
大輔（寺島宗則）
待詔院
上局
学士→出仕（大久保利通，木戸孝允）
下局
長官（阿野公誠→欠員）
次官（欠員→神田〈兼〉）
集議院
長官（大原重徳）
次官（阿野公誠）
上局
下局
次官（神田孝平，丸山作楽）
開拓使
長官（鍋島直正）

図32 「職員令」の政府主要組織

「五ヶ条の御誓文」が天皇の宸翰とともに公表される前日の、慶応四年（一八六八）三月一三日付で、「王政復古の大号令」において「神武創業」に立ち返ることが宣言されたのをふまえ、「諸事《しょじ》御《ご》一新《いっしん》、祭政一致《さいせいいっち》之御制度ニ御回復」するとの趣旨から、「神祇官」の再興と、それへの全神職の「附属《ふぞく》」が宣言された（全書一）。そして、同月二八日付で、いわゆる「神仏分離《しんぶつぶんり》（あるいは判然《はんぜん》）令」も出されていた（同上）。

しかし、同年閏四月二一日付で制定された「政体書」で新置された神祇官は、前述したように、太政官の下に置かれた行法官の一部局にすぎなかった。それがようやく、この「職員令」で、律令制と同様、太政官の上に立つ、政府組織上の地位を獲得したのである。もっとも、神祇伯の位階は、左右大臣よりも一～二階下であり、右が形式に止まることは、律令制と同様である。

ともかく、明治三年（一八七〇）一月三日付で、「大教宣布《だいきょうせんぷ》の詔《みことのり》」も出され（全書三）、国民への神道の普及と、それによる教化へと乗り出していくのである。

〔太政官〕　太政官には、「大政」に「参預《さんよ》」して意見を述べ、天皇の意向を下達する「宣旨《せんじ》」を起案する、大納言《だいなごん》（従二位）と参議《さんぎ》（正三位）が各三名置かれた。当初、大納言には岩倉具視と徳大寺実則、参議には副島種臣と前原一誠《まえばらいっせい》（山口藩士族）が任ぜられ、ついで同月二三日付で大久保利通、二三日付で広沢真臣がともに参議に補充された。それまでの行政官＝「内閣」が、太政官＝「内閣」へと格上げになったと言えよう。

〔六省〕　また、政府には、律令制の八省を模《も》した行政機関として、民部《みんぶ》・大蔵《おおくら》・兵部《ひょうぶ》・刑部《ぎょうぶ》・宮《く》内《ない》・外務《がいむ》の六省（長官は卿《きょう》〈正三位〉、次官は大輔《たいふ》〈従三位、傍訓は布達文による〉）が新置され、各省の部局として寮《りょう》（長官は頭《かみ》、正五位）と司《し》（長官は正《かみ》〈同上〉、正六位）が置かれた。

各省の卿と大輔には、民部省が松平慶永と広沢真臣（広沢の参議転任に伴い、一二日付で大隈重信が兼職）、大蔵省が欠員（八月一一日付で松平慶永が兼職）と大隈、兵部省が嘉彰親王と大村益次郎、刑部省が正親町三条実愛と佐佐木高行、宮内省が万里小路博房と欠員（九月一〇日付で烏丸光徳）、外務省が沢宣嘉と寺島宗則が任ぜられた。

図33　副島種臣

〔その他の政府機関〕さらに、六省の他に、待詔院《たいしょういん》（後述）、集議院（後述）、大学校（長官は別当《べっとう》、正三位）、弾正台《だんじょうだい》（長官は尹《かみ》、正三位）、皇太皇后宮職《こうたいこうごうぐうしき》（長官は大夫《だいぶ》、従三位）・皇后宮職（同上、従三位）・春宮《とうぐう》坊《ぼう》（長官は傅《ふ》、正三位）（以上の宮廷職の傍訓は布達文による）、府・藩・県（長官はいずれも知事、従三位）、海軍・陸軍（いずれも大将《たいしょう》〈従二位〉・中将《ちゅうじょう》〈従三位〉・少《しょう》将《しょう》〈従四位〉を置く）、留守官《るすかん》（前述、長官は正三位）、開《かい》拓使《たくし》（後述）、按察使《あぜちし》（前述）が置かれている。

六省はじめ、右の各機関が、神祇・太政両官あるいは相互に、どのような統属関係にあるのか、「職員令」には明文規定されていない。しかし、それぞれの職掌から見て、神祇官が宣教使、太政官が六省その他の機関を統督したことは明らかだろう。

なお、留守官は、東京と京都を「東西両京」とし、天皇が「東臨」するという東京奠都の形式をふまえ、京都に残った政府の組織や施設を総管する機関だったが、それらの大方は宮内省や京都府などへ順次、移管されていった。そして、留守官自体も、廃藩置県後の四年（一八七一）八月二三日付の太政官布告で廃止されている（全書四）。この廃止により、「東西両京」制の形式も解消され、東京への実質的な遷都が最終的に確定したと言えよう。

開拓使と北海道の開拓

その他の政府機関のうち、「諸地《しょち》開拓」を管掌する開拓使（長官は「長官《ちょうかん》」、正三位）が設けられた。開拓長官は、明治二年（一八六九）七月一三日付で諸省の卿と「同等」の地位とされ（全書二）、鍋島直正が任ぜられた。鍋島は八月一六日付で大納言へ転じ、同月二五日付で東久世通禧がその後任となった。新置された開拓使は、以後、主に北海道の開拓を管掌することとなる。北海道は、前述したように、箱館戦争の終結後、同年八月一五日付で新置されている。

ついで、同月二八日付で、八つの大藩に北海道内の一～五郡がそれぞれ割り当てられ、その開拓を命ぜられた（同上）。八藩の内訳は、徳川家一族の静岡・名古屋・和歌山の三藩、「王政復古の大号令」が出されてもなお藩内の佐幕論を清算できなかった金沢・熊本・福岡の三藩、討幕派の鹿児島・山口・広島の三藩である。ここには、戊辰戦争終結からまもないこの時点では、政府の諸藩に対する政治的姿勢が、依然として、「王政復古」政変前後における各藩の去就を重要な判断基準としていることを物語っていよう。もっとも、金沢・名古屋両藩は、翌三年（一八七〇）六月一九日付で、願いによりその任を解かれ、他の六藩もそれにつづいている（全書三）。

大藩による試みが短期間で不発に終わった後、北海道の開拓は、開拓使が直接、全面的に担うこととなり、総額では明治一〇年（一八七七）前後の国家歳入総額に匹敵する規模の、巨額の国家資金を投入した官営事業を中心として進められていく。

集議院と待詔院

「職員令」の制定によって、「議事之制」はどうなったのだろうか。

「職員令」制定に先立つ、明治二年（一八六九）七月二日付で、上局会議で「大政《たいせい》御諮詢《ごしじゅん》ノ為《た》メ会同衆議《かいどうしゅうぎ》」していた知藩事に対し、会議は「苦労《くろう》」だと思うので、「御下問《ごかもん》之件々《けんけん》、尚《なお》御斟酌《ごしんしゃく》之上、追々御施行《おいおいごしこう》」するとして、帰藩が沙汰された（全書二）。要するに、審議案件は今後、政府でさらに検討した上、実施するからと宣言し、上局会議は解散されたのである。結局、旧諸侯は、版籍奉還聴許の申し渡しを受けるために、東京へ集められた格好となった。もっとも、翌三日付で帰藩は一旦《いったん》、延期されるが、八日付の「職員令」制定を受けて、同日付で、あらためて「華族」に「勝《かっ》手《て》ニ出立《しゅったつ》」するよう、行政官から達されている（同上）。

公議所も、「職員令」制定と同日付で、「集議院」と改称され（同上）、「職員令」で「納議事《ぎじをおさめる》」ことを職掌とする長官（正三位）の下に置かれた。長官には九月四日付で大原重徳、次官には七月一四日付で阿野公誠が任ぜられている（沿革四）。また、集議院は、「職員令」には明文規定を欠くが、上下両局に分けられ、同月一〇日付で神田孝平と丸山作楽《まるやまさくら》（肥前国島原《しまばら》藩士族）が下局の次官に任ぜられている（沿革四）。

この人事からみると、集議院は、単に公議所を改称した機関ではなく、その上局に上局会議、下局に公議所を吸収・再編したものと見てよかろう。集議院への改称と同日付で、行政官より、諸藩の公議人と公用人を従来通り東京に置くよう達されており（全書二）、公議人が引きつづき集議院下局の議員へと横滑りしたものと見られる。

前述したように、「議事之制」それ自体ではないが、それと同様、「公論」政治の実現を目指し、身分に関わりなく、広く国民からの建言を受け付ける機関として、待詔局が設けられていた。「職員令」では、これを改編して、待詔院が設置された。

待詔院は、上下両局に分けられ、下局の長官に阿野公誠が任ぜられている（沿革四）。ところが、前述したように、二年八月一四日付で、阿野が集議院の次官へ転じ、神田が待詔院下局の次官を兼職している（同上）。そして、翌日の一五日付で、待詔院下局は、その事務を集議院へ移され（全書二）、さらに、一九日付で「待詔下院出仕規則《たいしょうかいんしゅっしし》」が制定され、その出仕者の服務規律が定められた（同上）。

これらを受けて、八月二〇日付で、「集議院規則」が定められた（同上）。そこでは、①院内に「一局」を設け、有益な建言を行った者を「寄宿《きしゅく》」させて「考試《こうし》」する、②「諸藩士及《および》農工商」で「待詔出仕」者について、一応「考試」した上で、政府の職員に「任用」する、③集議院に関係する「議事」が行われる場合、長官・次官・判官が太政官の会議に「参預」（参加）する、④議員の中から一二名の幹事を「公撰」する、⑤議員を指名して政府の職員を任用する場合、長官・次官・判官・幹事は、当人の才能や職務への適否を「熟議」して上申する、⑥指名がない場合は、長官・次官・判官・幹事などから二名を「撰定」して伺い出る、⑦議員の中から職員を任用する場合は、奏任以上の待遇を与える、ことが規定されている。

この「集議院規則」の内容は、大久保利通が、版籍奉還聴許の当日、六月一七日、ついで翌一八日に論議したことを記録している、「待詔局規則」の改正に由来するものであろう（大久保日記二）。それが待詔院規則案となり、その下局に関する規定が「集議院規則」に取り入れられたものと考えられる。

前述した待詔局の機能を一歩進めようと、それを改編して待詔院下局が設けられたが、後述するような政局の事情により、待詔院という機関それ自体がいわば構想倒れの状態となる中で、下局の機能だけは集議院下局に引き継がせたものと見られる。「集議院規則」の第一条に、院内に「一局」を設けるとあるが、これは待詔院規則案における下局設置規定の名残であろう。

要するに、その趣旨は、国民からの政策提案受入機関である待詔局と、議事機関であるとともに、政府職員の人材供給機関としても期待された、貢士による「議事之制」の下院相当機関構想に発端して制度的実現をみた公議所とを、集議院の下局として改編することで、組織と機能を統合しようとしたのであろう。

たしかに、立憲政体の根本目的は国民の政治的意思を国政に反映させることにあり、元来、議事機関はその基幹手段である代議機関として設けられるものである。もっとも、その反映ルートは、①議事機関の構成員（代議士）の選挙のみならず、②憲法改正などの重要案件や、特定案件での国民の直接投票による意思確認に加え、③国民の直接請願、そして④代議士の政府幹部職員への任用（その政府組織原理化が議院内閣制）などがある。

大久保らが構想して制度的実現をみた、待詔院下局→集議院下局は、右の③と④の機能を併せ持つ機関だったと言えよう。

「議事之制」の行方

問題は、肝心の代議機関としての議事機能がどうなったかである。「議事之制」の政治的効用が、政府の下への諸藩の政治的統合に止まるならば、版籍奉還の聴許で、それは制度的達成を遂げたと言えよう。そもそも、「藩論」確認のために、上局会議と公議所を二重に設けることにさえ、その政治的な効用ないし必要に疑問があるわけだから、会議の主要構成員であるはずの知藩事が帰藩させられ、解散された上局会議を継承した、集議院の上局が設置当初から有名無実なものだったことは当然だろう。

したがって、集議院の実体はその下局にあったと言えよう。明治二年（一八六九）九月付で、前出の八月二〇日付の「集議院規則」を増補し、既発の関連する詔書や布達類も収録して印刷された、集議院の「規則」が定められている（全書二）。

その増補内容は、府藩県とも大参事・権大参事の中から議員を選出することのほか、①議員の就任年齢を二五歳以上、②在任期間を四年、③二年毎に半数改選、④再任可能、⑤定例開会日を毎月二七日（延長・休会可能）、⑥定足数を全議員の五分の二以上、⑦議決数を全議員の五分の三以上、⑧政府職員の審議参加可能、⑨傍聴人三〇名までの許可、⑩審議案件とその議決および勅裁の結果の公刊などが定められている。①〜⑩は、いずれも前出の「公議所法則案」と同一の規定である（全集憲政篇）。

このことは、集議院の実体が公議所を継承した下局にあったことを示していよう。そうした集議院も、一二月二七日付で、「当分、重大《じゅうだい》之議事」がないとして「閉院《へいいん》」され、「来春開院《かいいん》」を予告して議員に「一先御暇《ひとまずおいとま》」が下されている（同上）。

集議院は、翌三年（一八七〇）三月一四日付で、「開院」と議員の四月中の上京が布達され（全書三）、五月二八日に議員二一九名が出席して「開院」している（同上、憲政篇）。そこでの審議案件は後出の「藩制」案が主なもので、九月一〇日付でそれが太政官より布告されると、同日付で「閉院」されている（憲政篇、全書三）。

諸藩の「藩論」の動向を見極め、政府への政治的統合を確認する以上の政治的効用が、集議院に認められていないことは、右の経緯から明らかだろう。そして、以後、集議院が「開院」されることはなく、廃藩置県を迎えることとなる。

こうした集議院の顚末《てんまつ》は、前身の公議所以来、主として諸藩の「藩論」を代表する議事機関に止まる以上、当然の結果とも言えよう。

府藩県での「議事之制」の創置が進展し、しかもそこで各管轄地の民意をそれらの施政に反映するシステムが作動して、それを背景に、議員が実質的に民意の代議機能を果たすような言動にでも出ない限り、集議院が間接的であっても、国民の代議機関たり得ることは難しかろう。後述するように、政府首脳部はそれを期待して、府藩県に対して、しきりと「議事之制」の創置を勧奨してはいるが、全国的に俯瞰すれば、はかばかしい進展がみられなかったのが実情だろう。

新政府成立とともに始まった「議事之制」の模索は、版籍奉還聴許後の政府組織の改編によって、一応、終局を迎えたと言えよう。そして、わが国制への立憲政体の導入問題は、廃藩置県へと向かう過程で、仕切り直されていくこととなろう。

「職員令」制定をめぐる政局

右の太政官首脳部の陣容は、前述の「公選」で成立した政権のそれをほぼ継承している。この「職員令」は副島種臣が起草に当たり、大久保利通が人事を考案したという（松尾一九九五）。注目されるのは、後藤象二郎、木戸孝允、板垣退助、当初は大久保も、右の陣容から外れていることである。

このうち、後藤は、明治二年（一八六九）七月八日、同日付で発令された政府首脳部の人事について、大久保が日記に「後藤被免限リ《めんぜらるがぎり》ニ候」（大久保日記二）と記しているように、「公選」後の政権の陣容の中では、このとき、彼だけが完全に外されている。後藤が政府首脳部に復帰するのは、廃藩置県の直前、四年（一八七一）六月二八日付で、工部大輔に任ぜられるまで俟《ま》たねばならない。

木戸・板垣・大久保の三名は、同じ八日付で、待詔院の学士に任ぜられている（木戸日記一、大久保日記二）。この学士が所属したのが待詔院の上局である。木戸には、「劇職《げきしょく》」を免じ、「散官《さんかん》」に任ずるが、引きつづき、「大政」を「諮詢」するので、「献替《けんたい》・指図《さしず》」（答申や意見具申）して尽力するように、と仰せ出されている（木戸日記一）。また、大久保には、学士へ転ずるが、「毎日出勤《しゅっきんし》、大政輔佐《たいせいをほさ》」するように、と指示されている（大久保日記二）。待詔院学士とは、太政官＝「内閣」の顧問といった地位であろうか。

大久保が自身も含め、版籍奉還を推進した薩長土三藩士出身者の中心となった実力者を、政府首脳部の顕職から外したのは、版籍奉還聴許に先立つ賞典禄賜与という配慮だけでは不十分と考えていた、彼らの出身藩の藩主に対する遠慮からの措置だったとも思われる。

しかし、木戸は、翌九日付で書翰を大久保へ送り、「文盲《もんもう》」の自分が「いかに鉄面皮《てつめんぴ》」でも「学士」を名乗る職には就けないし、かかる「有名無実」の職は設けるべきではない、として辞退を告げ、太政官へも同趣旨を通知している（木戸文書四）。そこで、一〇日、急遽、学士は廃止されることとなり、岩倉具視から同日付の書翰で、大久保へそのことが連絡されている（大久保文書三）。大久保は、一一日付で、学士を免ぜられ、待詔院出仕に任ぜられている（大久保日記二）。また、木戸は、一二日付で、待詔院上局学士は廃止したとして、あらためて待詔院出仕に任ぜられ、「国事御諮詢の節は参朝」するよう、命ぜられた（木戸日記一）。

この一連の騒動の背後には、一六日、副島が大久保を訪れ、「木戸之一派、大ニ《おおい》不平」の状況を伝え、大久保が副島に「不可動《うごくべからず》」と「説諭」している（大久保日記二）ように、「職員令」制定とその政府首脳人事を主導した大久保・副島らと、木戸の周辺との間に、政治的な確執があったことは明らかだろう。

こうして、待詔院上局学士による太政官＝「内閣」の内面指導という、大久保が描いた版籍奉還聴許後の政治構想は、木戸の協力が得られず、頓挫したのである。太政官首脳部による、その事態収拾策は大久保の参議任命案だった。

大久保へは、二〇日、三条実美から、その内示があった。大久保は、三条へは、ここまでの経緯と齟齬《そご》する、この人事案への反対を表明し、一応、断った上で、岩倉を訪れ、参議増員人事について、意見を述べている。翌二一日、大久保の意見に従っての動きだろうが、広沢真臣へ参議任命を内示したところ、大久保が受けるならば、自分は受けてもよい、という広沢の意向が、岩倉から伝えられ、大久保は、一転、参議就任を受諾し、帰途、副島を訪れている（大久保日記二）。おそらく、副島に経緯を説明するためだろう。かくて、二二日付で、大久保は、前述したように、参議に任ぜられたのである。その際、板垣の参議任命案を岩倉へ入説しているが（同上）、これは実現しなかった。

一方、二一日、三条実美からの書翰で広沢の参議任命案を知った木戸は、翌二二日早朝、広沢を訪れ、その件を伝えているが、そこでどのような話をしたのか、その日記には記されていない（木戸日記二）。広沢は、前述したとおり、翌二三日付で参議に就任している。

木戸は、二六日付で、広沢へ書翰を送り、政府の朝令暮改ぶりを慨嘆し、「御国之有志家」（志士《しし》）と称する者までも意見の一致をみない有り様だが、かつて木戸が「癸丑頃《きちゅうのころ》」（ペリー艦隊が来航した嘉永六年〈一八五三〉の頃）、「東武《とうぶ》」（江戸）で行動をともにした「吉田先師《よしだせんし》」（松陰《しょういん》）の意見に、当時、誰も賛同する者はなかったが、今日、その「誠意《せいい》」が世人に「徹底《てってい》」したことを想起し、現在、政府首脳部の主流と意見を異にすることを苦痛に感ずるが、「鳴くまで待とう」という「不如帰之策《ほととぎすのさく》」を「第一等」とし、時節の到来を待望しようかと考えている、と一面皮肉《ひにく》、一面自嘲《じちょう》とも受け取れる一文を認《したた》めている（木戸文書三）。そして、木戸は、八月二日、東京を発《た》って箱根《はこね》へ湯治に赴いている（木戸文書八）。

他方、大久保は、木戸が箱根へ赴いた翌日、三日の夕刻、広沢と副島の来訪を受け、「前途目的《ぜんとのもくてき》」について「熟談」し、広沢に「異論」はなく、「安堵」している（大久保日記二）。そして、一〇日付で、太政官＝「内閣」の「閣僚」七名による、服務規律を定めた「申合書」二通が作成されている。ちなみに、参議の署名順は大久保・広沢・副島であり、直截的には政府への出仕順だろうが、と同時に、ここに至る経緯を考えれば、そこに、この政権における大久保の主導的地位が暗示されていよう。なお、一八日付で大納言に任ぜられる鍋島直正も末尾に署名しており、任官後の補筆だろう（岩倉史料下）。

かくて、木戸と板垣を外した形で、版籍奉還聴許後の太政官＝「内閣」がようやく発足したのである。

「職員令」下の政治課題

その後、木戸孝允と板垣退助の動静はどうなったか。

明治二年（一八六九）九月四日、京都で大村益次郎が襲撃されて重傷を負ったが、箱根で湯治中の木戸は、一〇日、その報に接している（木戸日記一）。木戸の大村に対する信頼は篤く、東京奠都前後には、相談して「前途の大策を論定する」ことも多かった（同上）。大村も、かつて「医師」であった立場から、七月二七日付（推定）の書翰で、木戸に保養を奨め（木戸関係文書二）、それも木戸の箱根湯治行の一背景だったと見られるような関係だった。木戸は、一一月一一

図34　板垣退助

日には大村の容体悪化の報に接し、その夜、彼と語り合う夢まで見ているが、同月五日に死去したとの訃報を翌一二日に受け取り、涙を流し茫然自失となっている（木戸日記一）。木戸は、政府首脳部における最大の盟友を失ったと言えよう。

　木戸は、九月二六日、箱根から帰京する（木戸文書八）。同日付で従三位に叙位され、前出の「王政復古」の功労に対する賞典禄（永世禄一八〇〇石）を賜与されるが、一〇月一日付で後者を辞退している（木戸日記一）。この「王政復古」の功臣への永世賞典禄賜与問題でもまた、木戸は大久保と対立したのである（松尾二〇〇七）。木戸は、同年一二月まで三度、辞退したが、許されず、ようやく受けている（木戸文書八）。

　しかし、この前後から、山口藩内の政情に関する情報に接して、木戸の関心はそちらへ傾いていく。木戸は、一二月三日付で、帰藩を許され、一九日、船便で帰藩の途に就いている（同上）。帰藩した木戸を待ち構えていたのは、版籍奉還聴許後の藩政改革に伴う解隊に反発した、奇兵隊の脱隊騒動だった（田中一九八五、松尾二〇〇七）。

　いっぽう、板垣は、帰藩して、高知藩大参事として、政府が求める藩制と藩政の改革を主導し、藩の「議事之制」を「四民平等」の方向で構築を進めるなど、着々と治績を上げていくこととなる（『自由党史』上、後藤一九六六）。

西郷隆盛も、前述したように、戊辰戦争終結後、帰藩し、鹿児島藩大参事として、藩政を主導していた（落合二〇一三）。

版籍奉還は、その推進で一致した諸藩士出身の実力者が結束し、「公選」で諸侯を排除して、行政官＝「内閣」を成立させ、その下で「聴許」という形によって実現したのだった。「職員令」は、それを受けて、行政官＝内閣を太政官＝「内閣」へと格上げし、法制上も確立しようとしたものだったが、その人事と「聴許」後の改革のあり方をめぐって対立を惹起《じゃっき》し、諸藩士族の実力者間における政治的結束の継続に失敗したと言えよう。

そのため、端的に言えば、木戸、板垣（後藤も）、西郷を、如何《いか》にして政府首脳部へ再結集するか――そこに「職員令」下の政治構造の前途がかかって来ることとなったのである。

「職員令」制定後、太政官＝「内閣」と諸省卿らは、最初の合同会議を七月一九日に開いているが、その議題は、欧米諸国との外交問題化した、悪贋貨《あくがんか》問題（丹羽一九九五）の対策だった（大久保日記二、木戸日記一）。そのことに見られるように、政府首脳部には一刻の政治的猶予も許されなかったのである。

四　府藩県三治制の実態

1――直轄府県の実態と問題点

版籍奉還の聴許により、府藩県三治制は、新たな局面を迎えた。先ず、直轄府県の実態から見ていこう。

直轄府県管轄地の領地的組成

直轄府県の管轄地は、近世における領地の諸形態に即して見れば、①禁裏御料・堂上領などの朝廷固有の領地、②接収された旧幕府領（代官・郡代や遠国奉行の支配所《しはいしょ》、諸藩に預託された預所《あずかりしょ》）、③上地された旧旗本領（知行所《ちぎょうしょ》）、④上地された寺社領《じしゃりょう》（社寺領《しゃじりょう》、のち社寺地《しゃじち》）、⑤廃藩置県以前に廃止された藩の管轄地から組成されている。

〔朝廷固有の領地〕　朝廷固有の領地は、禁裏御料が三万一五石六斗九升五合、堂上領が四万一二七九石余、その他に、女官の女中方《じょちゅうがた》領が八四二〇石余、昇殿を許されない下級公家の地下家《じげけ》領が一七〇五石余あった（『御料地史稿』、奥田二〇一二a）が、旧幕府の京都代官小堀数馬が朝廷に帰順・朝臣化したと見られ、当初は彼に引きつづき預託されている（奥田二〇一一b）。しかし、慶応四年（一八六八）六月一四日付で、小堀から山城国の「御領」が京都府、丹波国のそれが久美浜県へそれぞれ移管されれている（全書一）。

〔旧幕府領〕　旧幕府領は、文久三年（一八六三）の時点で、代官・郡代や遠国奉行の支配所は三三二万三三三〇石七斗七升五合三勺七才、諸藩などの預所は七五万石二二二一石三斗三升一合六尺七才あり、合わせて四〇七万五五五二石一斗〇升七合〇勺四才となる（村上一九六五）。前出の徳川慶喜の回想にある旧幕府領の四〇〇万石とは、これを指している。

なお、旧幕府領の預所は、一八六三年以後、若干減少し、慶応三年（一八六七）の時点では七〇万九四〇〇石だったという（服藤一九八一）。また、「王政復古」政変後に、新政府から諸藩へ新たに預託されたものもある。

明治三年（一八七〇）一月二〇日付で、民部省は、①諸藩預所に旧幕府以来のものと新規の二種類がある、②版籍奉還の聴許によって「府藩県ノ政治ヲ、同軌《どうき》ニ帰《き》」した今日、「寄託地《きたくち》」（預所）の存置は「失体《しったい》」である、③預所はその管理事務に「常《つね》ニ紛錯《ふんさく》」（混乱・紛議）を生じている、④預所を回収して最寄りの直轄府県の管轄下へ編入し、諸藩の管轄地と錯綜するところは適宜互換させたい、と稟議《りんぎ》し、これを受けた太政官は同月二二日にそれを「批令《ひれい》」している（『明治前期財政経済史料集成』第二巻〈以下、集成二と省略〉）。「批令」であるから、一部修正の上、承認したものと見られる。これにより、同年一二月に諸藩預所の一部が回収されたが、その石高は二三万二七六五石以上に上ると見られる（集成四）。民部省の稟議はその全面回収案だったから、この辺が太政官の「批令」の中身であろう。

〔旧旗本領〕　旧旗本領は、蔵米取《くらまいとり》を除く、地方《じかた》知行が対象で、それは、寛政期には二二六〇名おり、その知行高の総計は約二六三万石だった（深井一九九〇）。

前出の慶応四年一月七日付の徳川慶喜追討令では、前述したように、徳川譜代の家臣にも朝廷への帰順が呼びかけられ、応ずる者は朝臣化すると約束していた。この朝廷の帰順勧奨に応えて、江戸開城前後以降、新政府軍が軍事的に制圧した東海・北信越以西に高禄の知行所を有する旧旗本を中心に帰順者が出る（奥田二〇一二・一三）。彼らは同年五月二八日付で「本領安堵」されたが、その知行所はそれに先だって同月二四日付で寺社領とともに最寄りの直轄府県の地方《じかた》支配下に置かれた（全書一）。

表1　朝臣となった旧旗本の知行・禄高と知行所

知行・禄高，知行所判明分				同不明分	
		人数	百分比	人数	百分比
高	5,000石以上	14	22.95	55	47.41
	～3,000石	15	24.59		
	～1,000石	27	44.26		
	1,000石未満	2	3.28		
	蔵米取	3	4.92		
	合計	61	100.00		
所在	関西	35	57.38		
	中国	1	1.64		
	四国	0	0.00		
	九州	3	4.92		
	北信越	4	6.56		
	東海	8	13.11		
	関東	4	6.56		
	東北	1	1.64		
	蔵米取・不明	5	8.20		
	合計	61	100.00		

注1）掲出したのは，慶応4年（1868）6月15日，7月3・4日付で朝臣に列せられた旧旗本である．
2）知行所の所在地方は，複数の国名が判明している場合，史料で筆頭に挙げられている国名によって分類した．
3）百分比は小数点以下第3位を四捨五入した．
4）出典は奥田2011・12の表3.

前述したように、同年五月二三日付で、徳川宗家の家名存続を許し、田安亀之助によるその相続を命じ、最終的には九月四日付で、徳川亀之助に駿河・遠江・三河三ヶ国で七〇万石を新封して駿府藩を新設させ（同上）、これに旧幕臣をできるだけ随従させて同藩に給養させる方針をとった（奥田二〇一一・一三）。駿府には随従せず、江戸に残留して朝臣化を希望する旧幕臣については、新政府の直接「扶助」とし、八月二二日付で上薄下厚の減禄措置をとる禄制を定め、地方知行を全廃し、すべて蔵米取へと切り換えた（全書一）。

この時点で「本領安堵《ほんりょうあんど》」された旧旗本領以外はすべて上地され、その一部は諸藩の「取締《とりしまり》」下に置かれたが、大半は直轄府県の管轄下に編入された。残った「本領安堵」組も、明治元・二年（一八六八・六九）分の貢租収入は保障されたが、二年一二月二日付で、版籍奉還聴許に伴う知藩事の家禄制度施行をふまえ、新政府「扶助」組とともに「士族《しぞく》」（下級の旧幕臣などは「卒《そつ》」）とされ、その領地をすべて上地されて蔵米取となった（全書二）。「士族」は新たに定められた禄制で大幅に減禄されている（奥田二〇一一・一三）。

〔寺社領〕　寺社領は、朱印地《しゅいんち》が二九万四四九一石六斗七升、黒印地《くろいんち》と除地《じょち》が合わせて三〇万三一一三三石余あった（安藤一九七七・八〇）。新政府は、前述したように、慶応四年五月二四日付で、「本領安堵」された旧旗本領とともに、寺社領を最寄りの府県に地方支配させ、ついで「社寺領」と改称していく。四年（一八七一）一月五日付で、版籍奉還後、「社寺ノミ土地・人民私有ノ姿」では「不相当」だとして、「現在ノ境内《けいだい》ヲ除クノ外《ほか》、一般上知（ママ）」する、との太政官布告が出され、追って社寺の禄制を定めて蔵米を支給するが、「当午年《うまどし》収納」(明治三年分の貢租)は従来通り支給する、とした(全書四)。こうして、社寺領は、全面的に上地され、それぞれ従来それらを管轄していた府藩県の管轄高へ編入されたものと見られる。

〔廃藩管轄地〕　廃藩管轄地は、廃藩置県以前に廃止された藩が一四あり、それぞれの廃藩後の措置は以下のようになっている(松尾二〇〇一)。

三年九月一七日付で廃止された越前国鞠山《まるやま》藩(酒井《さかい》忠経《ただつね》〈知事、以下同様〉、一万石)は若狭国小浜《おばま》藩(忠経が本家の家督を相続して廃藩、同日付で本藩知事就任、一〇万三五五八石余)、同年一一月二三日付で廃止された播磨国福本《ふくもと》藩(池田《いけだ》喜延《よしのぶ》〈のち徳潤《のります》〉、一万五七三石)は因幡国鳥取《とっとり》藩(池田慶徳《よしのり》、三二万五〇〇〇石)、同年一一月二三日付で廃止された美濃国高須《たかす》藩(松平《まつだいら》英周〈のち義生《よしなり》〉、三万石)は尾張国名古屋《なごや》藩(徳川慶勝《よしかつ》、六一万九五〇〇石)、四年六月一九日付で廃止された周防国徳山《とくやま》藩(毛利《もうり》元蕃《もとみつ》、四万一〇石)は周防国山口藩(毛利元徳《もとのり》、三六万九〇〇〇石余)へという具合に、いずれも近世の旧本藩にそれぞれその管轄地が合併されている(『地方沿革略譜』)。

一方、廃止された藩の管轄地が直轄府へ合併されたものはなく、次の二つのいずれかで、すべて直轄県の管轄となっている。

一つは、廃藩に伴い、その管轄地を引き継ぐ直轄県が新置されたケースである。陸奥国盛岡《もりおか》藩(南《なん》部《ぶ》利恭《としゆき》、一三万石)は三年七月一〇日付で盛岡県、讃岐国丸亀《まるがめ》藩(京極《きょうごく》朗徹《あきゆき》、五万一五一二石)は四年四月一〇日付で丸亀県がそれぞれ新置されている(同上)。

もう一つは、既存の直轄県の管轄地へ編入されたケースである。上野国吉井藩《よしい》（吉井信謹《のぶのり》、一万石）は二年六月二六日付で岩鼻県《いわはな》、河内国狭山藩《さやま》（北条氏恭《うじゆき》、一万石）は同年一二月二六日付で堺県《さかい》、下野国喜連川藩《きつれがわ》（足利聡氏《あしかがとしうじ》、五〇〇〇石）は三年七月一七日付で日光県《にっこう》、越後国長岡藩《ながおか》（牧野忠毅《まきのただかつ》、二万四〇〇〇石）は同年一〇月二二日付で柏崎県《かしわざき》、讃岐国多度津藩《たどつ》（京極高典《たかまさ》、一万石）は四年二月五日付で倉敷県《くらしき》、信濃国竜岡藩《たつおか》（大給恒《おぎゅうゆずる》、一万六〇〇〇石）は同年六月二日付で中野《なかの》・伊奈《いな》両県、近江国大溝藩《おおみぞ》（分部光謙《わけべみつのり》、二万石）は同月二三日付で大津県《おおつ》、石見国津和野藩《つわの》（亀井茲監《かめいこれみ》、四万三〇〇〇石）は同月二五日付で浜田《はまだ》県へ、それぞれ管轄地が編入されている（同上）。

なお、慶応四年五月三〇日付で「藩屏《はんぺい》」に列されていた一橋《ひとつばし》・田安《たやす》両家も明治二年一二月二六日付で免ぜられ、旧一橋家領（一〇万石）と旧田安家領（一〇万一七二〇石）は、兵庫県の管轄下へともに編入されている（同上）。

直轄府県の偏在と管轄地の散在

新政府の「中央―地方」統治構造を考える場合、直轄府県が日本列島の全空間に万遍なく配置されていないことに注目せざるを得まい。

前述の奥羽両国の分割により、国数は七三となっている。この国別で見ると、廃藩置県実施直前の時点で、三府四一県の直轄府県庁が三三ヵ国に置かれる一方、未設置の国数は過半の四〇に上っている。地方別では、東北に九県、関東に一府九県、中部に一〇県、関西に二府八県、中国に二県（倉敷・浜田両県）、四国に一県（廃藩置県実施の三ヵ月前に新置された丸亀県）、九州に二県（長崎・日田両県）となっている。

表2　直轄府県の地方別設置状況

地方名	国数	府県庁設置数	府県庁不設置国数	複数府県庁設置国数	備　考
東北	7	9	2	2	陸中国は3県庁，岩代国は3県庁を設置
関東	8	10(1)	1	1	武蔵国は1府庁・3県庁を設置
中部	16	10	8	2	信濃国は2県庁，越後国は2県を設置．全国で甲斐・佐渡両県のみ，国名が県名
関西	13	10(2)	5	2	大和国は2県庁，摂津国は1府庁・1県庁を設置
中国	14	2	12	0	設置は浜田・倉敷両県のみ
四国	4	1	3	0	丸亀県の設置は明治4年4月10日付
九州	11	2	9	0	設置は日田・長崎両県のみ
合計	73	44(3)	40	7	府県庁設置数の欄の括弧内の数値はその内の府庁設置数

注）出典は奥田2011bの表2.

これは、直轄府県設置の領地的土台をなす旧幕府領の郡代・代官や遠国奉行の支配所の配置にまずもって規定されたものである。預所の一部回収に加え、旧旗本領と社寺領の全面上地、廃藩管轄地の移管により、それらの大半が直轄府県の管轄下へ編入されたにもかかわらず、関西以東にそれが著しく偏在する状態は解消されなかった。

それとともに、直轄府県の管轄地には、前述したような領地的組成の故に、散在性という固有の問題点があった。これも旧幕府領から継承しただけではなく、関東ではむしろ新たに強まったとも見られる。

前述したように、徳川亀之助の駿府藩七〇万石が駿河・遠江・三河三ヵ国に新封されることとなった。しかし、この三ヵ国にある代官支配所の石高は合わせて一一万七二〇八石余しかなかったので（村上一九六五）、残りは諸藩領と旧旗本領を除封・減封ないし転封させて確保するほかない。問題はその転封先となる関東などである。ここでは、同じく旧幕府領の代官支配所と除封・減封した各種の領地がそれらの転封先に充てられることとなる。この転封を、直轄県管轄地の領域的統合に結びつけたいところだが、どうも事はなかなかそううまい具合には運ばなかったようである（堀野二〇一四）。

こうした直轄府県の偏在は廃藩置県、その管轄地の散在はその後の府県分合をへて、ようやく解消へと向かうのであろう。

新政府の財政状態と直轄府県

版籍奉還の聴許によって、藩が置かれた国制上の位相が変容し、さらに改革されようとしているとすれば、府県も政府「直轄」の地方統治機関であることの中身を問われざるを得まい。旧幕府の郡代・代官や遠国奉行の支配所の「旧慣《きゅうかん》」を墨《ぼく》守《しゅ》して、貢租の収納に従事しているだけでは、もはやすまされない。

もっとも、「王政復古」政変から廃藩置県までの時期の新政府の財政状態の推移（集成四）を見ると、地税《ちぜい》（年貢）を主要財源とする通常歳入によって、皇室費、中央・地方官庁の経費、官員の給与（官《かん》禄《ろく》）、帰順して朝臣化した旧幕臣らへの家禄などの通常歳出を賄うことができるようになったのは、版籍奉還聴許後の明治二年（一八六九）一〇月以降である。それ以前の時期は、そもそも地税歳入が全歳入の一割にも満たない水準に止まり、それに伴い通常歳入が全歳入に占める割合も一割をようやく上回る程度だった。全歳入の七割前後は、太政官札《だじょうかんさつ》（明治元年〈一八六八〉）や民部省札《みんぶしょうさつ》（二年）の発行に頼っていたのである。

図35　太政官札　十両札（明治元年発行）

明治 2. 1-9		明治 2. 10-3. 9		明治 3. 10-4. 9	
金　額	百分比	金　額	百分比	金　額	百分比
3, 355, 963. 945	9. 74	8, 218, 969. 008	39. 21	11, 340, 983. 537	51. 21
502, 817. 476	1. 46	648, 453. 498	3. 09	1, 071, 630. 566	4. 84
540, 534. 695	1. 57	456, 542. 692	2. 18	439, 419. 588	1. 98
4, 399, 316. 116	12. 77	9, 323, 965. 198	44. 49	12, 852, 033. 691	58. 04
79, 136. 933	0. 23	378, 092. 934	1. 80	1, 461, 064. 870	6. 60
187, 602. 847	0. 54	341, 569. 389	1. 63	1, 027, 823. 657	4. 64
4, 666, 055. 896	13. 55	10, 043, 627. 521	47. 92	15, 340, 922. 218	69. 28
23, 962, 601. 187	69. 58	5, 354, 512. 500	25. 55	2, 145, 487. 500	9. 69
911, 500. 190	2. 65	4, 782, 400. 000	22. 82	—	—
4, 898, 247. 307	14. 22	778, 959. 080	3. 72	4, 658, 188. 086	21. 04
29, 772, 348. 684	86. 45	10, 915, 871. 580	52. 08	6, 803, 675. 586	30. 72
34, 438, 404. 580	100. 00	20, 959, 498. 101	100. 00	22, 144, 597. 804	100. 00
384, 954. 787	1. 85	544, 231. 857	2. 71	523, 801. 004	2. 72
1, 235, 790. 268	5. 95	1, 695, 574. 149	8. 43	1, 474, 846. 443	7. 67
801, 108. 977	3. 85	607, 639. 361	3. 02	791, 040. 008	2. 55
2, 421, 863. 032	11. 65	2, 847, 445. 367	14. 16	2, 789, 687. 455	14. 50
1, 547, 965. 947	7. 45	1, 500, 174. 273	7. 46	3, 252, 966. 672	35. 22
564, 062. 884	2. 71	327, 217. 088	1. 63	353, 679. 300	1. 84
214, 197. 226	1. 03	449, 184. 798	2. 23	382, 831. 897	1. 99
319, 099. 830	1. 53	294, 614. 172	1. 47	158, 387. 769	0. 82
227, 678. 045	1. 10	135, 825. 237	0. 68	60, 211. 492	0. 31
1, 325, 037. 985	6. 37	1, 206, 841. 295	6. 00	955, 100. 458	4. 97
1, 606, 922. 011	7. 73	1, 691, 911. 992	8. 41	1, 779, 741. 546	9. 25
—	—	338, 944. 355	1. 69	2, 268, 024. 597	11. 79
103, 590. 204	0. 50	309, 645. 190	1. 54	100, 841. 744	0. 52
1, 710, 512. 215	8. 23	2, 340, 501. 537	11. 64	4, 148, 607. 887	21. 57
2, 072, 967. 421	9. 97	1, 855, 040. 867	9. 23	1, 080, 020. 001	5. 61
9, 360, 230. 626	45. 03	9, 750, 003. 339	48. 49	12, 226, 382. 473	63. 56

表3　新政府の歳入出（慶応3年12月～明治4年9月）

	科目			慶応3.12-明治1.12 金額	慶応3.12-明治1.12 百分比
歳入	通常歳入	租税	地税	2,009,013.730	6.07
			海関税	720,866.936	2.18
			雑税	427,429.069	1.29
			小計	3,157,309.735	9.54
		諸藩賦課軍資金		73,376.837	0.22
		雑収入		434,093.838	1.31
		合計		3,664,780.410	11.08
	例外歳入	太政官札・民部省札発行		24,037,389.813	72.64
		公債・借入金		4,732,482.378	14.30
		雑収入		654,660.887	1.98
		合計		29,424,533.078	88.92
	総計			33,089,313.488	100.00
歳出	通常歳出	中央官庁	皇室・宮内省	249,594.774	0.82
			官禄・手当	901,955.289	2.96
			諸官庁費等	523,827.357	1.72
			小計	1,675,377.420	5.49
		陸海軍		1,059,797.848	3.47
		地方官庁	開拓使	—	—
			三府	381,854.014	1.25
			開港場管轄諸県	398,077.843	1.30
			諸（府）県	22,289.294	0.07
			小計	802,221.151	2.63
		秩禄	家禄	294,965.481	0.97
			賞典禄	—	—
			諸向扶助	44,711.132	0.15
			小計	339,676.613	1.11
		雑支出		4,364,355.610	14.31
		合計		5,506,253.374	18.05

明治 2.1-9		明治 2.10-3.9		明治 3.10-4.9	
金　額	百分比	金　額	百分比	金　額	百分比
2,205,643.168	10.61	1,227,414.182	6.10	95,529.329	0.50
93,000.000	0.45	—	—	178,990.343	0.93
476,742.289	2.29	1,457,986.089	7.25	1,073,004.260	5.58
6,854,106.633	32.97	4,578,906.958	22.77	4,083,446.558	21.23
1,768,151.852	8.51	2,540,031.845	12.63	1,555,283.452	8.09
27,965.058	0.13	553,330.246	2.75	22,521.601	0.12
11,425,609.265	54.97	10,357,669.320	51.51	7,008,775.543	36.44
20,785,839.891	100.00	20,107,672.659	100.00	19,235,158.061	100.00
13,652,564.689	—	851,826.442	—	2,909,439.788	—
7.476	—	7.488	—	4.682	—
448,898	31.79	1,097,618	77.73	2,422,251	171.53

この財政状態から言えば、直轄府県が演じた、新政府における財政的基盤としての機能の実態的な基軸は、管轄する新政府直轄地からの地税の収納にではなく、そこを拠点として、その時点では「政治的信用」以外の何物でもない、不《ふ》換《かん》紙《し》幣《へい》を散布・流通させることにあった、ということとなろう。

この不換紙幣を忌避《きひ》する民心に乗じ、諸藩が戊辰戦争の戦費調達のために濫造《らんぞう》していた贋貨《がんか》（偽造鋳貨）が多量に持ち込まれたことに端を発して、二年七〜八月には、伊奈《いな》県で騒擾が起こっている（横地一九七四）。「職員令」下の政府首脳部から外れた木戸孝允は、九月六日、箱根の湯治先でその報に接し、「今日の興廃《こうはい》に係《かか》る」と憂慮し、「安居《あんご》」（お籠《こ》もり、箱根に籠もって湯治）している場合ではない、と切歯《せっし》扼腕《やくわん》している（木戸日記一）。また、原因の一半をなす悪贋

表3—(2)

	科目		慶応3.12-明治1.12	
			金額	百分比
歳出	例外歳出	征東関係諸費	4,511,933.079	14.79
		旧幕府外国負債償還・諸藩外国返償	649,590.574	2.13
		諸藩補助費	372,520.970	1.22
		官営事業・勧業諸費	19,003,857.797	62.30
		返償関係諸費	440,930.155	1.45
		雑支出	—	—
		合計	24,998,832.593	81.95
	総計		30,505,085.967	100.00
残高			2,584,227.521	—
「歳入歳出決算報告書」作成時の金額換算1石当たり米価			5.421	—
地税の石高換算／元治元年幕府年歳入（1,412,148）対百分比			370,598	26.24

注1）金額の単位は円．百分比は，円以上の数値によって算出し，小数点第3位以下を四捨五入した．
2）地税の石高換算の単位は石で，小数点以下を切り捨てた．
3）出典は奥田2011・12の表7．

貨問題は、前述したように、右の政府首脳部が発足後、最初に直面した政治課題だった。

しかし、こうした財政状態は、戊辰戦争の終結と戦後処理が一段落するのと併行して、版籍奉還の聴許後には改善へと向かい、地税歳入が全歳入に占める割合も四割、五割と上昇するのに伴って、通常歳入が全歳入に占める割合も五割弱、七割弱へと伸びていく。この時期に、直轄府県は、その管轄地からの地税の収納によって、新政府の主たる財政基盤としての機能を、ようやく確保するに至ったと言えよう。

右のような財政状態の推移を見ると、版籍奉還聴許以前の時期には、直轄府県が諸藩に新政府の「御一新」施政の模範を示すことなどできようはずもない。まずもって、旧幕府時の年貢収納を確保することが先決課題だったと見るべきだろう。

ちなみに、地税歳入は、米に換算すると、慶応三年一二月〜明治元年一二月の第一期が三七万〇五九八石余、二年一月〜九月の第二期が四四万八八九八石余、二年一〇月〜三年九月の第三期が一〇九万七六一八石余、三年一〇月〜四年九月の第四期が二四二万二二五一石余と推移している。

元治元年（一八六四）における幕府の年貢歳入は、米方《こめかた》が五四万三三六三石、金方《かね》が九三万三九四四両である。また、同年の三季切米《さんききりまい》（年三度に分けて幕臣へ支給される蔵米）一〇〇俵（一俵は四斗入り）当たりの張紙値段《はりがみ》（公定換金価格）は春・夏が四二両、冬が四三両だった（飯島二〇〇四）。仮に、米価が高い方の四三両で金方の年貢歳入を米に換算すると、八六万八七八五石余となり、年貢歳入の総計は一四一万二二四八石余となる。

これと比較してみれば、版籍奉還聴許以前の収納は、この旧幕府時の三分の一にも満たない水準に低迷しており、まことに深刻な状態にあったことが歴然となろう。新政府が戊辰戦争の初期段階で発した「年貢半減令」を、それをもって「官軍」進撃のための前駆《ぜんく》・宣撫《せんぶ》にあたっていた「草莽《そうもう》」部隊である赤報隊《せきほうたい》を、「にせ官軍」の汚名を着せて粛清《しゅくせい》してまで反故《ほご》にしたにせよ（『相良総三関係史料集』、高木一九七〇・七四・七六）、実際の収納は「半減」の水準にすら達していなかったのである。

こうした状況の下、慶応四年（一八六八）六月二日付で、高山県の設置とともに、その知事に就任した梅村《うめむら》準（速水《はやみ》）が、水戸学の思想を政治理念的な背景として、「王土」に相応しい「御一新」施政を企図し、一面において民衆側の既得権でもある「旧慣」を性急に「改革」しようとして、「梅村騒動」と称される騒擾を惹起《じゃっき》させている。この騒動は、戦後、江馬修《えまおさむ》が歴史小説『山の民』に描き、広く知られるようになった（江馬一九八五）。

梅村は、一応、「衆議を尽《つく》し、公論を（に）則《のっと》り、旧害を除き、新利を起し、国民安堵の場に立到《たちいた》らせ」ることを施政方針に掲げてはいたが、「方今《ほうこん》（今日）天朝（天皇の朝廷）御料に相成《あいなり》候上《うえ》は」という強烈な意識の下で、拙速に「改革」を実施しようとして、管轄下の民衆と衝突したのである。梅村は、翌明治二年三月一四日に知事を罷免《ひめん》された上、逮捕・投獄され、三年（一八七〇）一〇月、取調中に獄《ごく》死《し》している。後任の権知事宮原《みやはら》積（大輔）は、梅村の新施策を改廃し、「旧慣」の尊重に転じて、事態の鎮静をはかっている（志見一九六七）。

「府県施政順序」の制定

新政府は、慶応四年（一八六八）八月五日付で、京都府が同年七月付で布達した「規則書」（「京都府職制」）・「仕法書《しほうしょ》」（全九条、京都市中の住民組織である「町組《ちょうぐみ》」と「五人組《ごにんぐみ》」の編制を改正する規定）・「告諭《こくゆ》」（上記改正の趣旨説明）を府藩県へ布達し、それぞれの「土地・民俗」を勘案して「詳論《しょうろん》」した「見込《みこみ》」を同月中に提出するよう指示するとともに、太政官がそれらを「斟酌《しんしゃく》」して「永世一定《えいせいいってい》之御規則」をいずれ制定すると予告していた（全書一）。

しかし、前述したように、新政府が版籍奉還の聴許へと本格的に動き出したのは明治二年（一八六九）一月以降だが、その時点では直轄府県の施政を規律する体系的な法令さえも定められてはいなかった。同年二月五日付で、それ以前に単発の布達として出されていた内容も含め、直轄府県の施政の「大綱」を示すものとして、「府県施政順序」が行政官によってようやく定められたのである（全書二）。

その内容は、①府県知事の職掌を規定する、②府県の平常租税歳入を見積もり、平常経費を定額化する、③議事制度を設ける、④戸籍を編製し、五人組などの住民組織を編制する、⑤管轄地の地理を詳細に調査して、地図を正確なものにする、⑥凶作・飢饉の際に役立てるため、備荒貯蓄を行う、⑦管轄下の人民に対する褒賞を行う、⑧窮迫した人民を救済する、⑨人民の生業や生活のルールを定め、その風俗を改善する、⑩小学校を設置する、⑪耕地の地力を豊かにして農業を振興し、「富国」化に役立つ事業を進める、⑫商業を振興し、それへの課税をはかる、の一二ヵ条からなり、各条に説明と注意が付されている。

さらに、全体にわたる四ヵ条からなる注意を付し、その前文で、管轄地の地理的な条件や人民の風俗を斟酌し、順不同で漸次、着実に実施するよう求め、とくに拙速な実施を禁じている。注意の第一・四条は租税制度の改正に関するものである。第一条では、冒頭で苛酷な徴税を戒め、税制改正の慎重な実施を求めた上で、徴税と庁費を規定した本文第二条の要諦が租税歳入に見合うよう、府県経費を節減することにあると説いている。第四条では、民衆の間に貧富の差異と地主―小作関係があり、税制改正に起因する騒擾が必ず富民＝地主の扇動によって起こるとし、その辺の事情の掌握と果断な対処を求めている。

府藩県の「議事之制」

「府県施政順序」の注意の第二条は、管轄地の人民とともに議事を行うさいの注意で、多数意見に盲従せず、たとえ少数意見でも「至当《しとう》ノ議《ぎ》」の採用が必要と説いている。

この「議事ノ制」樹立は、縷述《るじゅつ》したように、この明治二年（一八六九）二月の時点では、政府の最重要政治課題の一つだった。諸藩は、前出の「藩治職制」の第五条で「議事ノ制」の樹立が規定されていたが、直轄府県も、ここで、その創置が施政上の重点項目の一つとされたのである。それは、「府県施政順序」制定と同日付で、府藩県に対し、あらためて「議事之制」を樹立するよう、行政官より布告されていることでも（同上、尾佐竹一九三八・四八）、明らかである。

諸藩の「議事之制」は、全国的に見られ（尾佐竹一九三七・三八・四八）、中でも明治三年（一八七〇）に高知藩で藩政改革の一環として設置された「藩議院」（『自由党史』上）や、同年の熊本藩の藩政改革での「藩議院」構想（大江一九五九）が知られている。また、近年の研究では、信濃国松代《まつしろ》藩（今村二〇一二）や、徳川宗家の就封で上総国へ転封され成立した、柴山《しばやま》（のち松尾《まつお》）藩（堀野二〇一四）の実態が丹念に紹介されている。

右の行政官布告では、「博《ひろ》ク公議ヲ興シ輿《よ》論《ろん》ヲ採《と》リ下情上達《かじょうじょうたつ》」をはかるため、「議事体裁」の「取調」が必要なことを認めつつも、直轄府県の現状は、「従来之仕来《しきたり》」や「管轄之大小」が異なる上、東北地方は「平定」後の直轄県の配置も不完全であり、その「議事之制」の一般的な法制化は難しいとし、当面は「公議所法則案」の「大意《たいい》」を「変通《へんつう》」して創置するよう、指示されている。

しかし、直轄府県で実際に設置された議事機関ないしその類似機関としては、韮山県が、明治二年五月二六日〜六月二日、管轄下のうち、伊豆国諸村の組合物代を構成員として開催している事例（石井一九六八）が知られるに止《とど》まっている。

民部官の設置

版籍奉還の聴許に先立って、明治二年（一八六九）四月八日付で民部官が新置され（全書二）、知事には蜂須賀茂韶（議定）、副知事には広沢真臣（参与）が任ぜられた。

前述したように、「公選」で、知事は松平慶永に交代したが、副知事の広沢は留任している。

ついで、六月四日付で、「民部官職制」が制定され、同官の職掌が、直轄府県の事務の「総判《そうはん》」（指揮・監督）と、戸籍《こせき》・駅逓《えきてい》・橋道《きょうどう》・水利《すいり》・開墾《かいこん》・物産《ぶっさん》・済貧《さいひん》（救恤《きゅうじゅつ》）・養老《ようろう》などと定められた（同上）。これらの行政事務のうち、駅逓が会計官のそれだった以外は、いずれも新たに登場した「民政《みんせい》」上のそれである。民部官の新置は、直轄府県の統治がようやく安定へと向かい、政府中央もそれらを介して、「民政」上の諸課題に直面するようになったことを示していよう。換言すれば、民部官は、それらに一括して対処すべく、新置されたのである。

「民部官職制」制定と同日付で、民部官は、直轄府県に対し、京都府が制定した「市中戸籍仕法《しちゅうこせきしほう》書《しょ》」・「郡中《ぐんちゅう》戸籍仕法書」、「市中制法《せいほう》」・「郡中制法」、「社家《しゃけ》制法」・「寺院《じいん》制法」、「町役可心得《ちょうやくこころうべき》条々《じょうじょう》」・「村役《むらやく》可心得条々」、「社寺《しゃじ》籍《せき》法」・「士《し》籍《せき》法」を布達し、それらの施行を指示した。とくに、戸籍の編製は、当初、「手数《てかず》」がかかるが、それに慣れれば「簡易《かんい》ナル良法《りょうほう》」なので、「下民《かみん》」が「当《とう》惑《わく》」しないよう、その施行に「懇々説諭《こんこんせつゆ》」するよう注意している（同上）。

「民蔵合併」　民部官は、「職員令」では民部省に継承され、戸籍・租税・駅逓・鉱山・済貧・養老などを管掌することとなった。民部省は、新たに租税をその管掌事務に加える一方、直轄府県への指揮・監督の権限と、橋道・水利・開墾・物産を外されている。また、会計官を継承した大蔵省は、引きつづき、金穀出納・秩禄・造幣・営繕・用度などを管掌したが、肝心の租税を外されている。この民部・大蔵両省の管掌事務は、いずれも直轄府県を介して執行されるものであり、と

図 36　大隈重信

図 37　明治 2 年の大蔵省幹部
（前列中央が大隈）

りわけ、租税と金穀出納の行政事務は表裏の関係にあった。
前述したように、この両省の卿と大輔は、民部省が松平慶永と広沢真臣が留任し、大蔵省が卿は欠員、大輔は大隈重信が就任していたが、七月二二日付で、広沢が参議に転出し、大隈が民部大輔を兼職している。

それからほどない八月一一日、民部・大蔵両省の「合局《ごうきょく》」、いわゆる「民蔵合併《みんぞうがっぺい》」が決定された（選集下—六二）。同日付で、大蔵省から租税・監督・通商・鉱山の四司が民部省に移管され（全書二）、民部省による租税事務の管掌がようやく制度的実現をみるとともに、民部卿の慶永が欠員だった大蔵卿を兼職することとなった。この四司移管と長官兼職を見ると、あたかも民部省による大蔵省の併合であるかの外見もあるが、合併の実質は、大隈が両省の大輔を引きつづき兼職して、両省の実務の指揮を一手に握った点にあった。その後、両省の卿は、同年九月一二日付で、慶永から伊達宗城に交代するが、大隈はそのまま在任し、この「民蔵合併」体制がしばらく続くこととなる。

大隈は、税務・財務の両行政と民政という、国民生活に直結する行政権を掌握し、旧幕府の勘定所役人らの旧幕臣や、旧譜代諸藩士出身者などを主体とする、開明官僚を幕下に組織し、悪贋貨問題を解決するための通貨・金融制度改革などを進め（丹羽一九九五）、いわゆる「前期大隈財政」を展開して、政府首脳部内に確固たる地位を占めるようになっていく。

「民部省規則」と「府県奉職規則」の制定

明治二年（一八六九）七月二七日付で、「民蔵合併」体制下における民部省と直轄府県の職員の服務規律とも言うべき、「民部省規則」と「府県奉職《ほうしょく》規則」が制定されている（全書二）。

「民部省規則」は、全一六条からなり、第一条で「民政ハ治国《ちこく》ノ大本《たいほん》、最モ至重《しじゅう》ノ事」と謳《うた》い、府藩県と協力して、風俗の教化、生業の奨励、撫育《ぶいく》・賑済《しんさい》（救恤）の整備を進め、「上下ノ情ヲ貫通」して「衆庶《しゅうしょ》」（国民）を「安堵《あんど》」させることを、職務の目的としている。第二条では、省内では「官等ノ高下《こうげ》ヲ論セス」忌憚《きたん》なく公正に論議して職務に取り組み、「民《たみ》ニ信《しん》ヲ失《うしな》ハサルヲ緊要トス」るとし、法令の制定や制度の改正は、風土・民情、利害・得失を考え、「其《その》地方ノ衆議ヲ尽《つく》」して行うことを、職務遂行の基本姿勢としている。

「府県奉職規則」は全一一ヵ条からなり、大方の内容は、「民部省規則」に準ずる、府県職員の職務規律である。

直轄県の財政規律

「府県奉職規則」と合わせて、同日付で、「県官人員 並《ならびに》常備金規則」が制定された（全書二）。

県官は、管轄高一〇万石を基準に、知県事《ちけんじ》一名、（大または小）参事《さんじ》一名、大属《だいぞく》一名・権《ごん》大属三名、小属《しょうぞく》二名・権小属二名、史生《しせい》（書記官）三名、捕亡《ほぼう》（警務吏）五名の計一八名とする。県官の定数は、管轄高五万石までは一万石に付き二名、六万石以上は一万石に付き一・五名、一一万石以上、二〇万石までは一万石に付き一名の割合で大属以下の人員を増減する。他に、管轄高に拘わらず、県掌《けんしょう》二名と使部《しぶ》二名（ともに雑務担当の吏員）を置くが、出張所がある場合は増員してもよい。

常備金は、管轄高五万石を基準に、一万石に付き①一二〇両と、同じく②四〇〇両との二途で配分し、合わせて二六〇〇両とする。①は県舎の維持・官員の「巡案《じゅんあん》」（管内の巡察）・県掌以下の月給など、②は適宜支弁の施策経費にそれぞれ充当し、制外の支出は随時、民部・大蔵両省へ伺い出る。県舎・官員居宅・牢屋の建築などの臨時費用は、この常備金とは別途の支弁とし、その三分の一は官給、残余は管轄高に分賦する。なお、官員居宅の改築・修繕などの費用は該当者の自費負担とする。

この「規則」は直轄県のみが適用対象で、東京・京都・大阪の三直轄府は、官員定数と常備金額について、統一法制の下に置かれていない。もっとも、後年の明治地方自治制下の全期間を通じても、これらの「中央」性を具有する地域を統一的な地方制度へと包摂するのは容易ではなかったし、東京に関しては、今日に至るまでその法的例外性を帯び続けている。

直轄府県統治の問題点

「府県施政順序」と「府県奉職規則」の双方を貫いているのは、租税の賦課・徴収における「旧慣」の尊重という施政基準である。そこには、「梅村騒動」の勃発を招いたような、拙速的な「旧慣改革」への政治的な警戒が働いていよう。

もちろん、「改革」に慎重なばかりではない。検見法の「弊習改正」と、県官の管轄内巡見時の「弊習一洗」については、それらの「改革」に取り組む姿勢を明確にしている。これらが旧幕府代官以来の「弊習」であり、租税収納の確保にとって大きな障害になっている、との認識がそこにあると見てよかろう。この路線は、明治三年（一八七〇）七月付で、大蔵省が「検見《けみ》規則」を制定し（全書三）、直轄府県と預所預託の諸藩へ布達して、その当年（明治三年）実施を求めた措置へと繋がっていく。

前述したような財政状態を背景に、租税の賦課・徴収における「旧慣」尊重も検見法「改正」も、結局のところは、租税収納を安定的に確保して、まずは旧幕府時の水準を回復し、さらにできれば増収も図っていく、というねらいに出るものであろう。

その立場から、「府県施政順序」では、農民間に貧富の差異が生じ、質地地主―小作関係が広がっていることを問題視し、田地の地力培養や開墾などの勧農施策、「窮民」救助の恒久的施策、質地の請け戻し策などによって、「貧民」の離農を防止して、担税者の確保に努めるよう指示しているのである。その一方で、「検見規則」で租税賦課率を「五公五民《ごこうごみん》」（収穫高の五割）に統一しているところに見られるように、増収策も講じている。

また、「県官人員並常備金規則」で、直轄県の県官定数と常備金額を法制化して、収納した租税の現地支出を厳しく制限し、その経費の膨張を抑え、逆に節減しようとしている。

こうした措置が奏功《そうこう》し、また良好な作柄にも助けられて、版籍奉還の聴許後、前述したように、地税歳入は年々倍増するにいたったのである。

もっとも、凶荒対策と「窮民」救助の恒久策をめぐっては、品川県《しながわ》が明治二年（一八六九）一一月付で定めた社倉《しやそう》（備荒貯蓄）政策が管轄下の武蔵野新田《むさしのしんでん》一二ヵ村と田無《たなし》新田の反発を招き、「御門訴《ごもんそ》事件」が起こり、捕縛された訴願の主導者の多くが死亡する悲惨な結果を招いている（『品川県史料』、『武蔵国多摩郡関前新田名主井口忠左衛門と御門訴事件』、森一九八一）。

ここで、そのあり方をめぐって官民間の紛議と悲惨な結果を招いた救恤政策は、元来は新政府の「愛民」施政の具現であるべきものだった。しかし、この事件は、どのような意図に出る施策であれ、さまざまな旧領地、したがってまたさまざまな「旧慣」の集合体である直轄県の管轄地全体に適用される施策を講じた場合、一管内の中ですら多様な民衆の負担能力という土台と適合しない所があれば、たちまちそこに拒絶反応が生じ得ることを物語っていよう。

政府中央は、右に見たように、ようやくにして「旧慣」尊重と「御一新」施策の適宜接合という施政の一般的基準を示すところにまで達し得た。しかし、その政策的具体化にあたる直轄県の前には、散在かつ多様な旧領地によって組成された管轄地の現実が、依然として横たわっていたのである。

松方正義の廃藩意見書

慶応四年（一八六八）閏四月二五日付の日田《ひた》県設置に伴い、その知事に就任した薩摩藩士出身の松方正義《まつかたまさよし》は、版籍奉還聴許の一ヵ月余前の明治二年（一八六九）五月四日付で、行政官機務取扱の後藤象二郎（参与）をへて、輔相の三条実美へ提出した意見書において、以下のような考えを述べている（集成一）。

①「政体《せいたい》」は、律令制と欧米諸国の制度を折衷して不変の「国是」とする。

図38　松方正義

②従来の「封建」では国内の政治が四、五百通りに分かれ、これでは「各国ト並立《へいりつ》」できない。その「変革」には次の三つの方策が考えられる。第一策は、「郡県」にして、藩主・藩士のうち、有能な者を任官させ、残余の藩士を「兵団《へいだん》」に編成し、また「天下惣検地《そうけんち》」を実施して、税制を「租庸調《そようちょう》ノ法」にする。第二策は、各藩の領地をかつての代官「支配所」に改め、その石高に応じて租税の「何分ノ一」かを政府へ上納させる。せめてこの程度は「変革」しなければ、府藩県三治一致とは言い難い。第三策は、将来の「郡県」移行方針を確立し、当面は職名を統一するなどして、諸藩にも府県と同一の施政を行わせていく。ともかく、第一策を目標として確立すべきで、現時点でそうしなければ、いつまでも「変革」はできまい。

③国政の基本である「民政」の統一は政治の第一課題である。全国「惣検地」と「租庸調」税制の実施なくしては、政府が国の経済活動全体を掌握し、また財政を確立することはできない。日田県下でも諸藩が発行する藩札《はんさつ》が三〇種類も流通して、「細民《さいみん》」を煩《わずら》わせており、貨幣制度の統一も急務である。

さらに、松方は、版籍奉還の聴許からほぼ一年後の明治三年（一八七〇）六月八日付で、管下の「下民」疾苦《しっく》の状況を具体的に報告し、租税制度の改革が急務であることを説く意見書を政府中央へ提出している。そこでも、「民租ハ政体最大之根元《こんげん》」との認識に立ち、府藩県全体の「検地」を実施し、税制を「租庸調之法」に改革するよう説いている（同上）。

松方は、「王土論」のコードで語っているため、領主制の再建を目指す「封建反動」論者と見られたこともあったが（丹羽一九六二）、直轄府県の問題点の根本的解決には、廃藩が必要不可欠と主張しているのである。その点では、民部・大蔵両省の開明官僚と、政策的に同調し得る立場にあったと言えよう。

もっとも、松方の政府中央転出を、木戸孝允―大隈重信―開明官僚のラインに政治的に対抗するため、大久保利通が仕組んだものだという（丹羽一九九五）。そして、大久保は、廃藩について政治的に極めて慎重な姿勢をとっており（松尾一九九五、佐々木一九九八、勝田二〇〇二、笠原二〇〇五）、松方にも廃藩意見の公言を控えるよう注意していたほどだったともいう（室山二〇〇五）。

しかし、松方によって、大久保が開明官僚の路線、その政策的帰結としての廃藩置県へと引き寄せられた可能性も考えられよう。そして、廃藩置県後、松方は、地租改正事業の実務面の責任者として、大久保を支えていくこととなる（奥田一九九三）。

2―「藩制」の制定と藩政改革

版籍奉還聴許後の諸藩

一方、藩の方はどのような状況にあったのだろうか。前述したように、版籍奉還聴許とその直後の行政官達により、藩の国制上の地位は、政府の地方統治機関の一形態へと大きく変質した。しかし、版籍奉還聴許直前の政府首脳部内にさえ、知藩事世襲を許容する意見が少なくなかったような政情の上、知藩事には旧藩主が横滑りし、藩政の実務を引きつづきその旧家臣団が担っていたのだから、右の制度的変質に見合う形に、個々の藩が「改革」されるのは容易ではなかったと言えよう。

前出の明治二年（一八六九）六月二五日付の行政官達は、藩の石高（草高）と現米高（現石高、過去五ヵ年の年貢収納高の平均値）をはじめ、一一項目について、知藩事の家禄を現石高の一割とし、また、「士族」と改称された、その一族と家臣団の給禄もそれに準じて改めることなどの改革内容も指示して、「取調」を行い、同年一〇月中に報告するよう、知藩事に達したものだった。要するに、政府は、「取調」という形で、藩の実情把握と改革を企てたのである。

また、前述したように、版籍奉還聴許後の兵制をめぐって、政府首脳部内で論議されていたが、その背景には戊辰戦争で膨張・強化された軍事力の問題があった。征討軍の中核となった薩長両藩などでは、藩財政に重くのしかかる、膨張した軍事力をどう整理ないし維持するか。戦争の過程で明白となった、軍事力の水準に達していなかった藩では、洋式化を軸とする、その強化をどう進め、またその資金をどう調達するか。

ここに至るまで、兵制をめぐる新政府の政策は、以下のように展開していた。

軍防事務局は、慶応四年（一八六八）閏四月一九日付で、「陸軍編制《りくぐんへんせい》」を制定し（全書一）、諸藩から石高割《こくだかわり》で徴兵し、また、その「兵員《へいいん》之給料」に充当するとの名目で、石高一万石に付き三〇〇両の軍資金の上納を諸藩に課した。諸藩からの徴兵《ちょうへい》は、一万石に付き「兵員」一〇人（当分のうちは三人）を「京畿《けいき》ニ常備《じょうび》」して京都御所の「九門《きゅうもん》」と「畿内要衝《きないようしょう》之固所《かためしょ》」を「警衛《けいえい》」させ、同じく一万石に付き「兵員」五〇人を「在所《ざいしょ》」（国元）に「備置《そなえお》」かすこととした。これは新政府が諸藩に課した石高制の「軍役《ぐんやく》」であり、石高割の軍資金も、旧幕府が平時の「軍役」として諸藩に課した「大名課役《かやく》」に相当すると言えよう。

その後、行政官は、明治二年（一八六九）三月一七日付で、「兵制御変革ノ儀《ぎ》モ有之《これあり》」との理由で、徴集した兵員を「一先帰休《ひとまずききゅう》」させたが、「軍資金ノ儀ハ是迄《これまで》ノ通《とおり》、上納可有之《これあるべく》候」と、軍資金の方は引き続き上納するよう布達している（全書二）。

これに連動して、行政官より同日付で、朝臣化した旧旗本の中大夫・下大夫・上士に対して、「軍資金納方《おさめかた》ノ儀、以来《いらい》（今後）京都住居ノ者ハ京都軍務官へ、東京住居ノ者ハ東京出張ノ軍務官へ上納可致候《いたすべく》」と布達されている（同上）。これは旧幕府の「小普請金《こぶしんきん》」に相当しよう。ついで、四月一〇日付で、前達では明示されていなかった上納金の額を、諸藩と同様の割合で、禄高に応じて賦課することとした（同上）。

とりあえずは、諸藩や朝臣化した旧旗本から軍資金だけは上納させていたが、国家の軍事力をどう編制するか、という「兵制御変革」の問題は保留の状態で、政府首脳部は版籍奉還聴許に踏み切ったのである。今後、政府がどのような政策を打ち出し、如何《いか》なる負担を求めてくるか、不透明な状態の下では、諸藩、とりわけ自藩の軍事力に自信のない向きは、ともかく可能な限り軍事力の強化をはからざるを得まい。

そのためには、藩財政の改革が必須《ひっす》だった。歳入の増加策は、年貢諸役の増徴、専売収益の拡大、御用金の賦課などに加え、戊辰戦争の軍資金調達のために、少なからぬ諸藩が手を染めた贋貨《がんか》の鋳造だった。

悪贋貨問題

新政府も、当初は停止する方針だった、末期の旧幕府が鋳造していた低品位の貨幣＝悪貨《あくか》を、逼迫する財政事情から、その鋳造施設の接収後は発行しつづけた。こうして、悪贋貨の流通量は、少なくとも二三四万両、最大で三〇〇〇万両と見積もられるほどの巨額に膨張してしまった。しかも、それらが輸入代金の支払いに用いられ、損害を被った欧米諸国、とりわけイギリスの公使H・パークスが政府に厳重に抗議してくることとなった（丹羽一九九五）。これが、「職員令」制定後に発足した太政官＝「内閣」が最初に直面した政治課題である、悪贋貨問題だった。

政府は、明治二年（一八六九）五月二八日付の行政官布告で「贋金《がんきん》」の鋳造と流通を厳禁し、さらに、七月一五日付で、①悪贋貨の日本国内通用の保障、②悪贋貨による関税を含む納税の許可、③悪贋貨を一掃する通貨制度改革の施策内容の通知などを求めた、列国公使の要求書を、諸藩に公表し、「内外《ないがい》人民ノ疾苦《しっく》、国辱《こくじょく》ノ甚《はなはだ》シキ、是《これ》ヨリ大《だい》ナルハナシ」として、翌一六日中に、その対策案を提出するよう指示している（全書二）。後者は、諮問形式であるが、実質的には、諸藩による贋貨鋳造禁止令だと言ってよかろう。

大蔵省は、同月二五日付で、府藩県に対し、「贋金取引《とりひき》」の「厳重取締《げんじゅうとりしまり》」を命ずるとともに、それらが所持する「贋金」の総数を調査し、一〇月中に報告するよう指示している（集成九）。ついで、一〇月二五日付で、府藩県が所持する「悪金」のうち、銀貨一〇〇両を金札三〇両に引き替えることを通達し、翌三年（一八七〇）三月二日付でも、上記の引き替えに応ずるよう、督促している（同上）。要するに、政府は、悪贋貨を三割に割り引いて、金札で買い上げ、それに応ずるならば、諸藩の贋貨鋳造の罪に目を瞑《つむ》ろうとしたのである。

大方の諸藩は、これに応じて贋貨鋳造を停止したが、福岡藩では継続され、三年八月に発覚している。四年（一八七一）七月、責任者の同藩大参事以下、数名が斬罪に処せられ、同月二日付で、知事の黒田長知《ながとも》が罷免され、熾仁親王がその後任となっている（『熾仁親王行実』巻上）。廃藩置県直前の措置ではあるが、制度上、知藩事が政府の地方官であり、旧藩主家によって世襲される地位ではないことを示した唯一の例である。

禄制改革

禁じ手の贋貨鋳造の途を断たれた諸藩の増収策は、結局、いずれも管轄下の人民の直接的な負担増を求めるものとならざるを得ない。しかし、これが反発を招くことは必至であり、政府の施政方針とも齟齬することは明らかだった。新田開発や特産品の育成などの殖産興業政策によって、新たな収納源を創出するには、相応の資金と時日を要し、投資を回収できるようになるまで待っている余裕はなかった。そうなると、歳出の削減策を講ずるほかに、方法はない。

　歳出削減の決め手は、近世以来、藩主の家政費の節減と家臣団の給録の削減だった。前述したように、政府は、版籍奉還聴許直後の行政官達で、その取り組みを指示していたが、明治二年（一八六九）一二月二日付の太政官布告で、いわば、その模範を示して見せた。

　すなわち、旧幕臣で、朝臣化して「本領安堵《ほんりょうあんど》」された者と、政府の「扶助《ふじょ》」を受ける者について、①中大夫・下大夫・上士の格式を廃止して、②知行所をすべて上地して「蔵米」の支給に切り換え、③その家禄の制度を定めるとともに、④彼らを「士族」と、従来の同心《どうしん》などの「卒《そつ》」に分けた。家禄の制度は、（1）新しい禄高《ろくだか》は、政府が収納する地税（年貢）高である「現石高」とし、（2）従来の禄高を二一等級に区分して、最高の一万石未満から九〇〇〇石の者の新しい禄高を二五〇石とし、以下、順次に逓減し、四〇石未満から三〇石の者を八石、それ以下を元の禄高のままに据え置き、（3）実際に支給される禄米《ろくまい》は、新しい禄高に「免《めん》」（支給率）である二割五分を乗じた額と定めたのである（全書二）。

　かつて、一万石の大名と比べても大差のなかった、最高レベルの高禄の旧旗本でも、実際に支給される禄米は、六二石五斗というわけである。これは、前出の行政官達で、「現石」（現石高）に一定率（一割）を乗じて、知藩事の家禄を定めたのと同じ方式だが、旧幕臣の場合、基準となる「現石高」自

表 4　旧幕臣の士族禄制

<table>
<tr><th colspan="2">新政府に帰順した旧旗本の格式，知行・禄高</th><th colspan="3">旧旗本領上地後の士族禄制</th></tr>
<tr><th>幕府の格式，役職，知行・禄高</th><th>朝臣の格式</th><th>知行・禄高（石）</th><th>現石高（石）</th><th>禄米高（免 2 ッ 5 分）（石）</th></tr>
<tr><td rowspan="3">高家，交代寄合</td><td rowspan="3">中大夫</td><td>10,000 未満〜9,000</td><td>250</td><td>62.5</td></tr>
<tr><td>〜8,000</td><td>225</td><td>56.3</td></tr>
<tr><td>〜7,000</td><td>200</td><td>50.0</td></tr>
<tr><td rowspan="2">寄合</td><td rowspan="7">下大夫</td><td>〜6,000</td><td>175</td><td>43.8</td></tr>
<tr><td>〜5,000</td><td>150</td><td>37.5</td></tr>
<tr><td rowspan="5">両番（書院番・小姓組番）席以下，1,000 石以上</td><td>〜4,000</td><td>135</td><td>33.8</td></tr>
<tr><td>〜3,000</td><td>120</td><td>30.0</td></tr>
<tr><td>〜2,000</td><td>105</td><td>26.3</td></tr>
<tr><td>〜1,500</td><td>90</td><td>22.5</td></tr>
<tr><td>〜1,000</td><td>75</td><td>18.8</td></tr>
<tr><td rowspan="7">両番席以下，1,000 石未満〜100 石</td><td rowspan="7">上士</td><td>〜800</td><td>65</td><td>16.3</td></tr>
<tr><td>〜600</td><td>55</td><td>13.8</td></tr>
<tr><td>〜400</td><td>45</td><td>11.3</td></tr>
<tr><td>〜300</td><td>35</td><td>8.8</td></tr>
<tr><td>〜200</td><td>28</td><td>7.0</td></tr>
<tr><td>〜150</td><td>22</td><td>5.5</td></tr>
<tr><td>〜100</td><td>16</td><td>4.0</td></tr>
<tr><td rowspan="5">100 石未満</td><td rowspan="5"></td><td>〜80</td><td>13</td><td>3.3</td></tr>
<tr><td>〜60</td><td>11</td><td>2.8</td></tr>
<tr><td>〜40</td><td>9</td><td>2.3</td></tr>
<tr><td>〜30</td><td>8</td><td>2.0</td></tr>
<tr><td>30 以下（未満）</td><td>是迄之通</td><td>（升以下は四捨五入）</td></tr>
</table>

注）出典は奥田 2011・12 の表 4.

体が大幅に削減されているのである。この点こそが、政府が諸藩に示した模範だろう。

「藩制」の制定

政府は、前述したように、三年（一八六九）五月に集議院を再「開院」して、諸藩の「藩論」の動向を見極め、九月一〇日付で、一三ヵ条からなる「藩制」を制定した（全書三）。その内容の大半は、前出の行政官達と「職員令」を確認し、増補するものだった。

「藩制」の内容は、①「物成《ものなり》」高で一五万石以上を「大藩」、五万石以上を「中藩」、それ未満を「小藩」とする、②藩高の数値を、近世以来の「草高」（管轄地の石高）ではなく、「物成」高（年貢収納高、現石高）とし、「物成」高には、「雑税《ざつぜい》」（小物成《こものなり》など）を一石＝金八両の割合で算入する、③大参事は二名以内（権大参事は適宜設置）、少参事は五名以内（権少参事は適宜設置、小藩は置かない）として、また、大属・権大属・少属・権少属・史生を府県同様に設け、藩の規模により適宜その員数を決め、「分課専務」させる、④新しい藩高のうち、一割を知事の家禄、九分を政府へ上納する軍資金と、藩の「陸軍資」に折半して充当し、八割一分を藩政の経費と士族・卒の給録に充当する、⑤大参事以下の藩の職員の「官禄《かんろく》」（給与）は各藩で適宜定める、⑥士族・卒の死刑などの処罰は「朝裁《ちょうさい》」（政府の許可）を受け、褒賞と流刑以下の処罰は報告する、⑦士族・卒以外に格式の区別を設けない、⑧大参事・権大参事のうち一名を集議院の議員（「公議人」の呼称は廃止）とし、「開院」のさい、半年交代で在京させる、⑨「公用人」の呼称を廃止し、参事・属に代える、⑩知事は三年に一度、「朝集《ちょうしゅう》」し、三ヵ月滞京し、また、「国家重大之事件」のため、臨時に「朝集」する、⑪毎年一〇月から九月までの歳入出の明細書を年末までに提出する、⑫藩政の経費と士族・卒の給録を原資として、藩債の年賦償還計画を立てる、⑬これまで発行した「藩造之紙幣」（藩札）の償却計画を立てることであった。

藩財政を「物成」高を基準に組み立てさせ、知事の家禄、政府へ上納する軍資金、藩の陸軍費、藩政の経費と士族・卒の給録の配分比率を定める。また、藩債の償還と藩札の償却を計画させて、それらの膨張を抑止する。さらに、歳入出を報告させて、その実施状況を監督しよう、というわけである。この財政規律は、士族・卒の死刑を許可制にしたことなどとともに、藩と藩に給養される士族・卒が、国家の機関と国家に給養される存在となったことを示していよう。

また、政府の方針は未確定だったが、藩の軍事費を政府への軍資金上納額と同率の四・五パーセント以内に制限したことは、その過重な負担が藩財政を圧迫・破綻させることを防止すると同時に、政府中央に対する軍事的脅威とならないよう抑止する措置だとも言えよう。

さらに、藩債と藩札の膨張を抑制し、それらの償還・償却を計画させ、その原資に藩政の経費と士族・卒への給録を充当するよう指示したことは、それらの内訳比率を明示しなかったことと併せ、士族・卒の禄制改革を促す措置であったのは明らかだろう。

諸藩の改革と財政

諸藩では、それ以前から禄制改革への取り組みを始めている向きも少なからずあり、そこでの改革の焦点は従来、高禄だった上級の士族と、員数の多い下級の士族の処遇だった。政府の方針は、前出の旧幕臣の新しい家禄制度で明確だった。下級は最低限の給養を保障するが、上級は大幅に削減するのである。金沢藩などは、これには到底、及ばないが、かなりの程度、上薄下厚の禄制改革を行っている（深谷一九七三）。

こうした動向の下で、山口藩では、奇兵隊などの膨張した軍事力の整理に踏み切る。前述したように、明治三年（一八七〇）一月二六日、奇兵隊士など一〇〇〇名余が、藩の解散措置に反対し、山口の藩庁を武力包囲する脱隊騒動が起こる。帰藩していた木戸孝允は、二月一一日、藩兵を率いて山口に向かい、これを武力鎮圧している（『奇兵隊反乱史料　脱隊暴動一件紀事材料』、田中一九八五）。

他方、鹿児島藩では、藩政を主導する西郷隆盛がそれを維持する方針をとって温存され、その処置が以後の政局に大きな影響を及ぼしていくこととなろう。

いずれにせよ、禄制改革は、いわば「投降者」である旧幕臣に対して、政府が行ったようなドラスティックな形ではできまい。諸藩が藩政の政治的安定を維持しつつ、禄制改革を進めていくのは容易ではなかったろう。

諸藩の改革の中心課題は、禄制とともに、兵制だった。鳥羽・伏見の戦勃発前後の動静から、新政府の警戒を招いた、和歌山藩では、プロシア人の軍事顧問（母国軍での階級は下士官《かしかん》の伍長《ごちょう》）を高額の給与で招聘《しょうへい》し、兵制の近代化に精力的に取り組んだ（石塚一九五五）。それを後年の徴兵制軍隊の先駆と評価する向きもあるが（井上一九五三）、藩は巨額の債務を新たに背負い込むこととなっている。その藩債総額は、廃藩までに二〇九万円余に達している（集成九）。

もちろん、諸藩における兵制改革の成果が、政府の近代的軍事力建設に寄与した面があったことは間違いない。徳川宗家が新封され成立した、駿府藩が明治二年（一八六九）一月に開校した、沼津《ぬまづ》兵《へい》学校《がっこう》は、西周《にしあまね》（周助《しゅうすけ》）を頭取《とうどり》とし、五〇名ほどの旧幕臣の洋学者や軍人からなる教授陣と、予備教育機関として付属小学校まで備えており、廃藩後、四年（一八七一）九月に兵部省へ移管され、五年（一八七二）五月には教授・生徒とも東京へ移っている（樋口二〇〇五・〇七）。駿府—静岡藩では、幕末以来、生糸と並ぶ主要輸出品だった茶の栽培事業に、旧幕臣を従事させるなど（『静岡県茶業史』）、殖産興業政策も積極的に展開していた。しかし、同藩の藩債は五三万円近くに達している（集成九）。

このように、意欲的に改革に取り組んだ藩ほど、財政の厚い壁に直面せざるを得なかったのである。ちなみに、一〇〇万円（一万円未満は切り捨て）を超える藩債があったのは、津藩の二四八万円、名古屋藩の四一二万円、水戸藩の一〇二万円（他に外債が五万円、以下同様）、彦根藩の一四一万円、仙台藩の一一〇万円（一一万円）、秋田藩の二五九万円（五〇万円）、金沢藩の一七九万円（一八万円）、岡山藩の一一九万円、広島藩の一七九万円（四万円）、山口藩の一九三万円、福岡藩の二〇八万円、鹿児島藩の一三二万円（九万円）で、藩債の総額は七四一三万円（四〇〇万円）だった（同上）。和歌山藩は、藩債額の多さの順で、名古屋・秋田・津につづく第四位である。

右の諸藩に共通するのは戊辰戦争で大きな軍事的負担を背負ったことだろうが、和歌山・静岡両藩のように、戊辰戦後の兵制改革で債務を膨張させてしまったケースもあった。もちろん、前出の「藩制」の「物成」高を基準とする財政規律に照らした場合、「物成」高に不相応な巨額の債務を負って

図39　西　周

いる藩は、これら以外にも少なくなく、とりわけ、それは旧幕府の幕閣を勤めた譜代藩などに多く見られる。

版籍奉還聴許後の「現石」高の総計が九二六万石余だから（全書二）、四年分「物成」収納高の公定石代《こくだい》（一石当たりの米価、三・一七二円）で換算すると（集成四）、諸藩の「物成」総額は二九三七万円余となり、外債を含めた藩債総額は、諸藩の金額換算年貢歳入総額の一・六二倍強に達している。四年の作柄は良好で米価が下落していたから、それを割引けば、おおよそ二・五倍という線だろう。

この比較方式で見ると、「現石」が二七・五万石弱の和歌山藩は金額換算年貢歳入額の一・四倍弱、同じく二一万石の静岡藩は、わずか三年に満たない存在期間で、その八割におよぶ藩債額を背負い込んだ勘定となる。

諸藩の実質的な負債はこの他に、藩札もある。政府が、諸藩の努力に委ねて、この藩債を償還させるには、一体、どのくらいの歳月を要するのだろうか。ここに、諸藩の改革を阻む、財政の壁があったことは明らかだろう。

かような状況の下、諸藩の間から廃藩を求める意見や、前述したように、自主的に廃藩を願い出る動きが、次第に表面化していくという（松尾一九八六・九五・二〇〇一・〇七）。

このように、直轄府県と諸藩のいずれもが問題をかかえ、府藩県三治制の維持が難しい事情にあり、その打開策として廃藩論が、両方の現場から浮上して来るのである。

五　廃藩置県への道程

1―国制改革の模索

『立憲政体略』の刊行

新政府発足以来の政治過程は、縷述したように、「議事之制」を軸とした、国制改革のあり方を模索する過程でもあった。その間、新政府が自身の政治的正統性を基礎づける政治理念には、国体論、王土王民論のみならず、立憲政体論があったことは明らかだろう。そもそも、そうであるからこそ、「議事之制」の制度的実現が追求されたのだが、最初の国家基本法とも言うべきものが、「国体」ではなく、「政体」（前述したように、「政体書」は通称）と命名されたところにも、それが示されていよう。

「政体」の語は、加藤弘之《かとうひろゆき》（弘蔵《こうぞう》）が文久元年（一八六一）一二月七日付の序文を付した論策「最新論《さいしんろん》」（のち「鄰艸《となりぐさ》」と改題、全集政治篇）で、「国体」の語に代えて、世界の政治制度を俯瞰し、その普遍的な土俵の上で、わが国の政治制度の現状を把握し、その改革の方向を提示するために用いた、キーワードだった（奥田二〇〇四a）。それが国家基本法の名称として用いられたことは、加藤にどれほど刺激を与えたか、察するに余りあろう。

図40　加藤弘之

加藤の盟友である神田孝平は、美濃国不破《ふわ》郡岩手《いわて》村で、そこに知行所をもつ旗本の竹中《たけなか》氏（幕末の当主は重固《しげかた》で、若年寄並《わかどしよりなみ》陸軍奉行となり、鳥羽・伏見の戦では旧幕府軍の副将、函館戦争では榎本軍の海陸軍裁判官の要職にあった）の地方《じかた》役人の子として生まれ、洋学者となって旧幕府に仕え、最終的には旧幕府の洋学研究・教育機関である、開成所頭取《かいせいじょとうどり》となっていた（神田史料、奥田二〇〇一）。

神田は、慶応四年（一八六八）六月一八日付で、新政府が接収した開成所の御用を仰せ付けられ、七月九日付で、大阪へ赴《おもむ》き、参与の小松清廉から指示を受けるよう命ぜられていた（神田史料）。しかし、旧幕府で大目《おおめ》付《つけ》・勘定頭《かんじょうがしら》まで昇進していた加藤は、この七月の時点では、一介の旧幕臣の洋学者にすぎなかった。そこには、江戸開城前に主戦論を唱えていた、と福沢諭吉が後年、回想しているような前歴も（『福翁自伝』、奥田二〇〇四a）、多少は関係があったかもしれない。

加藤は、おそらく「政体書」に接してであろうが、かねて準備していた、立憲政体に関する本格的な比較政治制度論の著作ではなく、それを簡潔に紹介するパンフレットの著述に急遽、切り換え、七月、それを出版した。『立憲政体略《りっけんせいたいりゃく》』である（全集政治篇、奥田二〇〇四a）。版元は、江戸の上州屋惣七で、上方での頒布網もあったと見られる。

そこで、加藤は、「最新論」では「公明正大《こうめいせいだい》の政体」と表記していた、憲法と国会をもつ政体を「立憲政体」と命名し、これを書名として、その簡潔な解説を行った。序文で、右の執筆経緯を説明し、「立憲政体トハ公明正大・確然不抜《かくぜんふばつ》ノ国憲《こっけん》（憲法）ヲ制立《せいりつ》（制定）し、民《たみ》ト政《まつりごと》ヲ共《とも》ニシ、以《もっ》テ真《しん》ノ治要《ちよう》（政治・統治）ヲ求《もと》ムル所《ところ》ノ政体ヲイフナリ」と定義した。

同書の第一の特徴は、全四章の第一章「政体総論」で、「最新論」の四分類（以下の丸括弧内）を五つに改めたことである。すなわち、①君主擅制《くんしゅせんせい》（↑君主握権《あくけん》）、②君主専治《せんち》（新出）、③上下同治《じょうげどうち》または君民《くんみん》同治（↑上下分権《ぶんけん》）、④貴顕《きけん》専治（↑豪族専権《ごうぞくせんけん》）、⑤万民共治《ばんみんきょうち》（↑万民同権《どうけん》）である。このうち、立憲政体は、前説を踏襲し、③の上下同治または君民同治と、⑤の万民共治の、二つの政体であるとした。注目すべきは、慣習により君主権が制約される政体である、②の君主専治は、そこに含まれないとしたことである。②は、近世のわが政体を念頭におき、それが君主専制政治体制ではない、との論議に配慮して設定され、あくまでそれを立憲政体の範疇《はんちゅう》から除外する考えによるものと見られる。

特徴の第二は、第二章「上下同治」と第三章「万民共治」をあて、それぞれについて、立法・施政・司律《しりつ》の「三大権柄《けんぺい》（権力）」に分け、欧米諸国の事例に即して説明した点で、「政体書」の立法・行法・司法の三権分立規定の法理論的な解説となっている。

特徴の第三は、同書の白眉《はくび》と言うべき第四章「国民公私二権」で、国民の「権利《けんり》」とその保障について、「公権《こうけん》」と「私権《しけん》」に分けて説明したところである。私権では、生活（生存権）、自身自主《じしんじしゅ》（不法逮捕から保護）、行事自在《ぎょうじじざい》（職業選択の自由）、結社《けっしゃ》・会合《かいごう》（集会・結社の自由）、思言書《しげんしょ》自在（思想・言論・出版の自由)、信法自在《しんぽう》(信教の自由)、万民同一《どういつ》(身分差別の撤廃)、人民所有物の自在処置《しょち》(所有権)が挙げられている。また、公権では、それを「国事《こくじ》ニ預《あず》カルノ権利」と定義し、立法府官員(議員)の撰《せん》択《たく》・被《ひ》撰択《せんたく》の権利(選挙権・被選挙権)と、任官の権利を挙げている。

「権利」か「権義」か

この加藤弘之の著書で用いられた、立憲政体、国憲、権利、公権・私権、結社・会合などの翻訳語《ほんやくご》は、今日では普通名詞化している。しかし、当時は、まだ翻訳語が一定していたわけではなかった。

たとえば、福沢諭吉が慶応二年一〇月(西暦一八六七年二月)に刊行した、『西洋事情』初編で用いた「自由」を(『福沢諭吉全集』第一巻〈以下、福沢全集一と省略〉)、加藤は「自在」としている。また、明治五年(一九七二)以降、福沢が各編を順次刊行していった『学問のすゝめ』で、当初、「権理通義」(二編)、次いでそれを省略して「権義」(三編以降)として用いた語を、加藤が「権利」としている。

このように、彼らが用いた翻訳語の定着の有無は、その語が用いられた文脈、さらには思想の普及を示すものと見られる。さすれば、当時、さらにその後、この加藤のパンフレットがもった、思想的な影響力の大きさを認めざるを得まい。

とりわけ、国民の権利に関する本格的な紹介としては、福沢の『西洋事情』初編よりも、この加藤の著書の方が体系的である。もっとも、そこには考えておくべき問題もある。

前述したように、加藤がここで「権利」としたRightを、福沢は「権理通義」、略して「権義」と翻訳したが、加藤の「権利」の方が優勢となり、今日、これが定着している。

Rightの原義は、「正義」と訳されるべきものである。その謂《い》いは、「神の法」に適《かな》う人間の行為であり、後に「神の法」が「自然法」と解されるようになっても、その意味連関に変わりはなかった。神により、その姿に似せて造られた人間が、神から与えられた理性によって、「自然法」に則《のっと》った行為をなすことがRightであり、そこから転じて、そうした行為を何人も妨げられずになし得る資格を固有することをRightと理解するようになっていった。

こうしたRightの言語史に即せば、加藤も福沢も漢語の「権《けん》」を「秤量《ひょうりょう》する」という意味で用いていると見られるから、加藤の「権利」（利のあるところを秤量して行為をなす資格、の意か）よりも、福沢の「権理通義」（理のあるところを秤量して、義に通ずる行為をなす資格、の意か）ないし「権義」の方が、どれほど適確な訳語であったかは明らかだろう。

しかしながら、わが国民の法意識は、福沢の『学問のすゝめ』が異例のベスト・セラーになったにもかかわらず、近代法体系を成り立たせる、この肝心な一点に関しては（も、と言うべきか）、彼による「啓蒙《けいもう》」を受容し得なかったのである。しかも、これは、今日なお、解決すべき法意識上の国民的課題の一つでありつづけている（丸山・加藤一九九八）。

旧幕臣洋学者の新政府出仕

加藤弘之の『立憲政体略』が世上に出回り始めた頃、京都にいた神田孝平は、九月三日付で一等訳官、七日付で徴士、一九日付で議事体裁取調御用に相次いで任ぜられ（前出）、二一日付で東下を命ぜられている（神田史料）。神田は、東臨する天皇の下で始まった「議事之制」の制度的実現を目指す、政府首脳部を支える、数名からなる議事取調御用

図41　津田真道

掛の中で、唯一の旧幕臣として登用され、いずれその中心となる、森有礼の片腕となる道を歩んでいたのである。この九月の時点で、神田は、新政府に登用された旧幕臣の中で、他に追随者を見ない、トップの位置に立ったのである。

その神田の推輓《すいばん》があったのかもしれないが、加藤は、明治元年（一八六八）一〇月三〇日付で、政府の政体律令取調御《せいたいりつりょうとりしらべご》用掛《ようがかり》に任ぜられた（『枢密院高等官履歴』第三巻）。そして、翌二年一月二八日付で、盟友の神田とともに、会計官権判事と議事取調の兼勤を命ぜられて（同上、神田史料）、ようやく彼と轡《くつわ》を並べる地位に就いたのである。

ちなみに、加藤の「最新論」に論評を加えた二人の学友、津田真道と西周も、加藤につづいて、政府へ出仕している。

津田と西は、文久二年（一八六二）一一月に幕府から派遣され、オランダのライデン大学で国家学（今日の法学と政治学）を日本人として初めて本格的に学び、慶応元年一二月（一八六六年一月）に帰国している。そして、津田は同三年（一八六七）九月に論策「日本国総制度《にほんこくそうせいど》」（『津田真道全集』上）、西は同年一一月に論策「議題草案《ぎだいそうあん》」（『西周全集』第二巻）を、それぞれ徳川慶喜へ献策している。彼らの論策は、幕府側の「公議政体」構想であり、とりわけ西の「議題草案」は、大政奉還後の新たな国制のあり方を審議する会議の開催を想定し、そこに提出する議案としてまとめられたもので、わが国最初の憲法草案だった（『新編　明治前期の憲法構想』）。

津田は、駿府へ随従していたが、政府に呼び出されて東京へ戻り、二年一月一八日付で徴士・刑法官権判事に任ぜられ、議事取調の兼勤（前述）を命ぜられている（『津田真道　研究と伝記』）。その後は、わが国最初の近代的な刑法典である「新律綱領《しんりつこうりょう》」の編纂はじめ、近代法制の整備に携わり、帝国議会では初代の衆議院副議長となっている（同上）。

図42　沼津兵学校の生徒たち

西は、前述の通り、駿府—静岡藩に残り、沼津兵学校の開校と運営に勤め、廃藩に先立ち、三年九月二八日付で、兵部省への出仕（少丞准席《じゅんせき》）と学制取調御用の兼勤を命ぜられ、廃藩後、兵部大丞（のち陸軍大丞）へ昇任している（『西周全集』第三巻）。西は、兵部省の責任者（卿は欠員）となった、兵部大輔の山県有朋《やまがたありとも》の知遇を得て、「軍人勅諭」の起草に当たる。また、同じ津和野出身の縁者である森林太郎《もりりんたろう》（鷗外《おうがい》）を寄寓させている（清水二〇一〇）。
明治七年（一八七四）二月に発足した「明六社《めいろくしゃ》」には、森有礼の呼びかけに応え、加藤・津田・西が福沢諭吉らとともに、結成同人として参加し、神田は加藤の誘いで加入している（戸沢一九九一）。明六社は、森がアメリカ在任中（後述）に見聞した「学会《がっかい》」をわが国にも設立する必要があると考えて結成したもので、その解散後、東京学士会院《とうきょうがくしかいいん》として再結成され、それが帝国学士院《ていこくがくしいん》をへて、今日の日本学士院《にほんがくしいん》となっている（大久保二〇〇七）。

公議所での国制改革提議

神田孝平・加藤弘之・津田真道は、森有礼とともに議事取調掛として、「開議」した公議所へ出席し、国制改革のための諸議案を提出していく。

森は、明治二年（一八六九）三月二七日の定例会議で、議長の秋月種樹と並ぶ、「当分、議長同様心得」となる。また、神田は、四月二三日の会議で「当分、副議長」、五月一七日の会議で「副議長」、同月二七日の会議で「副議長心得」となっている（全集憲政篇）。なお、議長は、四月一九日付で秋月が退き、同月二三日付で大原重徳に交代している。

前述したように、五月四日には、森（制度寮撰修）から提議された「御国体之儀ニ付、問題四条」、すなわち今後のわが国制を「封建」と「郡県」のいずれにすべきか、という問題について、公議人から意見が出され、完全な「郡県」移行論は皆無で、諸藩の過半は「封建」継続論だった。ここに、「藩論」を代表する公議人の大勢の動向が看取できるが、彼らはその中で国制改革を提議していったのである。

森は、①通称廃止・実名のみ使用、官位による通称の換用の廃止・実名のみ使用、②租税の米納・金納の選択許可、新規課税と増税の公議所付議、③官吏・兵隊以外の帯刀随意廃止、官吏の脇差《わきざし》随意廃止、④刑罰連座制の廃止の議案を提出した。そのうち、①は通称廃止・実名使用に修正し、一六三名の賛成・一一名の反対で可決された。

しかし、③の廃刀随意案は、五月二七日の会議で、公議人の評論が読み上げられたが、元下局議長の坂田莠をも含む、猛反対で占められ、六月二日の会議で、全会一致で否決された（同上）。森は、六月二〇日付で、すべての職務を罷免され（補任録）、位階も返上し、帰藩を余儀なくされている。暗殺すら危惧された森は、翌三年（一八七〇）閏一〇月三日付でアメリカ駐劄少弁務使《ちゅうさつしょうべんむし》に任ぜられ（同上）、亡命同然に赴任していくこととなる。

神田は、①恩赦の廃止、②官吏の試験任用制、③「税法改革ノ議」（田地売買の許可、「沽券直段《こけんねだん》」〈地券記載の地価〉への定率金納課税）、加藤は、①賤称の廃止、②田地・町地・拝領屋敷（武家地）の売買許可、年貢収納、③士分以上の金銭貸借許可、津田は、①人身売買の禁止、②元号廃止、皇紀への一元化、③諱名《いみな》（天皇の名前と同じ漢字を名前に用いない）、闕字《けつじ》（文中の天皇の名前などの前を一字分あける）・平出《へいしゅつ》（文中で天皇の名前などを書く際、改行する）の廃止を、それぞれ提案している。このうち可決されたのは、神田提案の②のみで、評決結果は賛成一四六名・反対九名だった（全集憲政篇、奥田二〇〇八）。

図43　神田孝平

彼らの提案に共通する目的は、身分制の解体だろう。やがて、廃藩後、それらの少なからぬものが実現されていくこととなる。また、廃藩後の土地・租税制度改革の骨格をなす構想が提議されていることも注目される。森の②は租税共議権の端緒、加藤の②は武家地処分と、その市街地としての平準化と課税、そして、神田の③は、それらを総仕上げする、地租改正の提議だった。

公議所での論議は、諸藩の「藩論」が国制改革の牽引力たり得ないことを明白にする一方、開明官僚の国制改革構想を提議する場となったと言えよう。

もっとも、後者のそれは、国制改革の、さまざまなレベルでの、いわば「部品」の提議だった。加藤の『立憲政体略』を見れば、彼らがその全体像を自覚していたことは明らかだろう。しかし、あえてその心臓部である、政治制度改革構想を持ち出さなかったのは、「封建」か「郡県」かの論議の帰趨から、その結末が容易に予想でき、また、それに関する政府首脳部の方針も未確定だったからだろう。

岩倉具視の「建国策」

政府首脳部には、開明官僚が構想する国制改革構想の本質を見抜き、それと国体論とをどう整合させていくか、早くも考え始めた慧眼《けいがん》の主がいた。岩倉具視である。岩倉は、明治三年（一八七〇）八月頃、一般に「建国策《けんこくさく》」と称される、全一五ヵ条からなる、今後の国制改革の方針に関する意見書を太政官＝「内閣」へ提出した（岩倉文書一）。

そこでは、「経万古而今《ばんこをへていま》ニ至《いた》ル」（長い歴史を経て現在に至る）「我立国《わがりっこく》ノ体裁《ていさい》」（国体）が、「共和和《きょうわわ》合《ごう》シ君主ヲ易《かえ》ル」ような「共和政治」でも、「人民ヲ奴隷《どれい》シ一家《いっか》ノ私政《しせい》ヲ以《もっ》テ独断専制《どくだんせんせい》」する政治でもないとし、この大前提に立って「方今《ほうこん》（現在の）大変革」を進めなければならない、と説いている。

その具体策は、①右の「祭政一致」のわが国体の宣教の推進、②政府財政の制度的確立と公開、③

藩政の統一化、諸藩知事の非世襲化、「八州」（関東八ヵ国）の政府直轄化、廃藩＝「州郡県」設置の将来目的化による「郡県」化の推進、④家禄の「家産」化・売買許可と「家産税」の創設、⑤士族・卒の生業従事と随意移籍の許可、⑥民部省による民政、大蔵省による財政の明確化、⑦兵部省による諸藩兵制の画一化と「親軍之制《しんぐん》」創設、⑧公議による刑法の統一、⑨国債法の制定、⑩学校の創設である。

これらの具体策の中身は、①の国体論による国民教化を除けば、大方は開明官僚が実施しようとしている国制改革の「部品」である。もっとも、その実施には、徹底した漸進主義の慎重策がとられていることは留意すべきだろう。つまり、廃藩と、それを前提とした身分制の実質的な解体、いわゆる「四民平等」の国制への改革それ自体には、岩倉も同調していたのである。

この時点ではまだ、廃藩という巨大な障壁をどう突破するかが、当面の最重要政治課題だったから、国制改革の心臓部をなす、政治制度の改革にまで論及する余地がなかったのだろう。しかし、それでも、政府首脳部内には、その実施の急進策と漸進策、また、その政治的な主導権をめぐって、新たな不協和音が生じていたのである。

図44　島津久光

2—政府の動揺と「徴兵規則」

島津久光らの不満

太政官＝「内閣」は、明治二年（一八六九）一一月二〇日付で大納言に中御門経之を補充し、大村益次郎の死去に伴い、一二月二日付で参議の前原一誠が兵部大輔へ転じ、翌三年（一八七〇）二月五日付で刑部大輔の佐佐木高行を参議に転じた。

前述したように、木戸孝允は同年一二月一九日に帰藩の途に就いたが、大久保利通もそれに同行し、横浜から山口を経由して、船便で鹿児島へ向かった（大久保日記二）。木戸と大久保の帰藩の目的は、一三日、天皇親臨の席で、木戸とともに指示された、毛利敬親《たかちか》と島津久光《ひさみつ》を国元から上京させ、政府に協力させることだった（同上）。木戸は一二月二八日に山口（木戸日記一）、大久保は翌三年（一八七〇）一月一九日に鹿児島（大久保日記二）へと、それぞれ到着している。両人のこの帰藩行は、彼らの関係修復を進めるよい機会になったと見られる。

木戸は、毛利敬親・元徳父子から協力の約束を得たものの、前出の脱隊騒動に遭遇し、しばらく足止めせざるを得なくなる。一方、大久保は、久光の説得に失敗し、翌三年三月一二日、空しく帰京している。それに先立つ二月二四日、久光は、大久保に対して、政府の改革への「不平」を「激論」して、彼を「愕然《がくぜん》」とさせている（同上）。以後、久光は、政府が進める国制改革、さらにはそれを主導する、大久保への批判を公然と行うようになり、全国の「不平士族」の期待を集め、大久保はじめ政府首脳部には厄介な存在となっていく（奥田二〇〇九）。

版籍奉還を実質的には押し付けた政府首脳部に対して、諸藩の不満は大きく、賞典録の賜与だけでは、かつての討幕派諸藩さえも、納得していなかったことを、久光の言動が代表する形となっていた。それだけに、木戸らが参加していない、太政官＝「内閣」の弱体と、改革の慎重な実施が問題とならざるを得なかった。

民蔵分離をめぐる政局

大久保利通は、明治二年（一八六九）一一月下旬には、帰藩とともに、参議を辞任して待詔院出仕へ「転勤」することを決意し、二九日には、それによって木戸孝允に「至誠《しせい》」を示し、「薩長合一《ごういつ》之根本《こんぽん》」へ立ち戻るよう「尽力《じんりょく》」したい、との決意を黒田《くろだ》清隆《きよたか》（鹿児島藩士族、兵部大丞）に披瀝《ひれき》している（大久保日記二）。帰京後の翌三年三月二二日の岩倉具視邸での評議でも、ふたたび自身の「転勤」案を持ち出し、それによって木戸のみならず、後藤象二郎の政府首脳部復帰を実現する人事構想を示している（同上）。

そして、四月三日、三月付の太政官の帰京指示が木戸に届く一方（木戸日記一）、七日、東京では木戸の参議任命の方針が決まっている（大久保日記二）。

こうした動きの背景には、「民蔵合併」体制の下で、伊藤博文（民部・大蔵両少輔兼職）や井上馨（民部・大蔵両大丞兼職）、配下の開明官僚たちの支えで、両省の実権を握り、国制改革の実施へと急傾斜する動きを示す、大隈重信（民部・大蔵両大輔兼職）に対する、太政官＝「内閣」の危惧と批判が高まっていた事情がある（松尾一九九五・〇七）。

木戸は、山口藩知事の毛利元徳に随従して、四月二四日、下関を発って海路、鹿児島を訪問し、五月二日に到着する。木戸は、四・五両日、西郷隆盛らと会談する。元徳は、五日、鹿児島藩知事の島津忠義と会見し、翌六日、木戸を伴い鹿児島を去り、一三日に山口へ帰る。木戸は、二〇日に山口を発ち、上京する毛利敬親に随従して、六月二日に帰京した（木戸日記一）。そして、七日付で参議に任ぜられたが、同日は固辞し、一〇日に受けている（同上）。なお、参議には、それに先だって、五月一五日付で、佐佐木の後任の刑部大輔となっていた、斎藤利行（高知藩士族）が補充されていた。

大久保らは、木戸が大隈を抑えることを期待していたというが（松尾二〇〇七）、そのようには運ばなかった。六月二二日、大久保・広沢真臣・副島種臣・佐佐木の四参議は、連袂辞任の意向を表明するに至った（大久保日記二）。木戸は、二六日、三条実美からそれを知らされ、大隈を擁護したものの、大変困惑し、同日は大久保などを訪ね廻り、事態の収拾に奔走している（木戸日記一）。

結局、七月一〇日付で、民部・大蔵両省は分離され（全書三）、大蔵卿の伊達宗城の民部卿兼職が解かれ、民部卿は欠員となり、大隈は民部大輔、伊藤と吉井友実《よしいともざね》（鹿児島藩士族、四月一七日付で民部少輔を兼職）は大蔵少輔、井上は民部大丞の兼職をそれぞれ解かれ、民部大輔には大木喬任が任ぜられた。さらに、大隈を大蔵省から完全に切り離すため、九月二日付で参議へ「昇任」させた。その結果、大蔵省は、大輔・少輔ともに欠員となり、井上と得能良介《とくのうりょうすけ》（鹿児島藩士族）・上野景範《うえのかげのり》（同上）の三名の大丞が実務を指導する形となった。

民蔵分離の実施は、前述したように、同年五月に集議院が再「開院」され、「藩制」案についての諸藩の反応を見極める過程と併行しており、大隈の参議「昇任」直後の九月一〇日付で「藩制」が制定されている。また、前出の岩倉具視の「建国策」は、民蔵分離と「藩制」制定をめぐる政局を背景としていたのである。

もっとも、民蔵分離後も、両省の開明官僚たちは、府藩県三治制を乗り越えて、国内統治を統一する政策の策定、実施へと着々と進んでいく。民部省は、後述するように、府藩県や華族・士族・平民の族籍に関係なく、全国民を登録する、戸籍制度の創設へと向かう。大蔵省は、三年一二月に太政官が大蔵省の集合庁舎建設建議を裁可すると、さらに、「全国一致之政体」の「立定《りってい》」を建議し、藩の自立性を否認して全国の田地の徴税権を同省の下におくことを求めている（丹羽一九九五）。

このように、民部・大蔵両省の開明官僚は、前出の基準による直轄府県の施政や、「藩制」の制定を受けた諸藩の藩政改革によって、「地方」統治現場で府藩県三治一致が実質化されていくのを待つのではなく、「中央」主導でそれを実現する施策、その完遂の行政的条件を追求すれば、必然的に廃藩の実施へと帰着せざるを得ない急進策へと、民蔵分離後、むしろ一層傾斜していくのである。

岩倉勅使の鹿児島派遣

政府首脳部には、民蔵分離により国制改革の急進的実施を抑えつつ、「藩制」を制定して府藩県三治一致の実質化を推し進めて、廃藩へと漸進していく条件を整え、その機会をうかがう態勢が、一応、できたかに見えた。しかし、それを可能にする決定的な条件が欠けていた。政府の直属軍と、それを建設・維持し得る財政基盤である。

木戸孝允は、版籍奉還聴許直前の二年（一八六九）六月一三日付の大村益次郎宛の書翰で、表向きは「封建」ではよくない、などと唱《とな》えながら、実際に朝廷の「藩屏《はんぺい》」の任に当たろうとする者はおらず、わずかな兵力を提供するごとに「拝金《はいきん》」をねだる有り様だから、実際には「郡県」同様で、「封建之甲斐《かい》は無御座《ござなく》」と述べ、朝廷の「威力《いりょく》」となる直属の軍事力を建設することが肝要で、そのためには財政の確立が不可欠だ、と説いていた（木戸文書三）。

「拝金」とは軍資に充てる拝借金のことで、近世では、諸藩が海防などの軍役を課されたさい、旧幕府にそれを求め、後日、大抵は「軍功」などを理由に債務を帳消しにされることが常態化していた。それが戊辰戦争以降も、賞典禄の賜与に止まらず、継続していたことは、廃藩後の藩債整理の記録を見ても明らかだった（集成九）。

木戸は、このような実態の「封建」の藩軍事力に見切りをつけ、政府直属軍の建設へと進むべきだとの意見を、右のように版籍奉還聴許以前から抱《いだ》いていた。しかし、前述したように、廃藩に慎重な大久保利通はもとより、廃藩の必要を説く松方正義でさえも、こうした木戸とは考えを異にしていた。その背景には、西郷隆盛が主導する鹿児島藩が、戊辰戦争で膨張した藩軍事力を温存する方針をとっていたことがあろう。

三年（一八七〇）六月、木戸が政府首脳部へ復帰するさい、毛利敬親の上京は実現していたが、島津久光は依然として鹿児島を動こうとはしなかった。それどころか、同年九月、鹿児島藩は、東京の警備のため配備されていた藩兵を国元へ引き揚げて、交代の兵を出さない挙にさえ出ている（松尾二〇〇七）。

悪贋貨問題の根本的解決と政府財政の確立のため、新しい通貨を製造する造幣寮《ぞうへいりょう》が大阪に設けられ、井上馨が現地に赴いて陣頭指揮をとっていた。岩倉具視は、その視察のため、三年閏一〇月一一日、東京を発って大阪へ向かい、その後、京都へ帰郷していた（岩倉伝中）。

東京では、一一月一四日、大久保が帰藩していた西郷従道《つぐみち》らの書翰を受け取り、久光や西郷の上京に可能性がある、と伝えられた。大久保は、早速、三条実美の了解をとり、翌一五日付で京都の岩倉へ書翰を送り、自身の帰藩と勅使の鹿児島下向による、久光と西郷の上京示諭というシナリオを報じた（大久保文書四）。

なお、この大久保書翰では、同月一二日付で、井上が大蔵少輔に昇任したことも付け加えられている（同上）。造幣事業を主導した井上は、ここで大蔵省の実務を取り仕切る地位に就き、以後、廃藩置県を挟《はさ》んで、いわゆる「井上財政」を展開していくこととなる。

木戸も、一五日に右の鹿児島からの「吉報」に接し（木戸日記一）、翌一六日付で大久保へ書翰を送り、諸藩の藩政改革に期待できず、廃藩へ向かう必要を説き、その立場から彼に協力するため、自身も帰藩する意思を伝えた（木戸文書四）。一九日、大久保は木戸を訪問して、ここで両人は「其機《そのき》に投《とう》」ずることを確認した（木戸日記一）二五日、天皇親臨の下、岩倉勅使の山口・鹿児島派遣、木戸・大久保の帰藩が決定された（同上）。

京都の岩倉へは、一二月三日、右の旨が伝えられ（岩倉伝中）、また同日、大久保が訪れ、打ち合わせている（大久保日記二）。五日には、木戸も訪れ、大久保と三人で協議している（岩倉伝中、木戸日記一、大久保日記二）。岩倉は、一〇日、京都を発ち、一五日、山県有朋（兵部少輔）と川村純義《かわむらすみよし》（鹿児島藩士族、兵部大丞）を伴い、大阪から海路、鹿児島へ向かった（岩倉伝中）。

大久保は、一一日、木戸と松方正義（民部大丞）を同行して、大阪の造幣寮を「見分《けんぶん》」し、香港《ホンコン》から輸入した中古の器械で製造された、新通貨と思われるが、その「精巧」さに「驚目《きょうもく》」している（大久保日記二）。そして、一五日、岩倉一行と同船して、鹿児島へ向かった（同上）。木戸は、一六日、海路、山口へ赴いた（木戸日記一）。

岩倉一行は、一八日、鹿児島へ到着し、島津忠義（鹿児島藩知事）と西郷（同大参事）の訪問を宿舎で受けている。二三日、岩倉は、鹿児島城（鶴丸城《つるまるじょう》）へ出向き、忠義に対し、天皇の「股肱《ここう》・羽翼《うよく》」たれ、と示諭する勅書を伝達し、久光・忠義父子が上京し、その際、西郷を必ず伴うよう求めた。翌二四日、久光がようやく宿舎に訪れたので、岩倉は重ねてその上京を説得した。二五日、西郷が岩倉を訪問し、久光父子に先立ち、彼が上京することを伝えた（岩倉伝中）。

岩倉勅使派遣の真の目的は、久光の上京ではなく、西郷の上京を久光に許可させることにあり、それは西郷の弟の従道らが描いた筋書きだという（松尾二〇〇七）。その意味では、目的は達せられたと言えよう。

西郷・大久保・木戸の高知訪問

明治四年（一八七一）一月五日、岩倉具視は、西郷隆盛・従道兄弟、大久保利通、山県有朋、川村純義を伴い、木戸孝允の待つ山口へ、海路向かった。七日、山口へ到着し、九日、敬親へ勅書を伝達した（岩倉伝中）。

その前日の八日、大久保が西郷・木戸らの同意を得て、九日、得難いこの「機会」を失わないように、と岩倉を説き、高知藩への協力要請の使者派遣が決まった。一〇日、毛利敬親・元徳父子を山口藩庁に訪ね、西郷が右の企てを説明し、「同心協力《どうしんきょうりょく》、一藩《いっぱん》を抛《なげう》ち朝廷之御基本《ごきほん》ヲ助《たす》」けるとの回答を得た（大久保日記二）。

一四日、岩倉は山口を発ち、大村益次郎の墓に参《まい》って帰京の途に就いた（岩倉伝中）。木戸は、帰藩した際、幾度も大村の墓に参っているが、この「勅使墓参」も日記に留《とど》めている（木戸日記一）。

西郷は一三日、大久保は一四日（大久保日記二）、木戸は一五日（木戸日記一）、それぞれ山口を発った。西郷・大久保・木戸らは、一五日に三田尻《みたじり》で合流し（木戸日記一）、一六日、海路、高知へ向かい、一七日に浦戸《うらど》へ着いた（大久保日記二）。一八日、大久保は、板垣退助（高知藩大参事）を迎え、西郷・木戸らとともに、今回の高知訪問の趣旨を説明し、協力を要請した（大久保日記二、木戸日記一）。二〇日、福岡孝弟（高知藩権大参事）から、山内豊範（同藩知事）の同意と板垣の上京が伝えられた（大久保日記二）。これで、西郷・大久保・木戸の高知訪問は目的を達し、二一日、彼らは帰途に就いたのである（同上）。なお、彼らの乗艦は、四年後の江華島事件で知られる「雲揚《うんよう》」号だった（木戸日記一）。

二二日、神戸に着いた彼らに伝えられたのは、広沢真臣殺害の悲報だった（同上）。広沢は、同月九日、東京の私邸で就寝中に殺害されたが、犯人も背景も不明である。木戸の宿舎には、兵部省から「番兵《ばんぺい》」が派遣され警備しようとしたが、彼はあえてこれを許さず、「兄弟の難《なん》」に遭遇した以上の衝撃を受け、「惨憺《さんたん》」たる気持ちで、涙を流し一夜を過ごした（木戸日記一）。木戸にとって、山口・鹿児島・高知三藩の協力態勢を成立させた喜びも束《つか》の間《ま》、太政官＝「内閣」で唯一人の「余《よ》を助《たす》くるもの」（同上）を失ったのである。

ほどなく板垣も約束通り上阪し、二九日、西郷・大久保・木戸・板垣・山県らは、神戸から同船し、二月一日、横浜に到着した（大久保日記二）。

「徴兵規則」の制定

西郷隆盛が上京を決断した背景は、一万三〇〇〇名余に膨張していた鹿児島藩兵の処置だったという（松尾二〇〇七）。その処置を誤れば、山口藩の脱隊騒動の二の舞になりかねない、この問題は政府の兵制改革への動きと関わっていた。

明治二年（一八六九）三月一七日付で、「陸軍編制」による諸藩から石高割で徴集した兵員を帰休させたが、東京や京都・大阪などに一定の警備兵力を配置しないわけにはいかなかった。三年（一八七〇）四月の時点では、鹿児島・山口・高知・佐賀の四藩兵を東京に配備させていた。しかし、同年九月には、鹿児島藩が兵力を引き揚げ、交代兵を出さない、という問題が起こっている（同上）。この背景には、その経費負担をめぐる問題があったと見られる。

政府首脳部内では、木戸孝允のように、直属軍の創置を構想する向きもあったが、木戸自身、認めているように、それには相応の財政基盤が必要だった。政府首脳部へ復帰した木戸が、前出の「民蔵分離」問題で、大隈重信を政治的に擁護した背景の一つには、彼に代わる理財《りざい》会計の才覚をもつ人材が得られるのか、という不安もあったと思われる。

太政官は、三年一一月一三日付で、「徴兵規則《ちょうへいきそく》」の制定を府藩県へ沙汰した（全書三）。そこで、兵卒について、①一万石に付き五名、②二〇～三〇歳で、身体的に兵役に堪え、医官の検査に合格した者、③一家の主人、一子、親が老齢または障碍ある者を除く、④四年間、服役、⑤満期退役者には賑《しん》恤金《じゅつきん》、服務による傷痍者には扶助金《ふじょきん》を支給、⑥服役中は衣食・給料などを支給することなどを定め、翌四年（一八七一）一月、兵部省の大阪出張機関の下へ差し出すよう、府藩県に指示した。

ついに、政府は、編制・装備・訓練・指揮、そして給養を直接に行う直属軍の創設に着手し、有力諸藩の軍事力への依存からの脱却へと動き出したのである。

そして、兵部省は、同月二〇日付で、東京に配備されている、山口・佐賀・高知の三藩からの「徴兵」についても、右の規則を準用し、四年一月から月給と兵食を支給することを達した（同上）。

これらの措置が、三年九月に鹿児島藩兵が引き揚げた一件の善後策として講ぜられたことは明らかだが、それに踏み切った条件として、前述した三年分の地税歳入の好転について、この時点で、ある程度の見通しが立っていたことも考えられよう。

ついで、一二月二二日付の太政官布告で、諸藩の「常備兵《じょうびへい》」編制の統一基準を定めた（同上）。そこで、諸藩の「常備兵」は、大隊《だいたい》（指揮官は少佐《しょうさ》）編制を基本としながらも、藩の規模を考慮してのことだろうが、中隊《ちゅうたい》（大尉《たいい》）や小隊《しょうたい》（中尉《ちゅうい》）での編制も認めている。また、歩兵二大隊に付き、砲六門を装備した砲兵隊を配備することや、少佐から少尉《しょうい》までの「上等士官《じょうとうしかん》」、曹長《そうちょう》・権曹長《ごんそうちょう》・軍曹《ぐんそう》の「下等士官《かとうしかん》」、伍長《ごちょう》の階級と、それぞれの選任方法も定めた。もっとも、月給は諸藩の適宜に任せ、徽章《きしょう》・軍帽《ぐんぼう》・軍服《ぐんぷく》も統一規格を定めたが、軍帽と軍服は今後、新調のさいに順次、改編することとしている。

右の兵制改革はもっぱら陸軍に関するものだが、海軍の方はどうなっていたのだろうか。

海軍の創設

当時の政府にとって、軍事力がもつ政治的意義は、諸藩や士民の反抗を鎮圧・抑止するレベルに止まっていたから、当然、その主力は陸軍だった。しかし、戊辰戦争の過程でも明らかとなったが、将兵や装備・兵糧の輸送と警護、さらには戦闘でも、海軍の役割は大きかった。また、この間の政府首脳の移動がほとんど船便であったことを見れば、海路の安全確保も重要な政治課題だったろう。さらに、今後の国防や外交を考えれば、海軍の創設と充実は、幕末の海防問題以来の国家的課題であった。

明治二年（一八六九）五月、箱館戦争が終結した後、政府が保有した軍艦は一六隻、輸送船は二七隻だったという。軍務官副知事の大村益次郎は、木戸孝允らの意見もあり、この艦船を基礎に、政府直属の海軍を建設する方針を採った。

同年九月一八日付の兵部省達で、「海軍操練所《そうれんじょ》」を新置し、鹿児島など一六藩から、一八〜二〇歳の生徒を、大藩五名・中藩四名・小藩三名の基準で集め、先ずは士官の養成から着手したのである（全書二）。もっとも、生徒の食事は自弁で、成績優秀者に食用と月給の支給を約束するのが、当時は精一杯だった。

前出の三年（一八七〇）一二月二二日付の太政官布告では、「海軍服制《ふくせい》」も併せて定められ、ようやく政府直属の海軍としての体裁が整い始めたのである。

不平士族の動き

政府直属軍の建設が急がれた背景には、版籍奉還聴許後、政府が進める政策に反発し、反抗を企てる、いわゆる「不平士族《ふへいしぞく》」らの動きが表面化してきたことがある。

たしかに、諸藩の中には、藩政改革の限界を自覚して、廃藩論が出てくるような動きもあったが、その大勢は、依然として、版籍奉還聴許前の公議所での「封建」か「郡県」かの論議に示されているように、現状維持派だったと言えよう。とりわけ、森有礼を「亡命」へ追い込んだように、士分の既得権を脅かす議論や政策への反発、反感、憎悪には、侮れないものがあった。

また、かつての討幕派も、その一部が政府の職員となるに止まり、奇兵隊の脱隊騒動に見られるように、藩庁の職員にさえ登用されず、多くは切り捨てられていった。この怨恨は、一般諸藩の士族以上に、政府への根深い反感を生み出したのである。

もちろん、木戸孝允なども、そうしたかつての「同志」たちの心情や生活への配慮を欠いていたわけではない。脱隊騒動の一〇ヵ月以前、明治二年（一八六九）四月一日、京都の木戸を訪ねた、鳥尾《とりお》小弥太《こやた》（奇兵隊に入隊したため、長州藩士の実家を除籍）から、彼ら奇兵隊士の窮状を聞き、木戸は、当座の救援資金として四両を貸与しているが、それまでに鳥尾を通じて貸与した資金は「幾百金（両）」に及んでいるという（木戸日記一）。しかし、そうした個別的な救援行為で解決できる問題ではなかった。

不平士族らは、国体論に根拠を求め、政府が進める改革では、士分を解体し、軍事力の弱体化を招いて、「皇国」の尊厳を保てなくなる、といった論法で、その心情を政治的に正統化していった。もとより、そこでは、幕末の動乱や戊辰戦争で、再三、明確となった、内外の軍事力の格差は度外に置かれ、その解消のための、兵制→禄制→藩政の改革、さらには廃藩、そして国制の根本的な改革を行う必要は認められず、それらは卑屈な「西洋かぶれ」と看做《みな》された。

その「西洋かぶれ」の第一人者として、二年一月五日、横井小楠〈参与〉が京都で殺害された。つづいて、大村益次郎、広沢真臣と、それから二年余の間に、政府首脳が相次いで襲撃・殺害されている。

日田騒動と政府転覆計画の発覚

山口藩士族で、軍学を教えていた、大楽源太郎《だいらくげんたろう》は、大村益次郎の襲撃犯や奇兵隊の脱隊騒動の関係者に門人がいたことから、それらの首謀者と目《もく》され、藩外へ逃亡し、久留米《くるめ》藩に匿《かくま》われている。同藩は、奇兵隊を模倣した「応変隊《おうへんたい》」を編制して戊辰戦争に出兵しており、その隊士を中心に、脱隊騒動への同情論が強かったのである。

大楽は、広瀬淡窓《ひろせたんそう》が日田《ひた》に開いた漢学塾「咸宜園《かんぎえん》」に学んでおり、その同門の人脈もあって、山口藩から脱走した脱隊騒動の関係者に加え、久留米藩など九州北部の諸藩の不平士族が彼を中心に結集していった。そして、日田県〈知事は野村盛秀〈鹿児島藩士族〉〉の施政に反発する民衆の一揆とも連携し、明治三年（一八七〇）一一月一七日には、県庁を襲撃する事件まで起こすに至った。

そこで、政府は、同月二八日、弾正少忠《だんじょうしょうちゅう》の河野敏鎌《こうのとがま》（高知藩士族）を日田県へ鎮圧に向かわせ、ついで、巡察使《じゅんさつし》として四条隆謌《しじょうたかうた》（陸軍少将）を九州北部の諸藩へ派遣した。四条は、日田県の騒動の策源地となっていた、久留米藩の取り締まりに踏み切り、四年（一八七一）三月一三日、鹿児島藩兵などを指揮して、同藩大参事の水野正名《みずのまさな》と権大参事の小河真文らを逮捕した。その際、同藩が匿っていた大楽は逃亡したが、一六日、応変隊士に殺害された。水野は、終身刑に処され、五年（一八七二）一一月九日、弘前で獄死している。

東京では、集議院の米沢藩選出議員だった、雲井龍雄《くもいたつお》が、二年一〇月、議員を辞職して、芝《しば》・二本榎《にほんえのき》の上行・円真両寺に「帰順部曲点検所」を設け、戊辰戦争の敗残兵などを集め、その救援活動を始めた。両寺には四四名が寄宿していたが、雲井は同調者が一万五〇〇〇名余に上ると称している。雲井は、彼らを「天兵《てんぺい》」に採用するよう、政府に働きかけたが、その真意は政府転覆のための武力集団の組織化だったと見られる。政府は、三年四月に雲井を逮捕し、一二月二六日、斬罪・梟首《きょうしゅ》に処した。

また、公家の愛宕通旭《おたぎみちあきら》と外山光輔《とやまみつすけ》らは、天皇の京都還幸を企て、それを機に政府を転覆する計画を立てていた。政府は、四年三月七日に外山、一四日に愛宕を逮捕し、一二月三日、両名を自刃《じじん》させた。

さらに、四年三月二二日、外務権大丞の丸山作楽《さくら》が逮捕されている。政府は、三年九月一八日、外務権少丞の吉岡弘毅を朝鮮に派遣し、一一月六日から交渉を開始したが、わが国の「王政復古」を通告する、外務卿書翰の受領を、朝鮮側に拒絶されていた（勝田二〇一六）。丸山は、朝鮮への出兵による、この問題の軍事的打開（いわゆる「征韓論《せいかんろん》」）を唱えたため、逮捕されたのである。丸山は、五年四月、終身刑に処せられたが、一三年（一八八〇）に特赦され、その後、立憲帝政党の結党に参加している。

このように、不平士族の活動は、政府の心臓部近くまでおよびつつあり、三年九月の鹿児島藩兵の引き揚げが、政府首脳部をどれほど大きく動揺させたか、察せられよう。

3—廃藩置県の断行

「御親兵」の召し出し

大久保利通は、明治四年（一八七一）二月二日、帰京し、八日には三条実美邸に、岩倉具視・西郷隆盛・木戸孝允・板垣退助と会合して協議し、一三日には鹿児島・山口・高知三藩へ「御親兵《ごしんぺい》」を召し出《めだ》すことが達された（大久保日記二）。

これに先立って、一二日付で、兵部省が太政官の事務局である弁官へ提出した三藩兵徴集案では、総数が八〇〇〇名、一ヵ年の経費が一二〇万両（一名に付き一五〇両宛《ずつ》）、兵員一大隊の往復輸送経費が鹿児島・佐賀両藩各一万五〇〇〇両、山口・高知両藩各一万両と見積もられている（国立公文書館所蔵「太政類典」）。ここに、佐賀藩兵が出ているのは、当時、同藩兵が東京に配備されていたからだろう。この案が承認され、右の達《たつし》が出されたのである。

その後、二月二二日付の太政官布告で、鹿児島藩兵の歩兵四大隊と四砲兵隊、山口藩兵の歩兵三大隊、高知藩兵の歩兵二大隊・騎兵二小隊・二砲兵隊を「御親兵」として召し出し、兵部省に管轄させることが達された（全書四）。

同日付で、兵部省は、大蔵省に対し、兵員輸送のため、西洋船舶の雇い入れに、先ずは一〇万両を前渡しするよう、大蔵省へ掛け合い、二八日付で同省の了解を得ている（『太政類典』）。また、兵部省は、二月付で弁官へ、「御親兵」の兵営として、赤坂の和歌山藩邸と小石川の水戸藩邸を用いたいと申し立てている（同上）。兵部省が「御親兵」の受け入れ準備に、直ちに取り組んでいることがわかる。

「御親兵」召し出しに伴い、二月二九日付の太政官達で、府藩県に対し、前出の「徴兵」の大阪差し出し期限を、東海・北陸両道の府藩県は四年七月二〇～末日、西海道の藩県は一一月二〇～末日、東山・山陽両道の藩県は五年（一八七五）三月二〇～末日まで、それぞれ延期することを指示している（同上）。北海道はともかく、山陰・南海両道の藩県がこの達に漏れているように、太政官と兵部省の関心は、発令二ヵ月後の召集という拙速方針ですらあった、府藩県からの「徴兵」に、もはやないことは明らかだろう。事実、四年四月付で、山口藩に対し、「御親兵」召し出しを理由に、「徴兵」差し出しを免除している（『太政類典』）。

そして、五月二三日付の太政官達で、東海道の府藩県に対し、「御都合《ごつごう》」により「徴兵」差し出し期限を追って指示のあるまで延期し、さらに、廃藩置県後、後出の八月二〇日付の兵部省達で、他の諸道へも同様の指示を出している（全書四）。この措置により、「徴兵規則」の施行は実質的に停止されたのである。

三年九月の鹿児島藩兵引き揚げで、急遽、策定された「徴兵」制度の拙速的な実施方針は、「御親兵」召し出しにより、当面、不要となり、あっさり放棄されたわけである。

しかし、そうすんなりとは、事は運ばなかった。四年二月一五日、西郷は、兵員引率のため、東京を発って鹿児島へ帰った（大久保日記二）。同様、木戸も、二三日の夜、加藤弘之の訪問を受け、数時間、酒を酌み交わして談論し、翌二四日に横浜から海路、山口へ向かった（木戸日記一）。西郷は、四月二一日、島津忠義に随従し、兵員を引率して東京に戻った（大久保日記二）。高知藩からの兵員もほどなく上京してきた。ところが、山口藩はなかなか兵員を上京させなかった。

山口藩の藩政改革問題

木戸孝允は、明治四年（一八七一）三月二日、山口へ到着し、毛利敬親・元徳父子へ「御親兵」召し出しの沙汰書を呈出した（木戸日記二）。折から、山口藩では、近世以来の士分の身分秩序の改革が進められており、六日に、木戸は、卒や陪臣をも含め、すべて「士族」へ統一する方針をこの日、藩庁で決定されることを知り、一二日、藩知事の元徳から右の措置が発表された（同上）。奇兵隊などの脱隊騒動という苦い経験をふまえての改革であろう。二二日、木戸は、藩庁での会議に出て、「壮兵」（藩の「常備兵」）や「献兵」（「御親兵」）の件などを決定している（同上）。

ところが、二五日、木戸は敬親の病状が悪化したとの報に接し、敬親は二八日に死去した（同上、『諸侯年表』）。以後、その葬送の諸儀礼が執《と》り行われていく。四月三日の納棺の前夜、前出の久留米藩士による大楽源太郎の殺害を知り、木戸はその「軽薄《けいはく》」なやり方に憤慨している（木戸日記二）。ついで、八・九両日は、藩の兵制改革を関係者と相談しているが、九日の藩庁での会議について「痛歎《つうたん》之件」が少なくない、と慨嘆している（同上）。

このように、山口藩では、士族制度の改革が始まった矢先、敬親が急逝し、その葬儀もそこそこに、兵制改革の難航が表面化する、という混乱した状況にあった。藩の兵制改革との関連なしに、「御親兵」を送り出すのが難しいのはもちろんだろう。

そこへ、東京から催促が来る。四月一八日、木戸は、三条実美・岩倉具視・大久保利通・井上馨らからも書翰が来て、しきりに帰京を促しているので、この日、いったんは明一五日、東京へ発とうと決めた（同上）。しかし、日田《ひた》県で起きた不平士族の動きを鎮圧するために出兵した、大山綱良《おおやまつなよし》（格之助《かくのすけ》）が率いる鹿児島藩兵の消極的な姿勢（松尾二〇〇七）を知り、俄《にわか》に翻意《ほんい》している（木戸日記二）。二八日、木戸は、東京から勅使の堀河康隆《ほりかわやすたか》（侍従《じじゅう》）が派遣されてくることを知る（同上）。敬親に四月三日付で従一位が追贈され（『諸侯年表』）、勅使は二九日にそれを伝達したのである（木戸日記二）。

東京では、西郷隆盛と鹿児島藩兵が上京した直後の四月二四日、日田県での大山綱良の行動について、山口藩が「疑惑」を抱いているとの情報が、山県有朋から大久保利通へもたらされた（大久保日記二）。大久保は、翌二五日以降、連日、西郷らと相談し、二八日、山口への出張を命ぜられる（同上）。大久保は、「疑惑」解消のための措置について、山県や西郷従道らと協議し、五月三日、山口へ向かった（同上）。大久保にしてみれば、折角、ここまで漕ぎ着けたのだから、何としても事態を収拾したかったのだろう。大久保と西郷従道（兵部権大丞）は、五月一一日、山口へ到着した（同上）。

木戸は、五月二日、堀河勅使に対し、彼の帰京を促す三条と岩倉に承知した旨の伝言を託すとともに、帰京が遅れた「藩の内情」を説明している。実際、この日も藩庁で藩の「陸軍局」問題（兵制改革）を協議し、翌三日も藩政について杉孫七郎《すぎまごしちろう》（藩大参事）に説諭している。八日、山県らからの書翰で、彼の帰京を促すため、大久保が山口へ来訪することを知り、「恐縮《きょうしゅく》之至《いたり》」、「意外の事」と「甚《じん》痛《つう》」している（木戸日記二）。

五月一二日、木戸が大久保を宿舎に訪ね、互いに東京と山口の事情を語り合い（同上）、大久保は、日田の件を「一謝《いっしゃ》」し、元徳と木戸の上京を促した（大久保日記二）。同日、木戸は、藩庁へ廻り、右の件と、藩の「会計局改正」などについて、杉らと相談している（木戸日記二）。一四日、藩の財政改革の方針がようやくまとまり、木戸と藩の重役たちがその決定文書に調印した（同上）。

これで山口藩の藩政改革に、一応の目途《めど》がついたのである。木戸は、短い高知訪問のさい、板垣退助の案内で同藩の藩政改革の成果を見学し、「藩政改革等《など》も亦可見事多《またみるべきごとおお》し」（日記四年一月一八日条）と高く評価している（木戸日記一）。今回の帰藩で、脱隊騒動で躓《つまづ》いた山口藩の藩政改革の立ち遅れに否応なく直面し、「御親兵」差し出しには、その前提となる改革が先決問題との政治的な判断から、それに取り組んだのだろう。いったんは帰京を決断した当日に情報を得た、日田県の一件を、改革のための、いわば時間稼ぎの材料として利用したとも言えよう。しかし、大久保の来訪で、改革の方も一挙に進展し、「御親兵」差し出しの藩内体制がようやく整ったのである。

この五月一四日の夜、木戸は、「腹痛にて甚難儀《はなはだなんぎ》」しつつも、杉らとともに、大久保と従道を饗応《きょうおう》し、帰途、薬を貰《もら》っている（同上）。この宴席で、大久保らに、木戸帰京の最終的な決定を伝えたのだろう。翌一五日も、木戸は、腹痛に悩まされながら、藩庁へ出て、元徳に謁《えっ》し（同上）、帰京の挨拶をしている。一六日、木戸と大久保らは山口を発って、海路、帰京の途に就いた（同上）。大久保は二七日（大久保日記二）、木戸は二八日（木戸日記二）、それぞれ帰京した。

「御親兵」と政府財政

東京への帰途、木戸は京都へ立ち寄っているが（木戸日記二）、大久保は、明治四年（一八七一）五月二二日、大阪へ出張していた大隈重信や伊藤博文らと、造幣寮を再び視察している（大久保日記二）。実は、この五月付で「新貨条例《しんかじょうれい》」が制定され、円・銭・厘の一〇進法（一両＝一円）の新しい通貨制度が実施されているが、その成否の一つの鍵がこの大阪の造幣寮で製造されている新通貨だった。

新しい通貨制度は、国内経済の安定と国際的信用の回復にとって、第一の鍵だったと言えるが、それはまた、「御親兵」を維持する政府財政の確立にとっても、基礎の一つをなしていた。大久保の政治的関心が那辺にあるかは、三年（一八七〇）一二月とこの四年五月という、半年の間に二度、しかも西郷隆盛と木戸孝允の上京誘引という、政局上、決定的に重大な使命を帯びた出張の、わずかな船便待ちの時間を利用して、大阪の造幣寮を視察していることに、如実に示されていよう。そして、そこに、大久保という政治家の面目もうかがえよう。

「御親兵」召し出しの以前の政府財政は、前出の会計期間ごとの歳入総額では、三三三〇九万円（一万円未満を四捨五入）、三四四四万円、二一〇九六万円と推移し、三年分の地税歳入を軸とする、三年一

第5期	第6期	第7期	第8期
明治4.10〜5.12	明治6.1〜12	明治7.1〜12	明治8.1〜12
50,445,172.969	85,507,244.624	73,445,543.893	86,321,077.057
57,730,042.704	62,678,600.832	82,269,528.353	66,134,772.121
▲7,284,851.735	22,828,634.792	▲8,823,984.460	20,186,304.936
9,114,148.967	9,316,824.489	10,358,946.207	4,675,778.916
7,346,649.319	8,128,140.924	8,673,708.850	3,642,065.622
1,767,499.648	1,188,683.565	1,685,237.357	1,033,713.294
—	—	—	—
101,543.891	—	—	1,414,306.493
—	1,628.960	—	—
352,698.147	81,605.750	51,681.484	144,714.176
—	288,007.931	7,785.692	31,853.185
—	—	—	3,443,965.854
—	—	—	1,074,279.833
9,568,391.005	9,688,067.130	10,418,413.383	10,784,898.457
16.574	15.457	12.664	15.829

表示.

〇月から四年九月までの第四期が二二一四万円だった。第四期は、地税歳入が増加して、通常歳入が一五三四万円に達する一方、不換紙幣の発行を第三期の半分以下に抑えたので、例外歳入が六八〇万円に止まり、前者が後者を初めて上回った（集成四、前掲の表3を参照）。ここで、政府財政はようやく安定軌道に乗り始めたと言えよう。

しかし、陸海軍費の歳出額は、一〇一万円、一三一万円、一三六万円と推移していたが、第四期では三二〇万円と、「御親兵」の経費で、一挙に倍以上に増加している。

廃藩置県後の第五期（四年一〇月〜五年一二月）は、歳入総額が五〇四五万円だったのに対し、歳出総額は五七七三万円に達し、七二八万円の歳入不足で、初めて赤字となっている。歳出では、陸海軍費が九一一万円と第四期の三倍近くに膨張している。陸海軍費の内訳は、陸軍費が七三五万円、海軍費が一七七万円であ

表5　明治初期の陸海軍費

会計年度		第1期	第2期	第3期	第4期
期　　間		慶応3.12～明治1.12	明治2.1～9	明治2.10～3.9	明治3.10～4.9
歳入総額		33,089,313.488	34,438,404.580	20,959,498.101	22,144,597.804
歳出総額		30,505,085.867	20,785,839.891	20,107,672.659	19,235,158.061
歳入総額－歳出総額		2,584,227.521	13,652,564.689	851,826.442	2,909,439.788
陸海軍費	総　額	1,008,120.086	1,307,561.766	1,355,831.845	3,195,155.998
	陸軍費	—	—	—	—
	海軍費	—	—	—	—
神奈川港兵営費		21,677.762	53,404.181	68,713.131	57,810.674
軍艦買入代		30,000.000	147,000.000	—	—
軍艦諸費		—	—	75,629.298	—
陣営建築費		—	—	—	—
徴　兵　費		—	—	—	—
陸軍兵器買入代		—	—	—	—
海軍兵器買入代		—	—	—	—
軍事費総額		1,059,797.848	1,507,965.947	1,500,174.274	3,252,966.672
軍事費総額／歳出総額		3.474	7.255	7.461	16.912

注1）金額の単位は円．歳出総額に対する軍事費総額の割合は百分比で小数点以下第4位を四捨五入して
2）出典は集成4.

り、第四期以前の内訳は不明だが、第五期以降の海軍費は、それを下回る一〇〇万円台で推移している（集成四）。

以上を勘案すると、第三期までの陸海軍費の大半は海軍費だったが、第四期は「御親兵」の経費で陸軍費が海軍費と同額水準以上となったと見られる。

廃藩置県後の四年八月二〇日付の兵部省達で、東京・大阪・鎮西（小倉《こくら》〈当分は熊本〉、分営《ぶんえい》は広島・鹿児島）・東北（石巻《いしのまき》〈当分は仙台〉、分営は青森）の四「鎮台《ちんだい》」も設置し、旧諸藩の常備兵を配備することとし、前述したように、「徴兵」実施を停止した（全書四）。第五期には、この鎮台の陣営建築費が三五万円となっている（集成四）。「御親兵」に加え、旧諸藩の「常備兵」を配備した「鎮台兵」の経費

によって、右の陸軍費膨張がもたらされたのである。

その後はどうなっているだろうか。

第六期（六年一〜一二月）は、歳入総額が八五五一万円、歳出総額が六二六八万円となっている（同上）。これは、廃藩置県の事務引き継ぎや、四年一一月に実施された府県分合などをへて、地税収納が安定したことによると見られる。

陸軍費は、第六期が八一二万円、「徴兵令」が施行された第七期（七年一〜一二月）も八六七万円と横ばいだったが、六年（一八七三）一〇月の政変で鹿児島・高知両県士族などの兵員が大挙して除隊したため、第八期（八年一〜一二月）は三六四万円と半分以下に激減している（同上）。

第七期は、歳入総額が七三四五万円へ減少するが、歳出総額が八二二七万円に、二〇〇〇万円近くも急増したため、再び八八二万円の歳入不足へ陥っている（同上）。その要因は、陸軍費ではなく、後述する「留守政府」の改革ラッシュによって生じ、六年一〇月の政変の一因ともなったものである。第八期は回復し、二〇一九万円の歳入余剰となっている（同上）。

これを要するに、「御親兵」は、廃藩置県以前の政府財政には大きな負担となっていたが、その断行による財政規模の拡大で、維持基盤を確保した、と言えよう。また、六年一〇月の政変に伴う、その大量除隊は、政治的には不安定要因となったものの、財政危機を幾分かは緩和する方向で作用した、と見られる。

換言すれば、「御親兵」が廃藩置県を可能にするとともに、それを維持するためには廃藩置県が必要だったのである。

制度取調での国体改革論議

大久保利通と木戸孝允の帰京により、政府首脳部は、政府組織の改編問題が論議されることとなる。大久保は、山口藩の問題が浮上する前の、明治四年（一八七一）四月六日、岩倉具視を訪ね、「政体基則《せいたいきそく》」に関する意見を「内々《ないない》」に語っている（大久保日記二）。「御親兵」を獲得し、政府組織を改編して、西郷隆盛と板垣退助を加えた、強固な新政権を構想し始めていたのであろう。

二ヵ月近い中断を経て、四年六月に、再びこの問題が政局の焦点となる。しかし、人事問題がからんで、またしてももめるが、月末には一応の決着をみる（松尾二〇〇七）。

参議は、六月二五日付で、副島種臣を除く（後述）、大久保・木戸・佐佐木高行・斉藤利行・大隈重信が辞し、あらためて西郷隆盛と木戸が同日付で任ぜられた。また、各省の長官も交代する。二五日付で、民部大輔の大木喬任（卿は欠員）、大蔵少輔の井上馨（卿・大輔とも欠員）、兵部卿の熾仁親王、宮内卿の万里小路博房、刑部少輔の宍戸璣《ししどたまき》（山口藩士族、卿・大輔とも欠員）が辞し、二七日付で、大蔵卿に大久保、同大輔に大隈、宮内大輔に万里小路（卿は欠員）、二八日付で、民部少輔に井上、工部大輔に後藤象二郎（卿は欠員、工部省については柏原二〇〇九）、七月四日付で、民部大輔に再び大木（卿は欠員）が任ぜられる。兵部省は卿・大輔とも欠員（少輔は山県有朋）、外務省は卿の沢宣嘉と大輔の寺島宗則がともに留任している。

なお、刑部省と弾正台は、七月九日付で廃止され、新たに司法省が設置された（全書四）。そして、同日付で、佐佐木が大輔（卿は欠員）に任ぜられた。

政府組織の改編の方は、「制度取調《せいどとりしらべ》」専務に、七月一日付で大久保・佐佐木・大隈・井上・福羽美静（神祇少副）・山県・寺島、二日付で後藤・江《え》藤新平《とうしんぺい》（佐賀藩士族、太政官中弁）・大木が任ぜられ、同事務に四日付で宍戸、一一日付けで吉井友実が任ぜられ（沿革四）、検討作業が始められた。

四日付で先ず「議事規則」を定め、翌五日付で太政官へ上申し、即日、許可されている。第一条で「人才輩出《じんざいはいしゅつ》シ文明富強ニ至ル各国進歩ノ因来《いんらい》（原因と経緯）ヲ考明《こうめい》（考察・究明）シ、海内《かいだい》（わが国）目今《もっこん》（現在）ノ事体《じたい》（治体《じたい》、政体）ヲ潤飾《じゅんしょく》（改正・補足）シ、旧来ノ弊習《へいしゅう》ヲ一洗《いっせん》シテ、国家ノ隆運ヲ着眼シ、制度ヲ定ムル事」と、欧米諸国が文明開化と富国強兵を遂げた原因と経緯を検討し、国家を興隆に導く政体を定めることを、「制度取調」の目的とした（沿革五）。また、第二条で西郷と木戸を議長に指名し（同上）、三条実美・岩倉具視を除く、政府首脳部が結集して作業に当たる態勢をとっている。

「議事」（会議）は、五・六・八・一〇・一二・一三日と連日、行われ、五日には渋沢栄一《しぶさわえいいち》（大蔵権大丞、静岡藩士族）と杉浦譲《すぎうらゆずる》（民部省地理正、同上）も出席している（「太政類典」）。渋沢と杉浦は大蔵・民部両省の開明官僚の中心的な存在だった（丹羽一九九五）。

八日の会議では、「国体」が議題となり、「各国ノ体裁」を参考にして、わが国の「適正ノ体」として、①「会議《かいぎ》定律《ていりつ》」、②「定律中《ちゅう》、独裁ノ旨《むね》ヲ有《ゆう》スルモノ」、③「独裁中、定律ノ旨アルモノ」のいずれを「撰定《せんてい》」すべきか、議論されたが、結論は出なかった（同上）。

「定律」（憲法）や「独裁」は、福沢諭吉が『西洋事情』初編で政治制度の分類に用いた翻訳語であり（奥田二〇〇四a）、その思想的影響が看取できよう。

①は、「会議」（議会）政治を「定律」（憲法）とするの謂《い》いだろうから、広義には共和政治一般、狭義には民主共和制を指すものと見られる。加藤弘之の『立憲政体略』での政体分類で謂えば、狭義の方は立憲政体の万民共治に相当しよう。

②は、憲法による規律の下で、一定の自立的な君主権を認めるの謂いだろうから、広義の立憲君主制で、加藤の立憲政体の上下同治（君民同治）に相当しよう。「大日本帝国憲法」の美濃部達吉《みのべたつきち》流の解釈（いわゆる「天皇機関説」）で実際に運用されれば、これに近いものとなろう。

③は、君主権の一部の領域に限って、憲法の規律の下に置くもので、一八四八年のドイツ三月革命挫折後のプロシア王国の国制と、そこでの憲法のあり方に相当するが、加藤はこのプロシア国制も立憲政体の上下同治（君民同治）に分類している。「帝国憲法」の穂積八束《ほづみやつか》・上杉慎吉《うえすぎしんきち》流の解釈は、これを君主権の側に引き寄せたものである。

これを要するに、どのような立憲政体にするかが議論されているのであり、立憲政体以外の政体は当初から論外だったのである。

そして、ここで議論された政体の問題は、「帝国憲法」の制定に至るまでの政治過程で、政府首脳部内はもとより、各種の結社や政党、新聞・雑誌、国民の間で、さまざま立場から、議論されていくこととなる。

この「制度取調」の設置は六月二九日に決まっているが、同日、木戸は、その前日に披瀝《ひれき》した、政府組織の改編に関する自身の案を記した意見書を、西郷に提示している（木戸日記二）。その意見書の中で、「下院」開設論に論及し、「下院」は「開化の政体」の中で、最も「善良」なものだが、「租税」と「自主自由の権」に関わる決定権を「下院」が掌握することとなるので、「時勢《じせい》」と「事理《じり》」を理解していない「現今我国民《げんこんわがこくみん》」の現状では、政治的な混乱を招き、「立君政治の体裁を保全」できなくなる危惧があるとして、それを却けている（木戸文書八）。まさしく自由民権運動が提起した問題が、廃藩置県直前の時期に論じられているのである。

廃藩置県の断行

大久保利通は、「制度取調」の会議には、審議事項がなく、関係者が顔を合わせた最初の明治四年（一八七一）七月五日だけ出席し、あとはすべて欠席している（「太政類典」）。彼は、この会議よりも、実質的な政局運営の方に関心もあったのだろうし、向いてもいたろう。会議は、一三日を最後に開かれず、八月一八日付で「制度取調」の御用掛は全員免ぜられ、この作業は停止された（同上）。

大久保と同様、五日の会議以降、欠席した山県有朋をはじめとする、兵部省の少壮幹部にとっての関心事は、「御親兵」を中軸とする、政府直属軍の建設であり、それを支える財政基盤と国内統治体制をどうすれば確保できるかにあったろう。開明官僚の廃藩急進策が財政と国内統治を行政的に追求する文官の立場からの主張だとすれば、当時、「書生論」と呼ばれた、山県らの主張は、国軍建設を追求する武官の立場からの廃藩即行論だった。

結局、最終的には、この「書生論」が、大久保と木戸孝允、さらに西郷隆盛を突き動かしていった

（松尾一九八六・九五・二〇〇一・〇七）。

九日、昨日からの暴風雨により、木戸邸も被害を受けていたが、夕方からそこで、西郷・大久保・山県に加え、井上馨・西郷従道・大山巌が集まり（木戸日記二）、「大御《だいご》変革《へんかく》之手順《てじゅん》」と「政体基則《きそく》」について議論し、おおよそのことが決まった（大久保日記二）。

しかし、一〇日にも、大久保と木戸は「政体」の問題で意見をたたかわせていたが、一二日に至り、西郷・大久保・木戸は、政府組織の改編よりも、廃藩置県と、それに伴う政府首脳人事を先行して実施することを決定した（大久保日記二、木戸日記二）。

図 45　廃藩置県（小堀鞆音筆）

彼らは、「今日ノマ、ニシテ瓦解《がかい》せんより寧《むし》ロ大英断《だいえいだん》ニ出《いで》て瓦解いたしたらん如《しか》す」（現状を変えずに「瓦解」するよりは、廃藩を断行して「瓦解」する方がよい）と決断したのである（大久保日記二）。

彼らが危惧する「瓦解」とは、国内的には、「御親兵」の維持で政府が、「常備兵」の編制・充実で諸藩が、ともども財政、さらには人民統治に破綻を来《き》たして、「億兆《おくちょう》ヲ保安《ほあん》」（国民の生活と生業を保全）し得ず、それにより、対外的には「万国《ばんこく》ト対峙《たいじ》」（欧米などの諸国と対等に交際）することが目指せなくなる事態を意味しよう。

一三日、前日の合意を知らされた岩倉具視が、大隈重信の参議任命に難色を示したが、大久保が懇切に説得して、ようやく了解させている（同上）。

一四日、同日付で、「内以《うちもっ》テ億兆ヲ保安シ、外以《そと》テ万国ト対峙セント」するため、「廃藩置県《はいはんちけん》」を断行するとの詔書が出された（全書四）。また、同日付で、先に版籍奉還を建白した鹿児島・山口・佐賀・高知の四藩知事（島津忠義・毛利元徳・鍋島直大《なおひろ》・山内豊範）と、それまでに廃藩を建白していた熊本・名古屋・徳島・鳥取の四藩知事（細川護久・徳川慶勝・蜂須賀茂韶・池田慶徳）に対して、廃藩断行への協力を求める勅語がそれぞれ下された。

同日付で、太政官は、廃藩置県を布告するとともに、旧諸藩に対して、①当面、従来の大参事以下が新置された県の事務を執る、②藩札を同日の相場で通貨と引き替える、③元藩知事は同年九月中に帰京することを沙汰した（同上）。

府県分合

かくして、二六一藩が廃止され、それらの旧藩をそのまま継承して、二六一県が新置され、従来の直轄府県の三府四一県と合わせ、三府三〇二県となったのである。しかし、その実態は、管轄地の散在状態も、租税の賦課・徴収をはじめとする統治方法の不統一も、従来の府藩県三治制のときと、何ら変わりはなかった。

廃藩置県後、民部省の廃止（後述）に伴い、地方統治を管掌することとなった大蔵省は、四年（一八七一）九月二日付で、三〇〜四〇万石の管轄石高を基準として（大島一九九四）、国郡を単位に府県管轄地の領域的統合をはかり、三〇二県を七三県へと分合《ぶんごう》する案をまとめ、太政官正院（後述）へ伺い出た（「太政類典」）。

正院は、大蔵省案を承認するとともに、実施にあたっては左院（後述）の意見も参考にするよう指示した（同上）。その意見とは、全国を「道《どう》」→「州《しゅう》」→「郡《ぐん》」→「邑《むら》《ゆう》」の四階層に地域区分する。「道」には、軍事機関の「鎮台」、監察あるいは司法機関と見られる「道審司《どうしんし》」を置く。「州」には、「州審司」と、太政官が「直管《ちょっかん》」（直接に管掌）する行政機関の「州政司《しゅうせいし》」を置き、地理的な事情によっては「鎮台」の「支営《しえい》」を置く。「郡」には、「州政司」がともに管掌する「郡審司」と「郡政司」を置く。「邑」には、「郡政司」が管掌する「邑審司」と「邑政司」を置く。

この左院案は、直轄府県の管轄地統治の方式と経験を拡大する形で、分合後の府県による管轄地統治を構想する大蔵省案とは全く異なり、地方統治機構をゼロ・ベースで再構築しようとする机上論だと言えよう（奥田二〇一五a）。当然、大蔵省の採用するところとはならない。

大蔵省の諸県分合案は、その後、二ヵ月ほどの間に、実施へ向けて修正が加えられ（大島一九九四）、三府七二県への府県分合が、同年一一月一四・一五・二〇・二二日付の太政官布告によって実施されていく（全書四）。

初期府県の財政規律問題

著者は、分合後の新しい府県を、後年の「府県制」下のそれと区別して、「初期府県」と呼んでいる（奥田一九九三）。これを規律するために、明治四年（一八七一）一〇月二八日付で「府県官制《ふけんかんせい》」、一一月二七日付で「県治条例《けんちじょうれい》」がともに太政官達で出されている（全書四）。前者では、府県ともに、長官は従来通り知事（権知事）だったが、後者の発令直前の一一月二日付で、県の長官の方は令《れい》（権令《ごんれい》）となった。参事《さんじ》以下の官職名は、府県ともに同じである。ちなみに、県の長官も知事となるのは、一九年（一八八六）七月二〇日付の勅令で制定された「地方官官制」による（『府県制度資料』〈以下、府県資料と省略〉）。

また、その財政規律として、「県治条例」の付則で、「県治官員並《ならびに》常備金規則」を定め、県官の定員と常備金を各県の管轄地の石高に準拠させている（同上）。この石高準拠方式は、直轄県の財政規律として、二年（一八六九）七月二七日付の「県官人員並常備金規則」（前出）と同様だったが、もはや諸県の財政を規律する有効な統一基準たり得なかった。

そこで、六年（一八七三）一〇月二〇日付の太政官達で「官員及《および》常備金割賦《かっぷ》規則」を定め、人口と反別《たんべつ》（田畑の面積）に準拠する方式へと全面改正された（全書六ノ一）。しかし、「明治六年一〇月政変」直前の布達であり、政変直後の同月三〇日付の太政官布告で取り消されている（同上）。この朝令暮改の背景には、政変前後の政府部内の混乱もあるが、そもそも、府県の財政規律は、地租改正の実施を経なければ、それを確立する制度的基盤が得られなかった事情がある（奥田一九九三）。

六　国制改革の起動

1―四民平等

太政官三院制

廃藩置県断行の当日、明治四年（一八七一）七月一四日付で、大納言の岩倉具視・徳大寺実則・正親町三条実愛は免ぜられ、参議に大隈重信と板垣退助が任ぜられた。また、二四日付で副島種臣が参議を免ぜられた。諸省では、外務卿に岩倉、民部卿に大木喬任、同大輔に井上馨、兵部大輔に山県有朋（卿は欠員）が任ぜられた。

これにより、参議は、西郷隆盛・木戸孝允・大隈・板垣の四名が、鹿児島・山口・佐賀・高知県士族をそれぞれ代表する形で、政府首脳部に位置づいたのである。そこから、後年、これを「藩閥政府《はんばつせいふ》」あるいは「有司専制《ゆうしせんせい》」（官僚独裁）の成立と捉《とら》える見方も生まれてくる。

なお、副島は、五月一三日付で樺太《からふと》の国境確定交渉のため、ロシアへ差《さ》し遣《つか》わされることとなり、同月二四日に東京を発ち、函館《はこだて》でロシアの駐在領事と交渉して、その談判延期を取り決め、七月二二日に帰京している（『日本外交年表並《ならびに》主要文書』上〈以下、外交年表上と省略〉）。副島は、廃藩置県断行前後には在京しなかったのである。

ついで、七月二九日付で「太政官職制及事務章程」が制定された（全書四）。太政官は、正院・左院・右院の三院に分かれ、正院は天皇が親臨《しんりん》して万機を総判し、左右両院から上申された立法・施政（行政）・司法の事務案件について「裁制《さいせい》」（裁定）する。正院は、左院からの上申案件のうち、行政事務に関するものは、右院での審議に付した上、担当部局に執行させる。また、右院からの上申案件のうち、「公論」に付すべきものは、左院での審議を経て、裁定する。上記以外の上申案件は、正院が直ちに裁定する。全国一般への布告のうち、制度・条例や勅旨・特例などは正院、それ以外は担当部局から布達する。

正院は、太政大臣（一名）を、納言と参議（ともに定員なし）が補佐する。太政大臣には制定と同日付で三条実美、納言は欠員、参議は先の四名が留任した。

八月一〇日付で「官制・等級」を改定し、「職員令」の官位相当制を廃止して官職と位階を分離する一方、一五の官等（勅任官は三等以上、奏任官は四〜七等、判任官は八等以下）を定め、各官等に各官職を配した。これにより、高位の公卿や諸侯を、各官庁の長官などの高官に擁する、制度上の必要はなくなった。また、納言を廃止して左右両大臣を設け、太政大臣・参議と併せ三職とし、一等官の上に置いた。さらに、臨時撰任官として、監察使・布政使なども設けられるようにした（沿革二）。

左院は、議長（一名）と一等〜三等議員で構成し、議長には参議または一等議員から任じ、九月二〇日付で後藤象二郎が任ぜられ（補任録）、後任の工部大輔には同日付で伊藤博文が任ぜられた（卿は欠員）。これより先、八月一〇日付で、副議長に江藤新平が任ぜられている（補任録）。右院は諸省長官

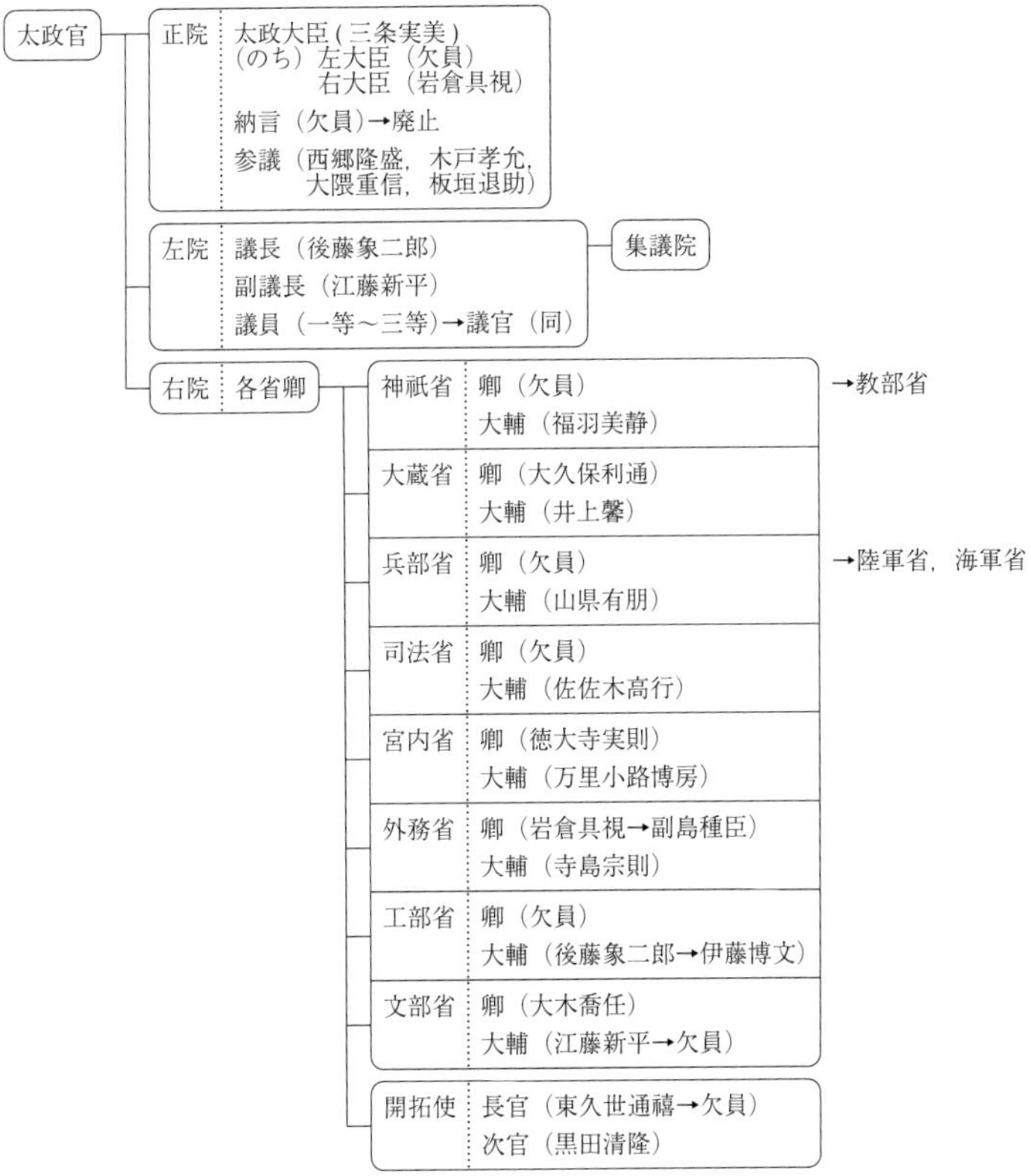

図46 「太政官職制」の政府主要組織

で構成する。

これに伴い、政府の各部局も改編され、また人事も変更された。

七月一八日付で、大学校が廃止され、文部省が設置された（全書四）。同日付で文部大輔に江藤新平が任ぜられ、彼の左院副議長転出後は欠員となった。七月二七日付で民部省が廃止され、その部局は大蔵・工部両省へ移管され（全書四）、大木は二八日付で文部卿、井上は大蔵大輔へそれぞれ転じた。

七月二九日付で、欠員の大蔵卿に大久保利通が任ぜられた。

八月八日付で、神祇官が神祇省に改置され（同上）、九日付で神祇大輔に福羽美静が任ぜられた（卿は欠員）。神祇官は省へ格下げとなったが、神祇行政の実質的な主導者だった福羽が、ついに長官となったのである。

八月二〇日付で、集議院が左院へ移管された（同上）。なお、左院では、五年（一八七二）二月二〇日付で集議院を「集議所」と改称する案を正院へ上申しているが、許可されなかったらしい（沿革四）。八月二三日付で、留守官が廃止される（前述）。また、一〇月五日付で、開拓長官の東久世通禧が免ぜられ、開拓使は長官が欠員となり、開拓次官の黒田清隆が責任者となった。欠員だった宮内卿は、九月一五日付で、侍従長の徳大寺が兼職している（補任録）。

「文明開化」の政権

かくして、再び太政官が政府組織そのものとなり、その中枢である正院は太政大臣の三条実美を、四名の士族参議が補佐し、各省の長官ないし責任者も、外務卿の岩倉具視と、宮廷官である宮内卿の徳大寺実則を除き、士族で占められることとなったのである。

廃藩置県は、諸藩もろとも旧諸侯華族の知事を一掃《いっそう》したのみならず、わずかに残っていた、諸省の長官の地位からも駆逐したのである。また、旧公家華族も、三条と岩倉のみが残る結果となった。「王政復古」政変に始まる、度重《たびかさ》なる政府組織の改編と、それに伴う人事異動を通じて、幕末政治と、そこに随伴する思想的営為を実質的に担った主体である、「志士《しし》」層が、華族へと祭り上げた公卿や諸侯の「看板」の助けを借りずに、ここでようやく政権を掌握するに至ったのである。

しかし、廃藩を知らされた島津久光は、怒りを爆発させ、屋敷で花火を打ち上げて、鬱憤を晴らそうとしたという（松尾一九八六・九五）。排除された華族や士族の不満、反発、抵抗に、この政権が対処するためには、欧米諸国の制度や文物、技術などの導入とそれへの依拠、すなわち「文明開化」を一段と進めて、近世以来の旧支配層がまとっている、政治・軍事・文化など、諸々の既存の表象とその価値を凌駕《りょうが》・圧倒する必要がある。

と同時に、民衆の支持と荷担《かたん》をどのような形で調達するかも、課題となってこよう。そこで再び、議事制度が、いよいよ立憲政体の導入という、国制改革の根幹領域での問題として浮上してくることは、廃藩置県直前の「制度取調」での論議で明らかとなっていた。しかも、廃藩置県後、それは政府首脳部の独占物では、もはやなくなっていった。

福沢諭吉は、幕末に『西洋事情』初編を刊行して、「文明の政治」を紹介し、「公議政体」論の形成と普及に一役買ったが（福沢全集一）、明治五年（一八七二）二月に、『学問のすゝめ』初編を刊行して、原子論《げんしろん》的人間・社会観に立つ、人権と社会契約論を紹介し、人々に国家の「客分《きゃくぶん》」（受動的な被支配者）から「主人」（能動的な主権者）への自己変革を説き始めていた（『学問のすゝめ』）。同月には、中村正直《なかむらまさなお》（号は敬宇《けいう》、旧幕府の学問所教授、慶応二年〈一八六六〉にイギリスへ渡航）が翻訳した『自由之理《じゆうのり》』（原著はJ・S・ミル『自由論』）も刊行されている（全集自由民権篇、『自由論』）。

岩倉使節団と留守政府

右のような事情の下、政府組織の改編前後から、先ず、大隈重信が西洋視察への派遣希望を表明し始めた。木戸孝允は、廃藩置県以前にも国外派遣を希望していたが、大隈の希望に接して、自身の派遣を強く求めるようになった。大久保利通も同様だった。しかし、木戸の派遣には三条実美、大久保の派遣には井上馨がそれぞれ強く反対したが、条約改正問題での欧米諸国への外交使節派遣の必要と結びつけられ、彼らの派遣が実現することとなる（松尾二〇〇七）。

安政五年（一八五八）六月一九日に調印された「日米修好通商条約」第一三条には、一八七二年七月四日以降、どちらかが、それより一年前に通告すれば、条約の改正交渉を行える、と定められていた（外交年表上）。上記の期日は、明治五年五月二九日に当たるので、「万国ト対峙」することを目的に掲げて廃藩置県を断行した政府としては、この期日の接近を放置して、幕末に締結された「不平等条約」を改正する意思を内外に表明しないわけにはいかなかったのである。

しかも、四年四月二七日付で、大蔵卿の伊達宗城を欽差《きんさ》全権大臣（天皇の代理として派遣される全権代表）に転じて、清（中国）へ派遣し、七月二九日、両国ともに初めての対等条約である「日清修好条規《にっしんしゅうこうじょうき》」に調印していた（同上）。これで緒に就いた「万国ト対峙」する外交を、「不平等条約」の解消へと繋げる、条約上の機会を放置できなかった。

四年一〇月八日付で、岩倉具視が外務卿から右大臣へと転じて特命全権大使に任じ、木戸と大久保、伊藤博文と山口尚芳《やまぐちなおよし》（外務少輔、佐賀県士族）を同副使に、それぞれ在職のまま任じ、米欧諸国へ差し遣わすこととした（同上）。なお、外務卿の後任には、一一月四日付で、副島種臣が任ぜられた。

使節団派遣の目的は、九月三日付で、三条が岩倉へ提示した事由書に示された、①政府が希望する条約改正の交渉開始時期（およそ三年後）と内容を通告して協議し、②「開化最盛《かいかさいせい》」の米欧諸国の「国体」・法制などを実地視察して、わが国へ導入・実施する内容と方策を調査することであった（岩倉伝中）。第二目的の「文明開化」視察は、結局は参加できなかった大隈、そして木戸や大久保が派遣を希望した理由でもあったし、諸省の幹部にも共有されていた。そのため、理事官《りじかん》に佐佐木高行以下、諸省の幹部も加わり、留学生も随行することとなったので、使節団は規模が拡大した。

しかし、政府首脳部の半分もの面々が国外視察に大挙して赴くことは、留守政府の弱体化を招くことは避け難いし、岩倉使節団側も洋行中の政治や政局の変化による、政治的な主導権の喪失への不安はあったろう。そこで、使節団と留守政府双方の首脳一八名が、全一二ヵ条からなる、一一月付の盟約書を作成して、署名・捺印《なついん》している（『大隈重信関係文書』一〈以下、大隈文書一と省略〉）。署名者は、使節団が岩倉（右大臣）・木戸（参議）・大久保（大蔵卿）・伊藤（工部大輔）・佐佐木（司法大輔）、留守政府が三条（太政大臣）・西郷隆盛・大隈・板垣退助（以上、参議）・後藤象二郎（左院議長）・福羽美静（神祇大輔）・井上（大蔵大輔）・山県有朋（兵部大輔）・大木喬任（文部卿）・宍戸璣（司法大輔、一一月四日付で就任）・徳大寺実則（宮内卿）・黒田清隆（開拓次官）だった。

盟約書は、第六条で、内政の改革は使節団帰国後に行い、なるべく新たな改革は控える、第九条で、勅任・奏任・判任官の区別なく、官員の増員を一切禁じ、もしやむを得ず、それらを行う場合は、使節団の了解を得る、と定めていた。問題は、これを留守政府が遵守できるかだった。

使節団は、一一月一二日、横浜からサンフランシスコに向けて出航し、米欧回覧へ旅だった（外交年表上）。岩倉と大久保は、「王政復古」政変以来、終始、政府首脳部に地位を占め、この間の政局を一貫して主導してきた。彼らが不在となり、右の約定を留守政府に遵守させる最大・最強の政治的プレゼンスが消失したのである。国制改革は加速度的に進んでいくこととなる。

四民平等

近世以来の身分秩序の解体は、前述したように、「王政復古の大号令」に始まる国制改革の基軸の一つだったが、廃藩置県を機に、一挙に進展する。

身分秩序の解消は、前述したように、新政府を組織する必要から始まったので、当初は政府職員間のレベルに止まっていた。しかし、明治二年（一八六九）六月一七日付の版籍奉還聴許を機に、社会全体へとおよんでいく。

すなわち、右の聴許と同日付で、諸侯と公卿を「華族」と改称した（全書二）。

また、同年一二月二日付の、「本領安堵」ないし「扶助」されていた旧幕臣の禄制改革に伴い、彼らを「士族」と「卒」へと改称した（同上）。しかし、士族と卒の区別は不明確だったので、同月九日付の刑部省伺に対する同月一〇日付の太政官弁官付紙で、その区別は禄高の違いではなく、身分席、つまりかつて将軍への拝謁を許された御目見《おめみえ》以上（旗本）であったか否かによるとした（深谷一九七三）。

ついで、三年（一八七〇）九月一〇日付の「藩制」で、藩士の級（身分）に士族と卒以外の区別を設けてはならない、と定めて（全書三）、右の旧幕臣に対する措置を藩士にも適用した。もっとも、士族と卒の線引きは各藩の事情に応じてなされたようである。

その後、五年（一八七二）一月二九日付で、卒のうち、旧主が代々世襲で抱えてきた者は士族、新規に一代限りで抱えられた者は「平民《へいみん》」に編入することにして、卒を廃止するが、両者とも家禄は従来通り支給するものとされた（全書五ノ一）。

こうして、まず、公家や諸大名の間、また、それぞれの内部に設けられていた、さまざまな身分や格式の区別を、彼らを「華族」の称の下に一本化することで解消し、ついで、旧幕臣や諸藩士の間にあった区別も「士族」の称の下へと融解《ゆうかい》していったのである。

華族や士族・卒の族称が定められると、かつて武士以下の身分とされた人々も「平民」と総称されるようになり、三年九月一九日付で苗字《みょうじ》の使用（全書三）、ついで四年（一八七一）八月二三日付で華族・士族・平民の、他の族籍の者との通婚が許可され（全書四）、さらに、同月二八日付で賤称《せんしょう》も廃止される（同上）など、その内外の垣根《かきね》が取り払われていった。

華族と士族も、同年八月九日付で、礼服着用時の帯刀《たいとう》は従来通りとしつつも、散髪と服装、外出時の帯刀の有無を随意《ずいい》に任《まか》され、一二月一八日付で、在官者以外の者に、農工商の職業への従事が許可された（同上）。とともに、旧直轄府県の士族・卒、つまり主に旧幕臣が帰農・帰商するに当たり、その禄高の五年分を一括支給していた制度が、同月二〇日付で廃止された（同上）。

右の断髪・服装・脱刀の随意化措置は、華族と士族の身分表象を解消すると同時に、平民の間へ断髪と洋装を普及していくきっかけとなった（刑部二〇一〇）。制服の洋装化は海陸軍で廃藩置県以前から始まっていたことは前述の通りであるが、洋装の礼服も五年一一月一二日付で「大礼服」が定められて制度化された（全書五ノ一）。しかし、男女の宮廷服への洋装の導入には、それから随分と時日を要することとなる（刑部二〇一二）。

こうして、いわゆる「四民平等《しみんびょうどう》」が実現されたのである。

もっとも、政府職員間には新たな官等制や位階制の序列が設けられ、社会全体でも皇族・華族・士族・平民という族籍の区別が残った上、婚姻や就業などのさいに、旧来の身分や家柄などが障碍《しょうがい》となる、社会的な差別は容易には解消されなかった。とりわけ、近世以来の被差別身分は、賤称廃止とともに生業上の既得権も剝奪《はくだつ》されたので、厳存《げんぞん》する社会的な差別に加え、新たに経済的な貧困という問題をも抱え込むこととなった（塩見二〇一一）。

「戸籍法」の制定

近世以来の身分秩序の解体は、同時に、社会全体の構成員を近代的な「国民」として、政府がその把握、統合をはかっていく過程でもあった。政府職員間に新設された官等制も、新たな族籍の区別も、そうした方策の一環であったとも言えるが、その決め手は戸籍制度だった。

前述したように、木戸孝允は、明治二年（一八六九）三月の東京奠都前後に、戸籍制度を設けるための政府機関の新置を進めようとしていた。その背景は、幕末に長州藩で実施された「戸籍帳仕法書《とじゃくちょうしほうしょ》」を援用して、京都府が元年に戸籍制度を定め、その編製を始める動きがあった。そして、版籍奉還聴許直前の六月四日付で、民部官が、その京都府が制定した市中《しちゅう》（京都市中、のち「市街地《しがいち》」）と郡中《ぐんちゅう》

（上記以外の管轄地、のち「郡村地《ぐんそんち》」）の両「戸籍仕法書《こせき》」を直轄府県に布達して、その施行を指示したことは（全書二）、既述の通りである（福島一九五九）。しかし、直轄府県でも、戸籍の編製は容易には進まなかったと見られる。

そうした中、民部省は戸籍制度創設の準備を進め、四年（一八七四）四月四日付の太政官布告で、府藩県全体に施行する「戸籍法」が布達された（全書四）。同法は、①前文、②全三三則の規定本文、③戸籍編製のために編制する「区」（いわゆる「戸籍区」）ごとの戸数・人員の集計表、職業別人数の集計表、寄留人届《きりゅうにん》、戸籍、府藩県管内の集計表の五つの書式からなる。

第一則で、従来の戸籍が「錯雑《さくざつ》」し「遺漏《いろう》」があっても「検査」できなかったのは、「族属《ぞくぞく》」（身分や所属）別に編製していたからだとして、華族・士族・「祠官《しかん》」（神職《しんしょく》）・僧侶《そうりょ》・平民の「臣民《しんみん》」全体を、その居住地に即して登録することを、戸籍編製の大原則として定めた。そのため、「各地方《かくちほう》、土地《とち》ノ便宜《べんぎ》」により「区画《くかく》」（戸籍区）を設け、各区に「戸長《こちょう》」とその「副《ふく》」（副戸長）を置いて、区内の「戸数・人員、生死《せいし》・出入等《でいりなど》」を登録させることとしたのである。

戸籍区の編制方法については、①地域の実情や行政上の便宜に任せ、府ないし郡を、区の数を限らず適宜に区画する、②四、五町ないし七、八村を組み合わせて一区とする、③武家地なども例外としない、④新たにそれを編制することが困難な事情がある地域では、既存の町村をそのまま戸籍編製の単位とする、⑤官立の学校や兵舎、大きな神社や寺院は、それをそのまま戸籍編製単位として、当該の吏員や執事らに戸長の事務を執行させる、という原則が第二・三則で定められている。

「戸籍法」を布達した太政官布告では、戸籍の「検査・編制」を五年二月一日から実施するとされている。直轄府県や諸藩の中には早々に戸籍編製を始めたところもあるようだが、大方は、廃藩置県後の四年一一月に実施された「府県分合」によって、国郡単位で管轄地が設定されて発足した、新しい府県の下で進められたと見られる。したがって、従来、説かれているように、先行して編制された戸籍区を、府県分合後の新しい府県の管内行政区画である「大区小区制《だいくしょうくせい》」の区画編制へと転用したのではなかろう。新たな府県の下で、新たに編制された大区小区制の区画と行政組織によって、戸籍編製が進められていった、と見るべきだろう。

徴兵制度

四民平等は、国家が保障する権利の面で、人々を斉一化して、「国民」へと変えていく改革であるならば、国家に対して負う義務の面で、そのように改革する第一歩として、政府が進めたのは、「徴兵制度」を設けることだった。

前述した明治三年（一八七〇）一一月一三日付の「徴兵規則」は、明文規定はなかったが、諸藩から選抜される「徴兵」が圧倒的に多くなるわけだから、実現していれば、実質的には「士族兵」の陸軍を編制したこととなろう。廃藩置県後に仕切り直された「徴兵制度」は、文字通りの「国民兵」を目指すものだった。

兵部省の責任者となった山県有朋が、ドイツ留学の成果として持ち帰ったのは、「兵営国家」プロシアを模した制度構想だった（松下一九八一）。その実施には、国家による全国民の掌握が前提となるので、戸籍制度の成立が不可欠な条件となる。前述したように、分合後の府県がその整備を進め、六年（一八七三）には戸籍の全国的な運用がなされるようになったと見られる。

兵部省は、五年（一八七二）二月二七日付で、陸軍・海軍両省に分かれ（全書五ノ一）、陸軍大輔には同日付で山県（卿は欠員）、海軍大輔には五月一〇日付で勝安芳が任ぜられた（同上）。

同年一一月二八日付の太政官布告で、「徴兵告諭《こくゆ》」が出される（全書五ノ二）。そこでは、律令制の軍団をわが国の軍事制度のあるべき姿とし、その後の「武士」を「抗《こう》（厚）顔坐食《がんざしょく》」しながら、「双刀《そうとう》」（両刀）を帯びて「切り捨て御免《ごめん》」の特権すら行使していたと罵倒《ばとう》し、禄制改革や脱刀随意化措置などをへて、そうした世襲《せしゅう》の特権が解消され、四民平等が実現したとする。そして、四民平等は「兵農《へいのう》」を再び「合一《ごういつ》」することでもあり、そこに「皇国一般ノ民《たみ》」が兵役に服す必要があり、西洋ではこれを「血税《けつぜい》」と称すると紹介する。以上から、「全国四民男児二十歳」になる者をことごとく「兵籍《へいせき》」に編入して、「緩急《かんきゅう》ノ用《よう》」（有事《ゆうじ》）に備えると宣言している。

図47　山県有朋

翌六年（一八七三）一月一〇日付で、「徴兵令」が制定された（全書六ノ一）。これにより「国民皆兵《こくみんかいへい》」が制度化されたが、①府県を含む、政府の職員、②海陸軍の兵学寮生徒（士官養成修学者）、③官立学校生と留学生、④一家の主人と嗣子、独子・独孫、⑤兄弟が在役中の者、⑥「代人料金《だいにんりょうきん》」の二七〇円の納入者は、徴兵を免除された。

④の免役規定は「徴兵規則」を継承し、納税者である生業従

事者は、その後継者も含めて、徴兵から除外している。これは、前述した政府財政と直属軍創設政策との関係を考えれば、当然の措置だろう。⑤の規定で、さらにそれを補強して、一家からは一名以上は召集しないことを原則としたのである。

「御親兵」の一名当たりの年間経費が一五〇両（円）と見積もられていたが、前出の陸軍費の歳出額を見ると、実際にはその倍近くを要しているので、⑥の「代人料金」規定は、設定金額としては妥当なところだろう。しかし、「血税」とまで言われる義務を、代償金の納付で済ますというのは、この時点ではまだ多数の「士族兵」を給養しなければならなかった事情を勘案すると、それもこの措置の背景の一つであろう。

これらの免役規定から、この「徴兵制度」を「農奴制的賦役」の転化形態の一つと見る向きもあるが（井上一九五三）、後述するように、そもそも本体である地租の歴史的性格を「封建的貢租」の転化形態とは看做《みな》し得ないのだから、当たるまい。

しかし、「啓蒙」されて、ようやく「権利」意識に目覚め始めた人々にとって、この「血税」なる追加負担は、身体的な拘束を伴うこともあって、極めて不評で、「徴兵逃《のが》れ」の手引書まで出版され、徴兵事務の執行に抵抗する、いわゆる「血税一揆」すら起こる始末となった（原田二〇〇一）。

「学制」と小学の設置

人々を「文明開化」の「国民」へと変えていくことが、戸籍制度にせよ、徴兵制度にせよ、その実施と維持に必要となろう。

「国民」のうち、年少者を対象とする学校教育を担当したのが、文部省である。明治五年（一八五二）八月二日付で、族籍と男女の区別なく、「邑《むら》ニ不《ふ》学《がく》ノ戸ナク、家ニ不学ノ人」がいないように、父兄にその子弟を「学《がく》ニ従業《じゅうぎょう》」させることを求める「被仰出書《おおせいだされしょ》」が出され、翌三日付で「学制《がくせい》」が公布された（全書五ノ一）。

「学制」は、全国に八大学区→大学、一大学区＝三二中学区→中学、一中学区＝二一〇小学区→小学、というピラミッド型の学区と学校の体系を設ける、壮大な学校教育計画だった。この通りに実施すれば、全国に八校の大学、二五六校の中学、五万三七六〇校の小学を設置・開校することとなる。問題は、その設置費用と、教員の養成と給養をどのように行うかである。小学については、教員の養成を除き、近世以来の町村の住民社会に負担させた。そればかりか、府県による養成が追いつかず、それまでも住民が背負い込むケースも珍しくはなかった。

図48　田中不二麿

なるほど、「学制反対一揆」などと称される、小学の設置に伴う負担への反発、抵抗も見られたが、大方は設置に前向きだったと言えよう。それは、近世がすでに「教育社会」であったとされる歴史的前提が（石山二〇一五）、「文明開化」を積極的に受容しようとする基盤をなしていたからだろう。

とは言え、経費負担の配賦、学区の設定範囲、小学の設置位置などが、住民社会の内外に紛議を惹起したこと

図 49　小学校の授業

も、またたしかだった。

「学制」の実施は、岩倉使節団の米欧回覧に加わり、六年（一八七三）三月に帰国した、文部大丞の田中不二麿が中心となって進められた（『学制百年史』）。同年四月一〇日付で「学制」を改正して大学区を七とし、これに伴い、設置計画数は、中学が二二四校、小学が四万七〇四〇校に減らされている。一一年（一八七八）の時点で実際に設置された学校数は、小学が二万六五八四校、中学が五七九校、大学が一校だった（同上資料編）。「学制」は、翌一二年（一八七九）九月二九日付で廃止され、「教育令」が制定されるので（同上）、この数値がその実施状況の到達点である。

負担を法外に押し付けられた観があるにもかかわらず、住民社会の努力により、小学の設置が意外なほどの成果を上げ、全国に初等教育機関網が一応は形成されつつあったと言えよう。また、近世以来の藩校や一部の私塾に加え、外国語や医学などの教育機関が中学として設置され、中等教育機関が存外な充実を示している。しかし、文部省が設置に責任を負う、大学は無惨な計画倒れに終わったが、そこに求められた教育水準を考えれば、妥当な結果とも言えなくはなかろう。

教育内容の水準、それを担保する教員養成や、就学状況などの実態面では、小学や中学も未《いま》だしの感は拭《ぬぐ》えなかった。中学は、一一年で、教員数が一三〇一名、生徒数が二万九〇一八名で、平均すると、一校当たり二・二五名の教員が五〇・一二名の生徒を教育している勘定となり、大方が近世以来の学塾の教育水準を脱し得ていなかったと言えよう。また、小学は、一一年で、五二八万一七二七名の学齢児童数に対して、就学児童数は二一七万九二六七名で(同上)、就学率は四一・二六%に止まり、修業率はさらにそれをかなり下回っていたと見られる。田中に主導される文部省が「学制」廃止＝「教育令」制定へと向かう所以《ゆえん》である。

「国民」の教化と教導職

成人の「国民」の教化を担当するのは、当初は神祇省だった。前述したように、岩倉具視は、「国体論」による教化を大変に重視していたが、神祇大輔の福羽美静が目指すような、神道の国教化には大きな壁があった。住民社会の指導層に国学が浸透している地域は、全国的にはわずかであった。そのため、教化のまともな在地の担い手を確保するという大問題が横たわっていた上、住民社会の中に根ざす長い伝統を有する寺院と僧侶の反発も、「廃仏毀釈《はいぶつきしゃく》」の動きがかえって強めたところがあろう。しかも、政府首脳部が求める教化は、「文明開化」のそれだった。

明治五年（一八七二）三月一四日付で、神祇省と大蔵省戸籍寮社寺課が廃止され、その管掌事務を継承して、教部省が設置された。発足した教部省は、当初、教部卿には正親町三条実愛、教部大輔には福羽が横滑りしていた。しかし、同年五月二四日付で、福羽は解任され、一〇月二五日付で教部卿も、文部卿の大木喬任の兼任となる。かくして、年少者に対する学校教育を管掌する文部省と、成人に対する教化、今日風に言えば、社会教育ないし生涯学習を管掌する教部省とを、一体的に運営する体制がつくられていった。

教部省は、発足とともに、全国すべての神職と僧侶を「教導職《きょうどうしょく》」に組織して、「三条の教則」（敬神・愛国、天理・人道、皇上奉戴《こうじょうほうたい》・朝旨遵守《ちょうしじゅんしゅ》）により国民の教化を進める方針を打ち出していた。当初は、福羽の神道国教化路線にそって、神職と僧侶をともに教導職へと融合・解消して、懸案である教化の在地の担い手を一挙に確保する構想だった。当然、そこでは、神職が優位を占める形となっていた。しかし、文部省との実質的な合併後は、既存の仏教諸宗派の教団組織を存置し、主にそれを利用する形で教導職を組織する一方、教導職の「説教」内容の重心も、政府の改革や政策への理解、「文明開化」の推進へ移されていった（奥田二〇〇四a・〇四d・〇六）。

教導職は、政府が直接補任する大教正《だいきょうせい》から権少教正《ごんしょうきょうせい》までの一〜六級と、各宗の管長《かんちょう》の推薦により補任される大講義《だいこうぎ》から権訓導《ごんくんどう》までの七〜一四級に二分される。東京（五年九月に紀尾井町の旧紀州藩邸、六年〈一八七三〉二月に増上寺へ移転）に大教院《だいきょういん》、既存の寺院や神社の施設を利用して、各府県に中教院《ちゅうきょういん》、主要な町村に小教院《しょうきょういん》を置いて、教導職の管理と教育、実際の「説教《せっきょう》」活動を行った（小川原二〇〇四）。教導職向けに、「説教」のテキストや参考書の類も多数出版され（『三条教則衍義書資料集』、三宅二〇一五）、実際に「説教」活動も展開された（谷川二〇〇八）。しかし、仏教界や「国民」の支持・協力は覚束《おぼつか》なく、全国各地での隠然たるサボタージュの動きに加え、浄土真宗の僧侶や信徒などによる公然たる抵抗（安丸一九七九）もあって、教導職による「国民」教化政策は挫折し、八年（一八七五）四月に大教院が解散、一〇年（一八七七）一月一一日付で教部省も廃止され、教導職も一七年（一八八四）には廃止された。

「国体論」であれ、「文明開化」であれ、すでに人格を形成している人間を、それらで教化するのは容易ではない。以後、「国民」を国家に統合するための教化は、年少者は引き続き学校だったが、青年は兵営、成人は住民社会での行事などへ、その場を移していくこととなろう。

2―地租改正

土地・租税制度改革の起動

政府は、廃藩置県によって、全国の貢租徴収権を完全に掌握した。しかし、分合で成立した府県の間はもちろん、同じ府県の管轄地内でも、地税の賦課内容や徴収方法は、「旧慣《きゅうかん》」と呼ばれる、近世以来の個々の領主―領民関係の多様性に制約され、千差万別だった。その統一は、政府による国民の統合にとって、「四民平等」と並ぶ、最重要の政治課題だった。しかし、問題は租税制度の統一だけではなかった。

近世では一般に、同一の土地を、領主が「領知《りょうち》」すると同時に、領民が「所持《しょじ》」し、その土地の経済的な価値は米の「石高《こくだか》」で数量表示されていた。領民が負担する貢租である年貢諸役も、「所持」する「石高」を基準として賦課された。このように、同一の土地について、「領知」と「所持」という二つの権能を重畳・対偶させている、近世の土地制度を「石高制」という。そして、貢租は、兵農分離され自立した小農民を基幹とする、村落が貢租の納付に責任を負う、「村請制《むらうけせい》」に依拠して徴収されていた（奥田二〇〇四c）。

廃藩置県後も、「旧慣」を解消できなかった政府は、依然として、地税の賦課・徴収を村請制に依拠せざるを得なかった。しかし、近世後期には、離農や離村などの形をとって、村請制の前提をなす村落秩序の規範も弛緩しつつあり（奥田二〇一二b）、前出の「五榜の掲示」の第五札にあるように、脱籍浮浪《だっせきふろう》の対策は新政府初期の重大な政策課題の一つとなっていた。

また、幕末の天保期には、同一「石高」の土地を交換させる「領知替《りょうちがえ》」や、「石高」を引き上げる「検地《けんち》」の実施が、関係する領主や領民の反対で困難となっていた。「石高」だけでは、その土地で生み出される経済的な価値を十分には掌握できなくなっていたのである（奥田二〇〇四c）。

石高制と村請制に代替する土地・租税制度の模索が、近世国家の政治的解体と雁行《がんこう》して始まっていった。神田孝平は、文久元年（一八六一）一二月、論策「農商弁《のうしょうべん》」をまとめ（神田史料、奥田二〇〇二）、この問題に先駆的に取り組んでいたが、前述したように、明治二年（一八六九）四月、町地《まちち》の地所の売買の際に取り交わされ、町役人がそれを公証《こうしょう》した「沽券《こけん》」に想《そう》を得て、田畑の永代売買《えいたいばいばい》を解禁した上で、その「沽券直段《ねだん》」、すなわち地価を定め、それに定率課税して金納《きんのう》させる、という地租改正《ちそかいせい》の原型なす改革案「税法改革ノ議《ぜいほうかいかくのぎ》」を、公議所で提議している（同上）。

そして、これを基本として、大蔵省の開明官僚が、廃藩置県以前から、土地・租税制度改革を構想していくのである（福島一九七〇、丹羽一九九五）。

四年（一八七一）九月付で、租税権頭の松方正義が大蔵卿の大久保利通へ意見書を提出し、①耕作の自由化、②地所の売買・譲渡の解禁、③穀物輸出入の解禁、④「地引絵図《じびきえず》」（地所の絵図面）の調製、⑤地価の決定、⑥地価への定率課税、⑦地所の持主への地券の交付を実施すべきである、と具申した（大久保文書四）。

これを受けて、同月付で、大久保と大蔵大輔の井上馨が連名で、①地所の永代売買を解禁し、②所持地の沽券を調査・改正して、③全国の地価総額を掌握し、「簡易《かんい》ノ収税法」を設けることを、正院へ上申した（同上）。ついで、両名は、岩倉使節団派遣が発令される前日、一〇月七日付で、東京府下への地券発行と地租収納の実施を、その規則案を付して、上申した（集成七）。そこでは、いずれ京都・大阪両府と開港場でも実施する方針が示されている。

大久保と井上は、岩倉使節団派遣前に、土地・租税制度改革実施の了解を、政府首脳部内で得ようとしたのである。大久保の渡航後、改革はこの線で実施されていくこととなる。

神田が想を得たように、近世において領民が「所持」していた地所で、近代的土地所有に最も近似する、事実上の権能を備えていたのは、その売買・譲渡・相続・質入などの処分や、用益に関して、領主から特段の規制を受けなかった、町地だった（石井一九八九、奥田一九九七）。

地券調査の開始

廃藩置県後、政府は、明治四年（一八七一）一二月二七日付の太政官布告で（全書四）、東京府の管内において、①従来あった武家地と町地の区別を廃止し、②それらの地所すべてに地券を発行し、③地租を上納させよ、と達した。大蔵省は、五年（一八七二）一月付の東京府宛の達で「地券発行地租収納規則」を布達し、この太政官布告の実施手続きを定めた（全書五ノ一）。

地券は、従来の町地の地所の沽券に代わるものとして交付され、その「所持」者が有していた権能を、市街地の地所全体に拡大して法的に保障したものだった。地券の所持者に近代的な土地私有権が付与され、「所持」は近代的土地所有へと転化されたのである（奥田二〇〇二）。

さらに、それは高請地《たかうけち》（田畑）へと拡大されていく。五年二月一五日付の太政官布告で（全書五ノ二）、地所一般の永代売買が解禁され、その所持に対する身分規制も解除された。これを受けて、同月二四日付の大蔵省達で「地所売買譲渡《じしょばいばいじょうと》ニ付地券渡方規則《つきちけんわたしかたきそく》」が達され（同上）、今後、地券は地所の譲渡・売買時に交付されることとなった。

さらに、同年七月四日付の大蔵省達で「地券渡方規則」が改正され（同上）、地所によって地券の有無があるのは「不都合」だとし、すべての地所に一斉交付する方針に切り替え、しかもその作業をわずか三ヵ月後の同年一〇月中に完了することとしたのである。

この地券をその交付が始まった同年の干支から「壬申地券《じんしんちけん》」、またその交付に要する一連の作業を「地券取調《ちけんとりしらべ》」あるいは「地券調査《ちけんちょうさ》」という。

地価課税移行への動き

右の「地券渡方規則」改正では、当該地所の所持者に土地売買を申告させて地価を決定する方式が採用されている。また、明治五年（一八七二）七月二五日付の大蔵省達で「地券渡方規則」を再改正して（全書五ノ一）、一枚の地券に複数の区画の地所を合筆《ごうひつ》記載することを、人民の願いにより許すことにしている。これらは地券調査の促進措置であろう。

また、同年八月一二日付で、同年の収税から、①田の貢租は、それまで正納《せいのう》（米納《べいのう》）を原則としたが、出願があれば石代納《こくだいのう》（金納）を許可する、②また畑の貢租は、四年（一八七一）五月八日付の太政官布告で全面的に石代納化していたが（全書四）、金融事情が悪く畑作物の換金が困難な場合、出願があれば、米納を条件に許可することなどを布告した（全書五ノ一）。これは、田畑貢租の全面的な金納化を企図し、例外として米納に限定して現物納《げんぶつのう》も認める、という租税政策の大転換である。

この政策転換を勘考すると、一〇月を地券交付完了の期限として設定したのは、間に合えば五年分の地税から地価定率金納課税へと全面的に切り替えることを目論んだからであろう。どうして、このような拙速方針が出てきたのか。

これに先立つ四年一一月一二日、岩倉使節団が米欧回覧へ横浜港から出発すると（田中一九七七・二〇〇二）、留守政府の首脳たちは、使節団に国制改革の、そして政府の主導権を奪われることを懼《おそ》れ、

図50　富岡製糸場

彼らが帰国する前に諸改革を実施してしまおうとした（毛利一九七八・七九）。

そのため、翌五年は改革のラッシュとなった。「学制」の頒布、鉄道の開業、官営模範工場富岡製糸場の開場、「徴兵告諭」の公布などである。その結果は、たちまち財政に跳ね返り、翌年が閏年になるのを回避して官吏の月給二ヵ月分を浮かせる算段で「太陽暦」を導入し（岡田一九九四）、五年一二月三日を六年（一八七三）一月一日とする（全書五ノ一）ことまでやらねばならなくなった。

大蔵省租税寮は、同年九月付の各府県宛の達で「地価《ちか》取調規則案《とりしらべきそくあん》」を達示し（集成七）、地券調査の参考に供している。これは政府中央で検討中の法案であり、それを参考に府県の地券調査を進めさせようとしているのである。ここにも、大蔵省の超拙速ぶりがうかがわれる。

地券調査の難航

地券調査は容易ならざる大事業だった。地券は、当初、全地所の一筆《いっぴつ》（一区画）に一枚ずつ交付されることとなっていたから、膨大な枚数となる、その用紙を調達することが、そもそも難しかったと見られる。この用紙調達問題は、地租改正に伴う改正地券交付の際にも課題の一つとなっている（牛米二〇〇四）。

また、全国各地の地所の所持や用益などのあり方は実に多様で、山林原野のみならず、「高請地」の田畑を村民間で定期的に交換(割替《わりかえ》)し、地所の所持者が固定されていない、割地《わりち》慣行《かんこう》が一般的な旧加賀藩領をはじめとする北陸地域のようなところもあり(奥田二〇一二b)、こうした土地慣行を調査して、実地に即した形で、①所持者を確定し、②地価を決定して、③地券を交付していく作業は、当初から難渋を極めた。

各地から、地券調査期間の延長を求める上申が大蔵省へ続々と寄せられ、結局、同省もそれらを認めざるを得なくなる。その結果、全府県で壬申地券の交付を明治五年一〇月中に完了することは到底不可能となり、当然、同年分からの地価定率金納課税移行の企ても挫折したのである。

「地租改正方案」の策定

そこで、大蔵省では、地券調査に代わる、「地租改正」が構想され、急遽、「地租改正方(ママ)案」が策定された。

この案は、安藤就高《あんどうつぐたか》(美濃国旧大垣藩士族)を中心に、これを石渡貞夫《いしわたさだお》(東京府貫属士族、旧幕臣カ)・市川正寧《いちかわまさやす》(信濃国旧松本藩士族)・渡辺国武《わたなべくにたけ》(信濃国旧高島藩士族)の三名が助けて、策定している(奥田一九九三)。大垣・松本・高島はいずれも旧譜代藩であり、旧幕府系出身者が大きな比重を占める、当時の大蔵省の官員構成を反映している(石塚一九七三、三野二〇〇三)。前述したように、神田孝平が地租改正の基本構想を提議しているが、彼も旧幕臣だった。つまり、地租改正は、旧幕府系の開明官僚が構想し、立法化したのである。

大蔵省は、明治六年(一八七三)一月二一日付の達第七号で(府県資料)、「地方官会同《ちほうかんかいどう》(会議)」の召集を達し、四月一二日にはそれを開会して、急遽策定した「地租改正方案」をそこでの審議に付した（同上）。

同年四月付で頒布された地方官会同の「議事章程《ぎじしょうてい》」の題言《だいげん》（前文、渋沢栄一が起草）で、大蔵省の責任者である大蔵大輔の井上馨は、「国憲《こっけん》」（憲法）がない現状をふまえ、地方官（府知事・県令など府県の代表）に、人民の反発を招くことを未然に防ぐ審議姿勢を求めている。また、同章程第三節第一八章では、審議に臨む中央・地方の官員に対し、「立法官」の「議員」として発言するよう義務づけている（全集憲政篇）。また、後述するように、左院には、これを国会開設の端緒にしようとする動きもあった（奥田二〇〇四a）。「地租改正法」は、はなはだ不完全ながら租税共議権思想に拠って立法手続きが進められようとした点では、維新後最初の「近代法」と言えよう。

明治六年五月政変

しかし、政局は激しく流動化し、「明治六年五月政変」へと向かっていく。諸省は、それぞれ進める改革実施の優先順位と財源確保をめぐって競合し、財政資金の配分権限を実質的に握る大蔵省との対立を深めていた。

そうした中で、地方官会同開会からわずか数日後の、明治六年（一八七三）四月一九日付で、井上の大蔵省と最も対立していた、司法卿の江藤新平（五年〈一八七二〉四月二五日付で司法卿就任）に加え、左院議長の後藤象二郎と文部卿の大木喬任が参議へ転じた。

ついで、同年五月二日付で「太政官職制」が「潤飾《じゅんしょく》」（改正）され、正院に「内閣」が新設され、財政資金の最終的な配分権限を大蔵省から取り上げるに至った（藤田一九八四、中川一九九二年、柏原二〇一〇）。なお、司法・文部両省の卿は欠員となり、左院は後藤が同日付で事務総裁に任ぜられた。

これで、岩倉使節団との盟約書は完全に反故《ほご》となったのである。

その三日後の五日早朝、女官の房室から出火し、皇居や多くの政府庁舎が焼失した。天皇は赤坂離宮（旧紀州藩邸）へ移り、そこを仮皇居とし、官庁の多くも仮庁舎へと移った。

図51　江藤新平と司法省官員（前列中央が江藤）

この混乱の最中、同月七日付で、井上と、旧幕府系開明官僚の中心的存在だった大蔵省三等出仕の渋沢栄一は、正院内閣に建議して、このままでは財政の破綻と増税は必至だと断じ、その対策として予算制度導入の必要を説き（大隈文書二）、併せて辞表を提出した。しかも、その建議が、イギリス人のJ・R・ブラックが創刊し、政府の布達類などの普及にも一役買っていた、『日新真事誌《にっしんしんじし》』に掲載されたのである。

そこで、正院内閣は、同月九日付で、参議の大隈重信を大蔵省事務総裁に任じ、同省の直接掌握をはかった。大隈は、地方官会同に出向き、他の諸議案をすべて棚上げし、「地租改正方案」の早急な成立を求めた。これを受けて、地方官会同は、十分に審議を尽くしたとは言い難い状態で、同じく一二日に同案を可決する。

これを見た、正院内閣は、同月一四日付で井上と渋沢を罷免《ひめん》し、一八日付で彼らの建議を却下した。いわゆる「明治六年五月政変」である。大隈指揮下の大蔵省は、同月一九日付で、会同での議決をふまえて、地租改正実施案をとりまとめ、これを正院内閣へ上申する。同案は、正院内閣でしばらく検討されるが、大蔵省からの督促もあり、同年七月二八日付で「地租改正法」（全書六ノ一）として公布されたのである。

これに先だって、同年六月八日付の太政官布告で、田畑の数量表示に、「石高」を用いることを廃止し、「反別《たんべつ》」（面積）に換用《かんよう》することとした（同上）。これにより、「石高」は、「太閤検地《たいこうけんち》」以来の国制上の地位を失ったのである。

「地租改正法」の内容と問題点

「地租改正法」は、「上諭」、太政官布告第二七二号、「地租改正条例」、「地租改正施行規則」、「地方官心得書」からなる。

「上諭」では、地租改正の目的を、租税の「寛苛軽重《かんかけいちょう》」を是正するため、税法を「公平画一《こうへいかくいつ》」にすることが謳《うた》われている。

太政官布告第二七二号では、①「地券調査」によって地価を決定し、その三％を地租として徴収することと、②従来、官庁や郡村の「入費《にゅうひ》」（経費）などで、地所に賦課したものについても、地租の三分の一以内を限度として、地価に賦課することが規定されている。

「地租改正条例」は、その第一章本文で、①拙速に作業を進めず、②改正地租への切替えは、かならずしも府県単位ではなく、郡でも区でも作業が終わったところから実施する、と規定している。さらに、以下の諸章で、③作柄による増減税は行わない、④物品税《ぶっぴんぜい》の歳入が二〇〇万円を超えれば、当該地の地租を地価の一％へ漸次《ぜんじ》引き下げていく、⑤改租が終了するまでは従来の税法を据《す》え置くことなどが定められている。

「地租改正施行規則」と「地方官心得書」には、地価の決定に至る作業の手順などが規定されている。とりわけ後者には、当該地所を所持する人民からの申告額を、検査例に基づく官吏による査定額と照合して、地価を決定することが定められている。検査例では、収穫米代から種肥代と地租・村入費を控除した額を利子として、資本還元方式《しほんかんげんほうしき》で地価を算定することになっている。検査例には、自作《じさく》地《ち》の場合の第一則と、小作地《こさくち》の場合の第二則があるが、実際の作業では自作地でも第二則を用いることが規定されている。

官吏が検査例によって査定するわけだから、人民の申告もあらかじめ検査例に準拠してなされるものと予想され、改租作業の大方の現場でも、実際、そのようになったと見られる。こうした予想に立った上で、改租作業方針の基本を小作地準拠の第二則方式としたのだと思われる。

第二則方式については、地主と小作人という、経済的な利害が対立する双方の目のある下でなされる査定なので、かなりの程度の適実性《てきじつせい》があるに違いない、との予想が法文中にわざわざ明記されている。そこに、人民の申告がより適実な形でなされるならば、官吏の査定もそれに依拠して実施するという方針が示唆されている、と人民に受け取られるだろうという判断が見える。

こうした立法判断は、地券調査が人民からの申告に全面的に依存して実施されている状態から、「地租改正法」もまた脱却できていなかったことを示している。

と同時に、右の立法判断は、全くの机上論であり、諸府県の改租実施案を軒並み、大幅な税収減が必至な内容のものへと導くことになる。

こうした「人民申告依存方式」へと傾斜する背景の一つには、当時の府県の行政執行能力の問題がある。前出の府県の「官員及常備金割賦規則」所掲の現員数によれば、当時の府県は、三府および開港場を管轄する四県を除くと、平均すれば四三名余の官員を擁する規模の行政機構にすぎなかった（奥田一九九三）。

従来の研究では、地租改正の問題点として、「旧貢租歳入額の維持」の事業方針が挙げられてきた。たしかに、大蔵省が正院内閣へ上申した地租改正実施案の添付文書には、「地租改正ノ始《はじめ》、先《ま》ツ旧来《きゅうらい》ノ歳入ヲ減《げん》セサルヲ目的トシ、而《しか》シテ賦課其宜《そのよろしき》ヲ得《う》」とあり（集成七）、そうした立法意図があったことは間違いなかろう。

しかし、この「旧貢租歳入額の維持」という事業方針は、立法当事者は気付いていないが、前述した第二則方式の問題点を考えれば、その実現性は当初から極めて薄かった、と言わざるを得まい。

地租改正事業の迷走

前述したように、「地租改正法」は制定過程で「明治六年五月政変」に翻弄されたが、改租事業もその展開過程で時々の政局の影響を強く受けている。

「地租改正法」の公布からほどなく、朝鮮遣使問題が政局の焦点となり、明治六年（一八七三）九月一三日に岩倉使節団本隊が帰国したのを機に、政府首脳間の政争が激化して、「明治六年一〇月政変」が起こる。七年（一八七四）は、「佐賀の乱」の鎮定、それと連動して起こした「台《たい》湾《わん》出兵」、それを処理する「北京談判《ペキン》」で、政変後、政府の実質的な最高指導者となった、大久保利通は東京をほとんど不在にしていた。

大方の府県が地券調査を完了していないところへ、新たに地租改正の実施を求めたので、府県側では随分、混乱している。石川県のように、大蔵省の指導で、地券調査を事業予定の一割も消化していない状態で打ち切り、地租改正へ直行したところもある（奥田二〇一二b）。七年までに、地租改正事業に着手した府県数は全体の六割弱に止まる一方、終了したところは、府県単位では一つもなかった（奥田二〇〇一）。

しかも、この七年半ばには、和歌山県などから、改租後の税収が大幅に減少する見通しを伴う、実施案が大蔵省へ相次いで上申されてくる（奥田一九九三）。租税頭の松方正義は、同年五月付で正院内閣へ提出した意見書で、六〇〇〇万円の税収減を予想している（集成二）。

七年一〇月三一日、「台湾出兵」をめぐる日清「北京談判」が妥結し、同年一一月二六日には、大久保が帰国する。大久保は、八年（一八七五）二月の「大阪会議」で政局を安定させると、殖産興業政策と地租改正事業の直接指導に乗り出す。

後者では、八年三月二四日付で内閣直属の地租改正事務局を設置して（集成七）、自らその総裁となる一方、八月三〇日付の太政官達で、地租改正を全府県で九年までに完了するよう布達した（同上）。そして、各府県の実施案も、第二則方式から第一則方式へ変更させ、反米《たんまい》（田畑一反当たりの収穫米量）や石代《こくだい》（一石当たりの米価）など、地価を決定する諸要素の数値について、人民の申告を採用せず、官吏の査定を押し付けて、税収の減少をくい止めようとした。

八年から九年にかけて、こうした拙速的な「押付《おしつけ》」地価決定がなされていくと、各地で住民との間に紛争が続発してくる。九年五月の和歌山県の「粉河《こかわ》騒動」では大阪鎮台兵が出動して鎮定に当たる事態となり（奥田一九九三）、一一〜一二月には茨城県（木戸田一九五九）、ついで三重県などで大規模な民衆騒擾が勃発し（『伊勢暴動（明治九年）顚末記』、茂木一九九三）、武力衝突に及ぶこととなる。

これらの騒擾が政府首脳部に与えた衝撃は深刻で、その対策のため、「明治一〇年減租《げんそ》」が断行されることとなる。一〇年（一八七七）一月四日付で「減租の詔書」が公布され、地租率は一〇年分から地価の二・五％に引き下げられた（全書一〇）。また、同日付の太政官布告で、府県税は適用対象外ではあるが、町村が負担する地方経費のうち、「民費」によって支弁されるものは、その総額の上限を当該区域の地租賦課額の五分の一以内に制限されることとなった（同上）。この空前の減税措置は、政府と府県の財政に甚大な影響を与えた。

そこで、大久保は、行政事務と経費負担の「中央—地方」区分を全面的に見直す作業を開始させ、地方へその一部を委譲する代償として、町村などの「地方自治」を限定的に認める、「地方三新法」体制の構築へと向かっていくこととなる（奥田一九九三）。

地租改租事業の終結と結果

地租改正事務局は、「明治一〇年減租」後、西南戦争の時期に全国の改租作業を一時中断する一方、再開後に現地指導に入る諸府県、とりわけ関東について、入念に準備している。

関東では、騒擾《そうじょう》が起こった茨城県などには一定の配慮がなされたが、「明治一〇年減租」の効果を可能な限り減殺する方向で、諸府県側に「押付反米」を呑ませる強力な指導がなされている（奥田二〇〇二）。しかし、諸府県当局の強い抵抗があり、栃木県に見られるように、一〇年減租以前の地租率の水準での改租結果に誘導しようとした、地租改正事務局のねらいは実現せず、小幅ながら減租結果を確保するに至っている（奥田二〇〇四d）。

地租改正事務局は、事業終結の見通しが立った、一四年（一八八一）六月三〇日付で閉鎖され（集成七）、同年一一月、愛媛県が終了して終結した（奥田二〇〇一）。

地租改正の結果、全国的には、反別では八六二万町余の増加、地租では一一一四万円余の減少となった。増租結果となったのは、東京府と埼玉・岩手両県のみである。東京府は、西・南・北多摩郡が神奈川県から移管される以前で、管轄地の大半を占める市街地の地租率が、当初の一％から、税収減を防止する措置の一環で、八年（一八七五）八月二八日付で三％へ引き上げられたことによる。埼玉県は田畑、岩手県は林野が増租の主因である（同上）。

一〇年以降に、事業を終了した府県は、それまでの期間、八年分の地税額を仮の地租として納付していたので、右の一府二県を除き、差額が還付された。

この減租と還付による余剰資金が、「明治六年五月政変」以降の「後期大隈財政」、一〇年代前半の好況と重なり、わが国の産業・経済、社会、さらには政治の「近代化」にどのような影響を及ぼしたか、その研究の今後の進展が期待される。

3―国制改革の行方

左院における立憲政体導入の動き

留守政府の諸省がそれぞれ改革に着手する中、左院を中心に、立憲政体を導入しようとする動きが起こってくる。

左院三等議官の宮島誠一郎《みやじませいいちろう》(旧米沢藩士族、由井編二〇〇四、友田二〇〇九・一一)は、明治五年(一八七二)四月付で、議長の後藤象二郎へ「立国憲議」と題する意見書を提出している(全集憲政篇)。これが左院における立憲政体導入への動きに点火した。

宮島は、この意見書での用語から見ると、福沢諭吉の『西洋事情』初編や加藤弘之の『立憲政体略』などを受容し、わが国政の現状を「君主独裁」と捉え、この国体を「開化ノ進度」に応じて、そこに「君民同治」の要素を取り入れて改革していくことを、次のように説いている。

改革は、まず正院を「元老院」、左院を「国議院」(上院)とし、中央・地方の官員を議員として「民選議院」(ママ)(下院)と看做す機関を新設し、次に「真ノ民選議院」を設ける。「国憲」もこれに照応して二段階を経て制定し、最終的に「君主独裁」に「君民同治」の要素を参酌した「至当ノ国憲」を定める。

宮島は、最初の「国憲」を、左院で原案を策定し、それを正院・右院・諸省長官が審議し、その結果を天皇の裁決に仰いで定める、という既存の政治構造の上で行おうとしている。はたして、これで立憲政体が導入できるのだろうか。左院でも、副議長の江藤新平が、その点を問題視し、それをそのまま正院へ進達することに反対したという（毛利一九八七）。

同年三月二四日、遣米欧使節副使の大久保利通と伊藤博文が、対米条約改正交渉の全権委任状の交付を求めて一時帰国した。宮島は、五月一三日、大久保邸を訪問して、「立国憲議」について説明し、その支持を取り付けた。そこで、ようやく、左院は、翌一四日付で、宮島の「立国憲議」を正院へ進達した（全集憲政篇）。

さらに、左院は、一五ないし一九日付で、かねての江藤の意見も斟酌《しんしゃく》したものと思われるが、同院の院議として、宮島案よりも一歩進んだ、民撰議院の即時開設を求める「下議院《かぎいん》ヲ設クルノ議」を正院へ上申した。

そこでは、廃藩置県後における各府県統治の不統一未解消の原因を「上下同治」の制度が樹立されていないことに求め、左院という「国議院」（上院）はあるが、「下議院」（下院）が設けられていないために、その制度が整わないとして、「全国ノ代議士」を集めてそれを開設することが「今日ノ急務」だと説いている。

右の上申の日付は、国立国会図書館憲政資料室所蔵「憲政史編纂会収集文書」（『憲法構想』）と沿革四は「一九日」、国立公文書館所蔵「公文別録」は「一五日」となっている。後者とすると、大久保が再度、アメリカへ旅立つべく、東京を出発した日に当たる（大久保日記二）。残念ながら、その間の経緯に大久保がどのように関わっているのか、今のところ、史料を見出せず、明らかにし得ない。ちなみに、大久保と伊藤は一七日に横浜を出航している。

留守政府の「下議院」開設決定

正院は、明治五年（一八七二）五月二二日付で、左院の上申を採納し、「府県代人」を以て「議員」として「集議」を興すことを決定し、左院にその規則取調を指令した。ここにおいて、留守政府は、左院が提案した、民撰議院の開設に踏み切る方針を決定したのである。

この決定内容に、大久保利通がどのように関わっていたかは不明である。分かっているのは、大久保が宮島案を支持していた、ということだけである。しかし、その史料的根拠も、大久保の死後にまとめられた、宮島誠一郎の後年の回想「国権編纂起原」（全集憲政篇）でしかない。後述する、明治六年（一八七三）一一月に着手される政体取調で、大久保が提示した上院のみの開設案は、中央・地方の官員を議員とするにせよ、下院の開設を主眼とする宮島案とは明らかに齟齬《そご》する。いったい、大久保は、宮島案をどこまで支持していたのか。

宮島と大久保の合意内容がどのようなものであったにせよ、留守政府の決定は、むしろそれに対抗する形で、江藤新平をはじめとする左院の主流に近いところでなされたものと見てよかろう。そのように考えた方が、その後の政局の展開方向と、より整合的に理解し得る。

左院は、同年八月には、正院からの指令に基づき、「国会議院手続取調《こっかいぎいんてつづきとりしらべ》」を一応、とりまとめた（全集憲政篇）。この「国会議院」は、先の「下議院」に相当するものと見られるが、「農工商」のうちで財産・識字能力・事務能力を有する者に被選挙権を与えて「議員」を公選させる、というものである。士族がこの案には登場していないことに端的に顕れているように、ここでの民撰議院開設の狙いは、「農工商」、すなわち納税者の支持調達、その「国民」統合にある。

しかし、この「国会議院手続取調」は、結局、左院から正院へは進達されなかった。宮島は、その原因を、江藤が同年四月二五日付で司法卿へ転じた後、左院議長の後藤象二郎が、民撰議院の開設に積極的な宮島らの動きを嫌ったためではないかと推測している。留守政府の首脳も、左院に「下議院」規則取調の件で、何らの督促も行ってはいない。結局、この民撰議院開設問題は棚上げにされた格好となった。

留守政府は、岩倉使節団との約定書で、制度や人事の現状維持を約束していた。したがって、国制の根幹に関わる民撰議院の開設を、岩倉使節団の帰国以前に実施することは難しかった。しかし、実際には、岩倉使節団の出発後、前述したように、留守政府の諸省は改革に一斉に着手しており、左院での右の動きも、そうした気運の下で起こって来たものと見てよかろう。要するに、留守政府の首脳の政治的関心が、立憲政体の導入へは向けられなかったのである。

左院の上申や正院の決定に政治的な影響を及ぼしたと考えられる、江藤の当時の持論は民法や刑法など、民衆の生活に密接に関わる法典の編纂を、憲法の制定より先行させるべきだ、というものだった（毛利一九八七）。しかも、その江藤は、宮島の意見書が正院へ進達される半月ほど前に、司法卿へ転出しており、今度はそこを根城に、とりわけ刑法の編纂に力を注ぎ、また地方裁判所を設置して、行政と司法の分離を進めようとしていた（同上）。

大久保の支持とともに、江藤の転出が、宮島意見書の正院進達に道を開いたのであろうが、法制に通暁した実力者の江藤を失い、しかもその援護も期待できない状態では、留守政府の首脳の関心をこの問題に引き寄せるだけの政治的力量は、左院にはなかったと見られる。

大蔵省地方官会同を下院へ

明治六年（一八七三）四月、前述したように、大蔵省地方官会同が開会され、「地租改正方案」などの審議が始まり、井上馨ら大蔵省の幹部には、租税共議権思想に立ち、会同を人民代表議会に擬《ぎ》そうとする姿勢があった（奥田二〇〇〇）。

ところが、五月七日付で、会同の召集・主催者である井上らの辞表が提出された。宮島誠一郎は、この機を捉えて行動を起こした。翌八日付で、人民代表議会に擬される制度的役割を振り当てられた、大蔵省地方官会同を「国会院《こっかいいん》」へと発展的に継承しようと構想し、江藤の後任の左院副議長である伊《い》地《じ》知《ち》正治《まさはる》（鹿児島県士族）に提議した（全集憲政篇）。

この「国会院」は、宮島の構想では、前述した「下議院」や「国会議院」とは異なり、人民代表議会ではなく、府知事・県令および府県参事、各省の奏任官以上の官員、左院の議官によって構成され、年一回開催される、中央・地方の上層官員の議会である。会同に出席している地方官を左院で引き受けて、これを右の官員議会へと切り換えて、当面はこれで出発して、いずれ人民代表議会を設置しよう、というものである。それまでの左院の構想は、前述したように、人民代表議会の即時開設論であったから、それと比較すると、すこぶる漸進的《ぜんしんてき》な案と言えよう。

宮島は、同月一三日までに、左院副議長の伊地知正治、参議兼同院事務総裁の後藤象二郎、筆頭参議の西郷隆盛の同意を獲得したが、政局の激変がその直截的《ちょくせつてき》な実現を阻んだ。正院内閣では、一応、宮島の構想は審議されたものの、結論は出されなかった（同上）。

こうした宮島の動きと併行して、政局は激しく動いていった。正院内閣は、同月一二日には、「地租改正方案」を可決させ、会同を閉会させた。そして、一八日付で井上らが辞表とともに提出した建議を却下する一方、太政大臣の三条実美が会同出席者を集め、今後は毎年、左院で地方官会議を開催し、その議事規則を制定する、と約束する演説を行った（府県資料）。

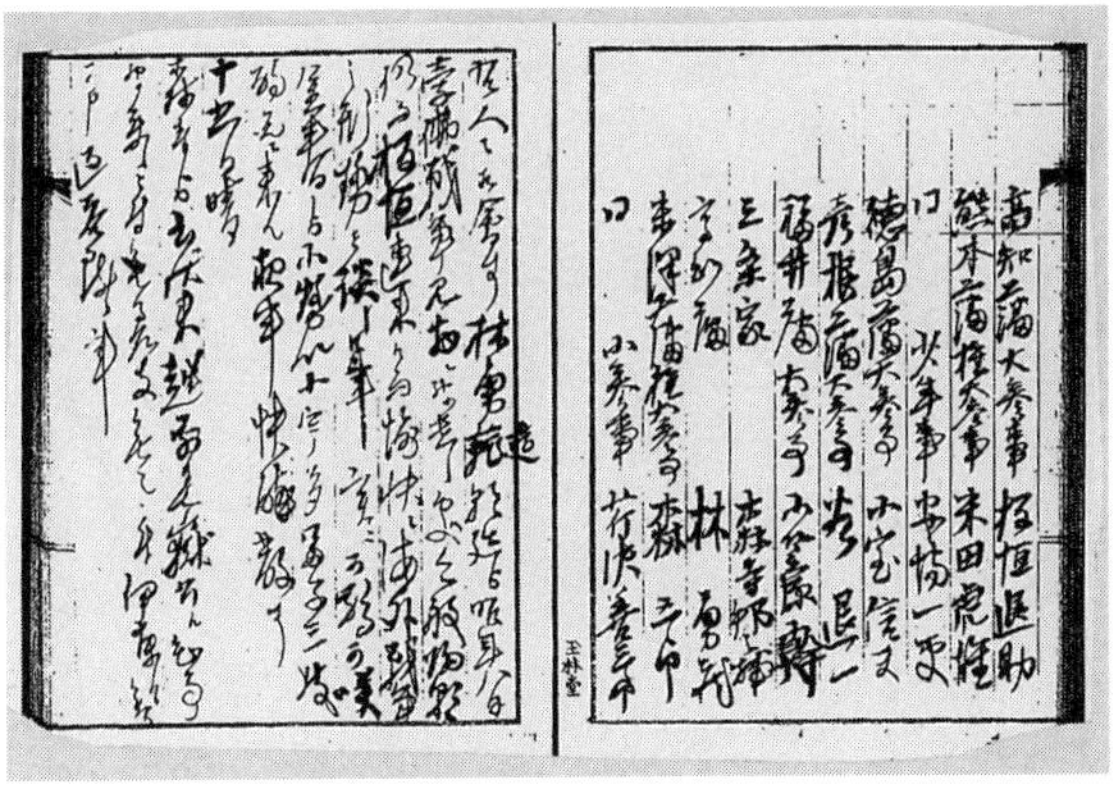
図52　宮島誠一郎の日誌

この三条の演説は、宮島の構想を直截的に実現するものではなかったが、地方官会議の制度化と毎年開催を約束した点で、その実現への可能性を開いたと言えよう。そして、同年六月二四日付で、「左院職制」と「左院事務章程」が改正されたと見られ、そこでは左院に中央・地方の官員「会議」を開設し、またその職務として「国憲」の編纂が規定されている（沿革五）。

しかし、宮島の回想では、この改正は実施されたことになっているものの、後藤と伊地知が、「国憲」の編纂方針をめぐって対立し、伊地知が辞意を表明して出勤しなくなった、とも述べられており、またもや棚上げになったと見られる（全集憲政篇）。

図53　明治6年10月政変　「征韓論の図」（国利画）

左院は、三条が在京の地方官に約束した線に沿って、中央・地方の官員議会開設の準備と「国憲」編纂事業に着手する法制上の裏付けまでは獲得したが、上層部の内部対立で機能不全状態に陥り、それらの業務に着手できなかった、と見られる。そして、左院上層部の内部対立は、「明治六年一〇月政変」へと繋《つな》がる、さまざまな政治的葛藤《かっとう》の一つであることもまた間違いあるまい。

「明治六年一〇月政変」後の政体取調

留守政府における立憲政体導入への動きは、左院の主導で、左院による中央・地方の官員「会議」の開設と「国憲」の編纂とを法制化するところまでは到達していた。

明治六年（一八七三）一〇月二四日に西郷隆盛、翌二四日に板垣退助・後藤象二郎・江藤新平・副島種臣が参議を辞し、下野《げや》した。代わって、二五日付で、参議の大隈重信が大蔵卿、同じく大木喬任が司法卿をそれぞれ兼ね、また、同日付で、伊藤博文が参議兼工部卿、勝安芳が参議兼海軍卿、二八日付で寺島宗則が参議兼外務卿に任ぜられた。一一月一〇日付で内務省が新置され、政変直前の一〇月一三日付で副島とともに参議に任ぜられていた、大久保利通（大久保の参議任命を補任録は同月一二日付とする）が内務卿に就任した（勝田二〇〇二）。

この「明治六年一〇月政変」をへて、新政権の下でも、右の留守政府の決定は全くの反故とはならなかった。新政権は、六年（一八七三）一一月一九日、正院内閣と左院の合同プロジェクトとして「政体取調《せいたいとりしらべ》」に着手した（奥田二〇〇四a）。内閣の方は伊藤と寺島、左院の方は副議長の伊地知正治と二等議官の松岡時敏《まつおかときとし》（高知県士族）だった。

図54　内務省

大久保は、この「政体取調」に対して、天皇が広汎な大権《たいけん》（議会の賛同を要せずに行使できる権限）を持ち、前出の左院の官員会議に、華族議員を加えた、上院のみを開設する、憲法の構想を提示した（大久保文書五）。一方、木戸孝允は、憲法の制定と、軍事・教育の権限は「デスポチック」に行わざるを得ないとしつつも、議会は上下両院を開設する構想を提示した（木戸日記二、『伊藤博文関係文書』四）。

木戸は、米欧回覧中に、ロンドンとベルリンで、ドイツに留学して国家学を学んでいた、青木周蔵《あおきしゅうぞう》（山口県士族）からホテルで集中講義を数日にわたって受け、憲法制定の必要を説く意見書の草案を、彼に起草させた（坂根一九八五）。そして、岩倉使節団本隊に先だって帰国した後、留守政府の内閣へその意見書を提出している（木戸文書八）。渡欧中の憲法学習を通じて、木戸は議会開設の要諦《ようてい》が下院＝国民代表議会の開設にこそあることを理解したようで、洋行前の

図55　青木周蔵

「制度取調」での上院のみの開設論は、この「政体取調」では撤回されている。

　大久保は、「政体取調」に福沢諭吉を登用することを、伊藤に提案している。幕末の大坂の適塾で同門であり、旧幕府の文久遣欧使節で同行した、福沢の学友である、寺島がそこに介在していることが十分に考えられよう。しかし、伊藤から、この件を聞いた木戸は、洋行からの帰国後、福沢の訪問を受けてもいたが、彼を参加させることには反対し、伊藤も同調している（奥田二〇〇四a）。

　結局、加藤弘之が欠員だった左院一等議官に七年（一八七四）一月一三日付で任ぜられ、副議長の伊地知（議長は欠員）の次席を占めて、「政体取調」に加わることとなる。しかし、それより先、同年一月に、福沢が官僚学者を激越に排撃する「学者職分」論を『学問のすゝめ』四編として公刊したことで、明六社の同人たちの間にいわゆる「学者職分」論争が起こっていた（『学問のすゝめ』、『明六雑誌』上）。加藤は、この問題が論議されたと見られる、同月一六日の明六社の会合に出席した翌日、一七日に左院一等議官の辞表を提出し、二三日付で免ぜられている。もっとも、「政体取調」の作業自体への実質的な関与は続いたと見られる（奥田二〇〇四a）。問題は、福沢が自身の学者登用問題の経緯を承知しているかどうかである。それ如何によっては、福沢の議論の意図や、それをめぐる論争の歴史的理解にも関わってこよう。しかし、史料を欠いて、その点は不明である。

「政体取調」は、大久保の上院のみ開設構想と、木戸の上下両院開設構想が対峙する形となったところへ、七年（一八七四）一月一七日、板垣退助・後藤象二郎・副島種臣・江藤新平の下野参議らが、「民撰議院設立建白書」を左院へ提出し、翌一八日、『日新真事誌』へ掲載し、ついで二月一日、帰郷した江藤を擁して「佐賀の乱」が勃発するに及んで、政局の後景へと退いていった。

そうした中で、「政体取調」は、七年（一八七四）二月一二日付で改正された、「左院職制」で「国会議院」の開設を、また「左院事務章程」で「国憲」の編纂を、ともに法制上の予定事項として規定したこと（沿革五）、さらに同年五月二日付で制定された「議院憲法」による地方官会議の設置に（全集憲政篇）、その一応の制度的結実を見ることができよう。

「民撰議院設立建白書」と左院

「民撰議院設立建白書」は、何故、憲法制定でも、国会開設でもなく、いきなり民撰議院（下院）の開設を求めたのか。

それは、前述したように、留守政府が、「会議」の開設と「国憲」の編纂を、すでに決定し、「明治六年一〇月政変」後の新政権も、その決定を全くの反故とはせず、「政体取調」に着手していたからであろう。また、そこにおいて、大久保利通の上院のみ開設構想と、木戸孝允の上下両院開設構想とが対峙しており、「建白書」はそこに楔《くさび》を打ち込む政治的効果もあったと見られる。

政府部内では、右の建白書を受け付けた左院が、それを「至当之道理《しとうどうり》」と評価し、前述したように、明治五年（一八七二）五月に、正院が「下議院」＝「民撰議院」の開設を既に許可して、その「規則」

の「取調」(起案)を左院に指令している、という経緯もあるから、その採用は当然だ、と七年(一八七四)一月一八日付で正院内閣へ上陳《じょうちん》している(国立公文書館所蔵「上書・建白書」、『史料を読み解く』4)。

この上陳の後段で、左院は、新設の内務省にもこの建白書の取り扱いを検討させた上で、六年(一八七三)五月の大蔵省地方官会同閉会時の公約(地方官会議の毎年開催)の実行を先行させ、その上で民撰議院を開設することを提案している。この提案は、まずは下院相当の議事機関として地方官会議を設置する案が「政体取調」の作業の中で固まりつつあったことを示す一つの証左となろう(奥田二〇一〇)。

いずれにせよ、立憲政体の導入は、明治維新が目指す国制改革の根本問題として、「国民」の眼前で、その是非やあり方が問われる局面を迎えたのである。

国制改革の中間決算——エピローグ

廃藩置県後に本格起動した国制改革は、「明治六年一〇月政変」前後までに、どのようなところまで進んできたのだろうか。その中間決算を試みて、本書をしめくくりたい。

地押調査と特別地価修正

その手がかりとして、地租改正について見てみよう（奥田二〇一五b）。

地租改正事業の終結後、明治一七年（一八八四）三月一五日付で「地《ち》租条例《そじょうれい》」が公布され、その規定に抵触する「地租改正条例」などの諸法令は廃止された（全書一七ノ一）。そこで、地価と地租率二・五％が固定される一方、「特別《とくべつ》地《ち》価修正《かしゅうせい》」が可能となった。

大蔵省は、「地租条例」に定められた、地価に関する帳簿と図面の整備を名目として、実地と不整合な地租改正の結果を是正する「地《ち》押調査《おしちょうさ》」に着手した。これは「第二回の改租」と称される大事業となり（有尾一九七七）、莫大な経費と労力を再び要することが予想され、折からの「松方デフレ」不況もあり、当初は出足が鈍っていた。そこで、大蔵省がその結果により特別地価修正を実施する方針を示すと、事業は円滑に進んでいった。

そして、約束通り、二〇年（一八八七）九月、二府一五県で特別地価修正が実施され、総額で三二万円（一万円未満は切り捨て、以下同様）の減租となっている（『明治財政史』第五巻〈以下、財政史五と省略〉）。この特別地価修正に漏れた奈良県や栃木県などでは、地租軽減を要求する動きが起こっている。栃木県の場合、自由民権派が運動を主導し、いわゆる「三大事件《さんだいじけん》建白運動《けんぱくうんどう》」の一翼を形成していく（奥田二〇〇七）。

こうした動きもあり、二二年（一八八九）八月二六日付で「田畑地価特別修正法」が公布され、奈良・栃木両県を含む三府四〇県で地価が修正され、地租は三二四万円の減租となっている（財政史五）。しかし、以後、地価が修正されることはなかった。

地租改正と国家財政

地租改正（そして特別地価修正）が国家財政に与えた影響を、慶応三年一二月（一八六八年一月）から明治二四年（一八九一）三月までの期間の、地租歳入額と、歳入総額中におけるその割合とを見ると、地租改正事業開始以前の財政水準を示す第六期が六〇六〇万円で七割あったのが、終結後の一四年度（一八八一）には四三一七万円で六割に落ち込んでいる（集成四・五・六、財政史五）。地租額では一七三三万円の減少となる。これは、前述した減租額の一一四万円を上回る数値である。地租改正が大幅な減租をもたらしたことは、もはや間違いあるまい。

地租率は日清戦争後まで改正されなかったので、右の期間、地価と地租は固定されていた。そのため、地租の歳入額は、当然ながら、一四年度以降は四三〇〇万円台で推移するが、二次の特別地価修正の影響で、二一・二三両年度（一八八八・九〇）は四〇〇〇万円台を割り込んでいる。

これに対して税収総額は、一四年度以降、六〇〇〇万円台に達し、歳入総額も「松方デフレ」財政

表 6　明治前期の国家財政における地租

期・年度	期　間	歳入総額(A)	税収総額	地税・地租(B)	B/A (%)
第 1 期	慶応 3. 12-明治 1. 12	33, 089, 313. 488	3, 157, 309. 735	2, 009, 013. 730	6. 071
第 2 期	明治 2. 1-9	34, 438, 404. 580	4, 399, 316. 071	3, 356, 963. 945	9. 748
第 3 期	明治 2. 10-3. 9	20, 959, 499. 102	9, 323, 965. 189	8, 218, 969. 008	39. 214
第 4 期	明治 3. 10-4. 9	22, 144, 597. 804	12, 852, 033. 691	11, 340, 983. 537	51. 213
第 5 期	明治 4. 10-5. 12	50, 445, 172. 969	21, 845, 102. 867	20, 051, 917. 085	39. 750
第 6 期	明治 6. 1-12	85, 507, 244. 624	65, 014, 693. 610	60, 604, 242. 381	70. 876
第 7 期	明治 7. 1-12	73, 445, 543. 893	65, 303, 269. 441	59, 412, 428. 874	80. 893
第 8 期	明治 8. 1-6	86, 321, 077. 057	76, 528, 960. 595	67, 717, 946. 854	78. 449
明治 8 年度	明治 8. 7-9. 6	69, 482, 676. 560	59, 194, 031. 717	50, 345, 327. 780	72. 457
明治 9 年度	明治 9. 7-10. 6	59, 481, 036. 184	51, 730, 633. 629	43, 023, 425. 704	72. 331
明治10年度	明治 10. 7-11. 6	52, 338, 132. 866	46, 258, 828. 300	39, 345, 774. 469	75. 176
明治11年度	明治 11. 7-12. 6	62, 443, 749. 402	49, 795, 993. 421	40, 281, 517. 881	64. 508
明治12年度	明治 12. 7-13. 6	62, 151, 751. 524	53, 441, 493. 698	41, 889, 695. 864	67. 399
明治13年度	明治 13. 7-14. 6	63, 367, 254. 453	55, 262, 421. 678	42, 346, 181. 483	66. 827
明治14年度	明治 14. 7-15. 6	71, 489, 880. 272	61, 675, 927. 396	43, 274, 031. 896	60. 532
明治15年度	明治 15. 7-16. 6	73, 508, 427. 231	67, 738, 535. 385	43, 324, 187. 876	58. 938
明治16年度	明治 16. 7-17. 6	83, 106, 858. 562	67, 659, 762. 769	43, 537, 648. 511	52. 388
明治17年度	明治 17. 7-18. 6	76, 669, 653. 752	67, 203, 829. 117	43, 425, 996. 475	56. 645
明治18年度	明治 18. 7-19. 3	62, 156, 834. 877	52, 581, 263. 061	43, 033, 679. 240	69. 234
明治19年度	明治 19. 4-20. 3	85, 326, 143. 000	64, 371, 436. 000	43, 282, 477. 000	50. 726
明治20年度	明治 20. 4-21. 3	88, 161, 074. 000	66, 255, 345. 000	42, 152, 171. 000	47. 813
明治21年度	明治 21. 4-22. 3	92, 956, 933. 000	64, 727, 266. 000	34, 650, 528. 000	37. 276
明治22年度	明治 22. 4-23. 3	82, 355, 422. 000	71, 294, 260. 000	42, 161, 327. 000	51. 194
明治23年度	明治 23. 4-24. 3	106, 469, 353. 000	65, 730, 858. 000	39, 712, 221. 000	37. 299
第 1 期～明治 18 年度の累計		1, 142, 547, 109. 200	890, 967, 371. 370	706, 539, 932. 533	61. 839

注 1)　掲出した数値は決算により，単位は円．百分比は小数点以下第 4 位を四捨五入した．

2)　「地税・地租」は，明治 8 年度以前が地税，同 9 年度以降が地租．

3)　出典は奥田 2015b の表 1．

の影響が顕著な時期を除き、全体としては増加傾向にあり、帝国議会が開設された二三年度には一億円台に達している。したがって、地租歳入の割合は漸減傾向を免《まぬが》れず、二三年度にはついに四割台を割り込み、三七・三%弱まで落ち込んでいる。この傾向はその後も変わらず、日露戦争以前に国税歳入額の首位を酒税《しゅぜい》に譲っている（奥田二〇〇一）。

第一期から一八年度までの累計で見ると、地租は歳入総額の六一・八%強を占めている。地租が形成期の「明治国家」にとって、主財源であったことは明白だろう。しかし、「帝国憲法」が制定され、帝国議会が開設されて、明治国家の国制が確立した、まさしくその前後の時点から、地租は主財源の地位を失い始めたのである。

これは、七年（一八七四）五月の松方正義の意見書（前出）で、すでに予感されていた。松方指揮下の大蔵省では、早くも地租制度に代わる、新たな税制の模索が始められている（牛米二〇〇六・〇七・〇八）。帝国憲法では制定以前の税制をそのまま継続すると定められ（奥田一九九三）、新たな税法の制定には帝国議会の「協賛《きょうさん》」を必要としたが、それが得られる見通しは立たなかった。

地租は、国家の税源としての柔軟性を失い、明治国家の財政運営にとって桎梏《しっこく》に転じるに至ったのである。地租改正によって、明治国家は財政設計上の構造的欠陥を抱え込んだ、と言ってもよかろう。

それは、地租改正（そして地押調査）が、住民社会の協力と承諾なしにはなし得なかった事業だった結果でもある。地租改正事業は、住民社会が「課税承諾権《かぜいしょうだくけん》」と「租税共議権《そぜいきょうぎけん》」を実践的に体験する場となり、また、そうでなければ実現し得なかった、国制改革だった。

「明治六年一〇月政変」前後の国制史的位置

それは、裏返せば、廃藩置県後、わが国が、事実上において、「国民国家《こくみんこっか》」ないし「租税国家《そぜいこっか》」へと変わりつつあったことを意味する。

しかし、わが「国民」は、「明治六年一〇月政変」前後の時点では、いまだ「課税承諾権」も「租税共議権」も、それを行使する議会も、それを権利として保障する憲法も、手にしてはいなかった。

もっとも、六年（一八七三）の五月と一〇月の政変で、政争に敗れ、政府を追われた元首脳たちは、ともども、「国民」の眼前に、政府部内の改革と政策をめぐる論議を公表し、「国民」の支持を得て、巻き返しを策してはいた。

聡明なわが「国民」が、そのことに気付くまで、それほどの時日《じじつ》は要しないだろう。

参考文献

〔書籍・論文〕

青山忠正『明治維新』日本近世の歴史6、吉川弘文館、二〇一二年一一月
F・ケルン『中世の法と国制』創文社、一九六八年一〇月
安藤宣保『寺社領私考――明治維新を中心として――』愛知県郷土資料刊行会、一九七七年一〇月
安藤宣保『寺社領私考拾遺――明治維新を中心として――』寺社領研究会、一九八〇年一〇月
飯島千秋『江戸幕府財政の研究』吉川弘文館、二〇〇四年六月
石井岩夫「明治初期伊豆国衆議機関について」(『地方史研究』第九六号、一九六八年一二月所載)
石井良助『江戸時代土地法の生成と体系』創文社、一九八九年二月
石塚裕道「明治初期における紀州藩藩政改革の政治史的考察――『絶対主義への傾斜』を中心として――」(『歴史学研究』第一八二号、一九五五年四月所載)
石塚裕道『日本資本主義成立史研究―明治国家と殖産興業政策―』吉川弘文館、一九七三年一〇月
石山秀和『近世手習塾の地域社会史』岩田書院、二〇一五年一月
稲田正次『明治憲法成立史』上巻、有斐閣、一九六〇月四月
井上　清『日本の軍国主義』1「天皇制軍部と軍隊」、東京大学出版会、一九五三年一二月
今村直樹「明治四年の藩議院と議員の活動」(荒武賢一朗・渡辺尚志編『近世後期大名家の領政機構　信濃国松代藩地域の研究Ⅲ』岩田書院、二〇一一年五月所収、第七章)
牛米　努「地券の発行について」(『租税史料館報』平成一五年度版、二〇〇四年七月所載)

牛米　努「明治二一年の地籍条例案について」（『租税資料館報』平成一七年度版、二〇〇六年七月所載）
牛米　努「明治二〇年所得税法導入の歴史的考察」（『税務大学校論叢』第五六号、二〇〇七年七月所載）
牛米　努「松方財政下の税制構想」（近代租税史研究会編『近代日本の形成と租税』有志舎、二〇〇八年一〇月所収、Ⅱ五）
江馬　修『山の民』上・下、春秋社、一九八五年一一月
大江志乃夫『明治国家の成立　天皇制成立史研究』ミネルヴァ書房、一九五九年一一月
大久保利謙『明六社』講談社学術文庫、二〇〇七年一〇月
大島美津子『明治国家と地域社会』岩波書店、一九九四年四月
大山　柏『戊辰役戦史』上・下巻、時事通信社、一九六八年一二月
岡本隆司『李鴻章——東アジアの近代』岩波新書、二〇一一年一一月
岡本隆司『近代中国史』ちくま新書、二〇一三年七月
奥田晴樹『地租改正と地方制度』山川出版社、一九九三年一〇月
奥田晴樹「地租改正と『近代的土地所有』をめぐって」（『埼玉県史料叢書月報』4、一九九七年三月所載）
奥田晴樹「請書のこと」（東京教育大学日本史研究会『表現』第二九号、二〇〇〇年三月所載）
奥田晴樹『日本の近代的土地所有』弘文堂、二〇〇一年七月
奥田晴樹『立憲政体成立史の研究』岩田書院、二〇〇四年三月a
奥田晴樹「教導職の民権論」（『東京大学史料編纂所紀要』第一四号、二〇〇四年三月所載）b
奥田晴樹『日本近世土地制度解体過程の研究』弘文堂、二〇〇四年九月c
奥田晴樹「栃木県の地租改正——『押付反米』問題を中心に——」（白川部達夫編『近世関東の地域社会』岩田書院、二〇〇四年九月所収）d

奥田晴樹「教導職の政体論」(『金沢大学教育学部紀要』人文・社会科学編、第五五号、二〇〇六年二月所載)
奥田晴樹『明治国家と近代的土地所有』同成社、二〇〇七年四月
奥田晴樹「試験任用制の濫觴が意味するもの」(金沢大学附属高等学校高校教育研究会『高校教育研究』第六〇号、二〇〇八年一一月所載)
奥田晴樹「内田政風と初期石川県」(加能地域史研究会編『地域社会の史料と人物 加能地域史研究会創立三〇周年記念論集』北國新聞社、二〇〇九年一二月所収)
奥田晴樹「明治維新と立憲政体構想」(『立正史学』第一〇八号、二〇一〇年九月所載)
奥田晴樹「戊辰戦争論ノート」(『京浜歴科研会報』第二二一号、二〇一一年一一月所載)a
奥田晴樹「府県の創設」(明治維新史学会編『講座 明治維新』第三巻 維新政権の創設、有志舎、二〇一一年一一月、七)b
奥田晴樹「旗本領の処分——能登国土方領の事例を中心として——(一)・(二)」(『立正大学大学院文学研究科紀要』第二八・二九号、二〇一二年三月・一三年三月所載)
奥田晴樹「幕末の禁裏御料と山城一国増献問題」(『立正大学文学論叢』第一三四号、二〇一二年三月所載)a
奥田晴樹『地租改正と割地慣行』岩田書院、二〇一二年一〇月b
奥田晴樹「七尾県の歴史的考察」(『立正大学人文科学研究所年報』第五二号、二〇一五年三月所載)a
奥田晴樹「地租改正の歴史的意義」(『立正大学文学部研究紀要』第三一号、二〇一五年三月所載)b
奥田晴樹「幕末維新史研究の軌跡」(『京浜歴科研会報』第三五一号、二〇一五年六月所載)c
岡田昭夫『明治期における法令伝達の研究』成文堂、二〇一三年五月
岡田芳朗『明治改暦 「時」の文明開化』大修館書店、一九九四年六月
小川原正道『大教院の研究 明治初期宗教行政の展開と挫折』慶應義塾大学出版会、二〇〇四年八月

刑部芳則『洋服・散髪・脱刀　服制の明治維新』講談社、二〇一〇年四月
刑部芳則『明治国家の服制と華族』吉川弘文館、二〇一二年一二月
刑部芳則『三条実美　孤独の宰相とその一族』吉川弘文館、二〇一六年六月
尾佐竹猛『日本憲政史論集』育生社、一九三七年九月
尾佐竹猛『日本憲政史大綱』上巻、日本評論社、一九三八年一一月
尾佐竹猛『維新前後に於ける立憲思想』同全集第一巻、実業之日本社、一九四八年一〇月
落合弘樹『西南戦争と西郷隆盛』敗者の日本史18、吉川弘文館、二〇一三年九月
落合弘樹『秩禄処分　明治維新と武家の解体』講談社学術文庫、二〇一五年一二月
笠原英彦『大久保利通』幕末維新の個性3、吉川弘文館、二〇〇五年五月
柏原宏紀『工部省の研究　明治初年の技術官僚と殖産工業政策』慶應義塾大学出版会、二〇〇九年六月
柏原宏紀「太政官制潤飾の実相」（『日本歴史』第七五〇号、二〇一〇年一一月所載）
勝田政治『内務省と明治国家形成』吉川弘文館、二〇〇二年二月
勝田政治『〈政事家〉大久保利通』講談社、二〇〇三年七月
勝田政治『大久保利通と東アジア　国家構想と外交戦略』吉川弘文館、二〇一六年二月
菊池勇夫『五稜郭の戦い　蝦夷地の終焉』吉川弘文館、二〇一五年一〇月
木戸田四郎「明治九年の農民一揆」（堀江英一・遠山茂樹編『自由民権期の研究』第一巻「民権運動の発展」、有斐閣、一九五九年五月所収）
後藤　靖「明治二年の土佐藩政改革について」（『日本史研究』第八七号、一九六六年一一月所載）
坂根義久『明治外交と青木周蔵』刀水書房、一九八五年一一月
佐々木克『大久保利通と明治維新』吉川弘文館、一九九八年八月

佐々木克『江戸が東京になった日』講談社、二〇〇一年一月
佐々木克『幕末史』ちくま新書、二〇一四年一一月
塩見鮮一郎『解放令の明治維新――賤称廃止をめぐって』河出書房、二〇一一年六月
志見正次『明治初期に於ける高山県の政治学的研究』飛騨郷土学会、一九六七年四月
清水多吉『西周　兵馬の権はいずこにありや』ミネルヴァ書房、二〇一〇年五月
杉谷　昭『明治前期地方制度史研究』佐賀女子短期大学、一九六七年二月
高木俊輔『維新史の再発掘　相楽総三と埋もれた草莽たち』日本放送出版協会、一九七〇年三月
高木俊輔『明治維新草莽運動史』勁草書房、一九七四年一〇月
高木俊輔『幕末の志士　草莽の明治維新』中公新書、一九七六年一月
高村直助『小松帯刀』吉川弘文館、二〇一二年六月
田中　彰『岩倉使節団　明治維新のなかの米欧』講談社現代新書、一九七七年一〇月
田中　彰『高杉晋作と奇兵隊』岩波新書、一九八五年九月
田中　彰『岩倉使節団の歴史的研究』岩波書店、二〇〇二年六月
谷川　穣『明治前期の教育・教化・仏教』思文閣出版、二〇〇八年一月
趙　景達『近代朝鮮と日本』岩波新書、二〇一二年一一月
戸沢行夫『明六社の人びと』築地書館、一九九一年四月
友田昌宏『戊辰雪冤　米沢藩士・宮島誠一郎の「明治」』講談社現代新書、二〇〇九年八月
友田昌宏『未完の国家構想　宮島誠一郎と近代日本』岩田書院、二〇一一年一〇月
中川壽之「太政官内閣創設に関する一考察」（明治維新史学会編『幕藩権力と明治維新』吉川弘文館、一九九二年四月所収）

丹羽邦男「府県の地方行政と諸藩の藩政改革」(古島敏雄・和歌森太郎・木村礎編『明治前期郷土史研究法』郷土史研究講座6、朝倉書店、一九七〇年九月所収、Ⅲ)
丹羽邦男『明治維新の土地変革――領主的土地所有の解体をめぐって――』御茶の水書房、一九六二年一一月
丹羽邦男『地租改正法の起源――開明官僚の形成――』ミネルヴァ書房、一九九五年三月
原田敬一『国民軍の神話　兵士になるということ』吉川弘文館、二〇〇一年九月
服藤弘司『大名預所の研究　幕藩体制国家の法と権力Ⅱ』創文社、一九八一年二月
樋口雄彦『旧幕臣の明治維新　沼津兵学校とその群像』吉川弘文館、二〇〇五年一一月
樋口雄彦『沼津兵学校の研究』吉川弘文館、二〇〇七年一〇月
深井雅海「旗本・御家人」(国史大辞典編集委員会編『国史大辞典』第一一巻、吉川弘文館、一九九〇年九月所収)
深谷博治『華士族秩禄処分の研究』新訂版、吉川弘文館、一九七三年三月
福島正夫『地租改正の研究』増訂版、有斐閣、一九七〇年一一月
福島正夫編『戸籍制度と「家」制度――「家」制度の研究――』東京大学出版会、一九五九年六月
藤田　覚『幕末から維新へ』シリーズ　日本近世史⑤、岩波新書、二〇一五年五月
藤田　正「留守政府における太政官三院制の変質過程」(『中央史学』第七号、一九八四年三月所載)
藤村　通『明治財政確立過程の研究』増補版、中央大学出版部、一九六八年六月
保谷　徹『戊辰戦争』戦争の日本史18、吉川弘文館、二〇〇七年一二月
堀野周平「明治初年における藩の議事制度――上総国柴山藩の会議所巷会を事例に――」(『地方史研究』第三六八号、二〇一四年四月所載)
松尾正人『廃藩置県』中公新書、一九八六年六月
松尾正人『維新政権』吉川弘文館、一九九五年九月

松尾正人『廃藩置県の研究』吉川弘文館、二〇〇一年一月
松尾正人『木戸孝允』幕末維新の個性8、吉川弘文館、二〇〇七年二月
松下芳男『徴兵令制定史』増補版、五月書房、一九八一年四月
丸山眞男・加藤周一『翻訳と日本の近代』岩波新書、一九九八年一〇月
三野行徳「近代移行期、官僚組織編成における幕府官僚に関する統計的検討—『明治五年官員全書』を中心に—」(大石学編『近世国家の権力構造—政治・支配・行政—』岩田書院、二〇〇三年五月所収)
三宅紹宣「五箇条の誓文と五榜の掲示」(『明治維新史研究』第九号、二〇一三年三月所載)
三宅守常『三条教則と教育勅語　宗教者の世俗倫理へのアプローチ』弘文堂、二〇一五年六月
村上　直『天領』新人物往来社、一九六五年五月
室山義正『松方正義——我に奇策あるに非ず、唯正直あるのみ——』ミネルヴァ書房、二〇〇五年六月
森　安彦『幕藩制国家の基礎構造——村落構造の展開と農民闘争——』吉川弘文館、一九八一年二月
宮地正人『幕末維新変革史』岩波書店、上・二〇一二年八月、下・二〇一二年九月
宮間純一『戊辰内乱期の社会　佐幕と勤王のあいだ』思文閣出版、二〇一五年一二月
毛利敏彦『明治六年政変の研究』有斐閣、一九七八年五月
毛利敏彦『明治六年政変』中公新書、一九七九年一二月
毛利敏彦『江藤新平　急進的改革者の悲劇』中公新書、一九八七年五月
茂木陽一「新政反対一揆と地租改正反対一揆——伊勢暴動を例に」(『シリーズ　日本近現代史　構造と変動』1「維新変革と近代日本」、岩波書店、一九九三年二月所収)
安丸良夫『神々の明治維新』岩波新書、一九七九年一一月
山崎有信『彰義隊戦史』隆文館、一九一〇年四月

山本有造『両から円へ―幕末・明治前期貨幣問題研究―』ミネルヴァ書房、一九九四年二月
由井正臣編『幕末維新期の情報活動と政治構想――宮島誠一郎研究――』梓出版社、二〇〇四年三月
横地穣治『信濃における世直し一揆の研究』横地穣治遺稿集刊行会、一九七四年一月
横浜対外関係史研究会・横浜開港資料館編『横浜英仏駐屯軍と外国人居留地』東京堂出版、一九九九年三月

〔史料・記録類〕

有尾敬重『本邦地租の沿革』復刻版、御茶の水書房、一九七七年九月
家永三郎・松永昌三・江村栄一編『新編　明治前期の憲法構想』福村出版、二〇〇五年一〇月
石川卓美・田中彰編『奇兵隊反乱史料　脱隊暴動一件紀事材料』マツノ書店、一九八一年一〇月
板垣退助監修『自由党史』上、岩波文庫、一九五七年三月
伊藤博文関係文書研究会編『伊藤博文関係文書』四、塙書房、一九七六年三月
江村栄一編『憲法構想』日本近代思想大系、第九巻、岩波書店、一九八九年七月
大村益次郎先生伝記刊行会編『大村益次郎』復刻版、マツノ書店、一九九九年八月
大内兵衛・土屋喬雄編『明治前期財政経済史料集成』第一・二・四～七・九巻、改造社、一九三一年五月、三二年六・四・一〇・一二月、三三年三・一二月
大久保利謙編『西周全集』第二・三巻、宗高書房、一九六六年三・一〇月
大久保利謙編『津田真道　研究と伝記』みすず書房、一九九七年三月。『同全集』上、二〇〇一年八月
外務省編『日本外交年表並主要文書』上、復刻版、原書房、一九六五年一一月
金井之恭編『明治史料顕要職務補任録』柏書房、一九六七年一二月
木戸孝允関係文書研究会編『木戸孝允関係文書』第一・二・四巻、東京大学出版会、二〇〇五年一〇月、〇七年二月、

〇九年五月
宮内省図書寮編『三条実美公年譜』復刻版、宗高書房、一九六九年一〇月
慶應義塾図書館編『木村摂津守喜毅日記』塙書房、一九七七年一〇月
佐々木克・藤井譲治・三澤純・谷川穣編『岩倉具視関係史料』上・下、思文閣出版、二〇一二年一二月
静岡県茶業組合連合会議所編『静岡県茶業史』復刻版、国書刊行会、一九八一年一一月
自治振興中央会編『府県制度資料』同会、一九四一年三月
品川区編『品川県史料』同区、一九七〇年三月
信濃教育会諏訪部会編『相良総三関係史料集』青史社、一九七五年九月
J・S・ミル『自由論』岩波文庫、一九七一年一〇月
『枢密院高等官履歴』第三巻、東京大学出版会、一九九六年一二月
鈴木　淳・西川　誠・松沢裕作『史料を読み解く』4「幕末・維新の政治と社会」、山川出版社、二〇〇九年六月
瀧井一博編『伊藤博文演説集』講談社学術文庫、二〇一一年七月
多田好問編『岩倉公実記』中巻、復刻版、原書房、一九六八年五月
『熾仁親王行実』巻上、高松宮蔵版、一九二九年八月
地租改正基礎資料刊行会編『明治初年地租改正基礎資料』上巻・改訂版、有斐閣、一九七一年二月
帝室林野局編『御料地史稿』同局、一九三七年一二月
東京大学史料編纂所編『明治維新史料選集』下　明治編、東京大学出版会、一九七二年三月
新田完三編『諸侯年表』東京堂出版、一九八四年六月
内閣官報局編『法令全書』第一～四巻・五巻ノ一・六巻ノ一・一〇巻・一七巻ノ一、復刻版、原書房、一九七四年六～一〇・一二月、七五年九月、七六年七月

内務省図書局編『地方沿革略譜』復刻版、象山社、一九七八年九月
日本史籍協会編『明治戊申局外中立顚末』復刻版、東京大学出版会、一九六七年五月
日本史籍協会編『徳川慶喜公伝』史料篇三、復刻版、東京大学出版会、一九七五年一〇月
日本史籍協会編『熾仁親王日記』一、復刻版、東京大学出版会、一九七六年七月
日本史籍協会編『岩倉具視関係文書』二、復刻版、東京大学出版会、一九八三年三月
日本史籍協会編『大久保利通日記』二、復刻版、東京大学出版会、一九八三年七月。『同文書』二～五、八三年八・九月
日本史籍協会編『大隈重信関係文書』一・二、復刻版、東京大学出版会、一九八三年一二月・八四年一月
日本史籍協会編『太政官沿革志』二～五、復刻版、東京大学出版会、一九八六年一二月～八七年二月
日本史籍協会編『木戸孝允日記』一・二、復刻版、東京大学出版会、一九八五年七・八月。『同文書』三・四・八、八五年一二月、八六年一・五月
『福沢諭吉全集』第一巻、岩波書店、一九五八年一二月。『福翁自伝』岩波文庫、七八年一〇月。『学問のすゝめ』二〇〇八年一二月
本庄栄治郎編『神田孝平――研究と史料――』経済史研究会、一九七三年一一月
三重県編『伊勢暴動（明治九年）顚末記』復刻版、三重県図書館協会、一九八一年一月
三宅守常編『三条教則衍義書資料集』錦正社、二〇〇七年七月
森　安彦編『武蔵国多摩郡関前新田名主井口忠左衛門と御門訴事件』私家版、二〇〇八年一一月
明治財政史編纂会編『明治財政史』第五巻、明治財政史発行所、一九二七年三月
『明六雑誌』上、岩波文庫、一九九九年五月
文部省編『学制百年史』帝国地方行政学会、一九七二年一〇月

吉野作造編『明治文化全集』第四巻　憲政篇・第五巻　自由民権篇・第七巻　政治篇、日本評論社、一九二八年七月・
二七年一一月・二九年一一月
頼　山陽『日本外史』（中）、岩波文庫、一九七七年五月

略年表

西暦	和暦	事項
一八六七	慶応 三	一〇・一三 薩摩藩に討幕の密勅が下る。―一四 徳川慶喜、大政奉還を上表。長州藩に討幕の密勅が下る。―一五 朝廷、大政奉還を勅許。一一・三 薩摩藩兵、鹿児島を出航（―一三 上洛）。―一五 坂本龍馬・中岡慎太郎、暗殺。―二五 長州藩兵、三田尻を出航（―二九 摂津に上陸）。一一 西周助、「議題草案」（公議政体の憲法草案）を徳川慶喜へ献策。一二・七（西暦一八六八・一・一）兵庫開港、大坂開市。―九「王政復古の大号令」、三職を設置・任命。小御所会議を開く（「王政復古」政変）。
一八六八	慶応 四	一・三～四 鳥羽・伏見の戦、戊辰戦争勃発。―六 徳川慶喜、大坂を出航。―七 徳川慶喜追討令。―一〇 旧幕府領の接収・御領化を達す。―一一 神戸事件。―一四 太政官代を九条家邸に設置。―一五 新政府、王政復古と開国和親の方針を各国公使に通告。―一七 三職分課を制定。―二二 大和鎮台を設置（最初の鎮台設置）。―二五 イギリスなど六ヵ国、局外中立を宣言。―二七 大坂鎮台を廃止し、大坂裁判所を設置（最初の裁判所設置）。二・三 天皇親征の詔。新政府組織を八局に改編。―九 熾仁親王を征討軍の大総督に任命。―一二 徳川慶喜、寛永寺に閉居。―一五 堺事件。―二三『太政官日誌』創刊。―三〇 イギリス公使パークス、京都御所参内の途次、襲撃される。三・三 赤報隊の相良総三ら、「偽官軍」として処刑。―六 大総督、一五日の江戸城総攻撃を発令。―一四「五ヶ条の御誓文」。西郷隆盛と勝安芳が会談、江戸開城の和議成立。―一五「五榜の掲示」。―二一 天皇、大坂「親征」（行幸）へ出発。―二八 神仏判然令。四・一一 江戸無血開城。閏四・四 軍防事務局判事大村益次郎、江戸に到着。―八 天皇、大坂から「凱陣」（還幸）。―一〇 副総裁三条実美に関東監察使を兼職させる。―一九 陸軍編制を制定。―二一「政体書」を頒行。五・三 奥羽越列藩同盟が成立。―一一 江戸府を設置。―一五 上野戦争。新政府、太政官札を発行。―一九 江戸鎮台を設置。―二四 三条実美の関東観察使兼職を解き、関八州鎮将を兼職させる。田安亀之助の

西暦	和暦	事項
		徳川宗家相続を許す。貢士対策規則を制定。―三〇 徳川亀之助の七〇万石新封を達す。六・五 征討軍大総督参謀西郷隆盛、上洛して援兵を要請。新政府、この日上洛した鹿児島藩兵の東下を決定、大久保利通に随行を命ずる。―一四 旧幕府京都代官小堀数馬、山城国の御領を京都府、丹波国のそれを久美浜県へ移管。―一八 神田孝平、開成所御用となる。―一九 新政府、木戸孝允と大木喬任に東下を命ずる。―二五 木戸ら、海路、品川沖に到着。―二七 木戸・大久保・大村・大木が天皇東幸について「密議」。七・一五 大阪を開港場とする。―一七 江戸を東京と改称。江戸鎮台と関八州鎮将を廃止し、鎮将府を設置し、三条実美に鎮将を兼職させる。江戸府を東京府に改置。七 加藤弘之、『立憲政体略』刊行。八・四 奥羽・北越諸藩の士民に王土王民論を告諭。天皇の東京「親臨」（東幸）を達す。―一八 榎本武揚、旧幕府艦隊を率いて脱走。―二七 天皇の即位大礼。
	明治 元	九・八 明治と改元、一世一元制を定める。―一九 議政官を「姑ク」廃止して、議定・参与を行政官所属とし、「議事之制取調候一局」開設を予告。議事体裁取調御用を任命。―二〇 天皇、東幸へ発輦。―二二 会津藩、征討軍に降伏。一〇・一 奥羽・北越戦争終結を宣言、諸兵隊の帰休を達す。―一三 天皇、東京に着輦。―一七 天皇の東幸による「内外之政」の「親聴」を達す。―一八 鎮将府を廃止。―二八 藩治職制を制定。―二九 熾仁親王、大総督を免ぜられる。―三〇 加藤弘之、政体律令取調御用となる。一一・一九（西暦一八六九・一・一）東京開市、新潟開港。議事体裁取調所を設置。二 姫路藩主酒井忠邦、版籍奉還を建言。一二・六 来春、東京の旧姫路藩邸に公議所の設置を達す。―七 陸奥・出羽両国の分割、奥羽・北越諸藩の処分、奥羽の新政府直轄地の諸藩取締を達す。―八 天皇、京都還幸へ発輦。―一五 榎本武揚ら、蝦夷地を占拠。―二二 天皇、京都に還幸。―二八 イギリスなど六ヵ国、局外中立を解除。
一八六九	明治 二	一・五 横井小楠、京都で暗殺される。―一四 大久保利通、岩倉具視宛の書翰で長州・土佐・薩摩

三藩士による版籍奉還の「合議」を報ずる。一七 岩倉具視、輔相を辞任。一八 津田真道、刑法官権判事に任命。二〇 薩摩・長州・土佐・肥前佐賀藩主、版籍奉還を上表。二・五「府県施政順序」を制定。二四 天皇東臨中の太政官東京移転を達す。三・七 天皇、再東幸へ発輦。公議所を東京で開議。一三 待詔局を設置。一四 高山県知事梅村速水罷免（翌年一〇 獄死）。一七 徴集兵員の「一先帰休」、軍資金の引き続き上納を諸藩に達す。二八 天皇、東京に着輦、東京奠都（事実上の遷都）。四・六 三条実美、京都の岩倉具視宛書翰で東京の政情を報じ、岩倉・木戸孝允・大久保利通の東下を懇請（一一 岩倉、書翰を受領）。一八 民部官を設置。二一 議政官を復活。二三 東京在勤の議定東久世通禧と参与後藤象二郎、京都在勤の議定岩倉具視に行政官機務取扱を兼職させる。一七 議事取調局を廃止し、制度寮を設置。二〇 国是会議開催の詔書。二四 岩倉と大久保、東京に到着。二七 府藩県に過去五年間の租税収納額の上申を達す。四 加藤弘之が「田地町地面共勝手ニ売買ノ議」、神田孝平が「税法改革ノ議」（地租改正の基本構想）を公議所で提議。五・四 森有礼、公議所で「御国体之儀ニ付、問題四条」を提議、「郡県か封建か」が論議される。松方正義、廃藩置県・税制改革を求める意見書を提出。一七 上局会議を東京城の大広間に開設。一三「政体書」改正、議政官を廃止。太政官上層職員の公選を実施。一八 箱館戦争終結。二八 贋金の鋳造と流通を厳禁。二九 木戸、東京に到着。六・二 薩摩・長州藩主らの戊辰戦争の軍功に賞典禄を下賜。四「民部官職制」を制定。直轄府県に京都府の民政関係法令を示し、その施行を達す。一七 版籍奉還を聴許。公卿・諸侯を華族と改称。旧藩主らを諸藩知事に任命（〜二五）。二五 行政官、諸藩知事の家禄を現石の一割と定め、藩士らを士族と改称し、その禄制改革を達す。七・八「職員令」を制定、二官六省・集議院・待詔院・開拓使を設置。一五 悪贋貨対策を迫る列国公使の要求書を諸藩に公表。二七「民部省規則」、「府県奉職規則」・「県官人員並常備金規則」を制定。七 流入した贋金をめぐり伊奈県で騒擾（〜八）。八・二 民部・大蔵両省合併。一四 待詔院下局の事務を集議院下局に移す。一六

西暦	和暦	事項
		蝦夷地を北海道と改称、その国郡を設置。九・四 大村益次郎、京都で襲撃され重傷を負う（一一・五死去）。―二六 王政復古の論功行賞を行う。一〇・二五 府藩県が所持する悪金引き替えを達す。一二・二旧幕臣の禄制を定める。―一九 木戸孝允・大久保利通、帰藩のため、海路出発。―二五 東京・横浜間の電信開通。―二八 木戸、山口に到着。
一八七〇	明治 三	一・三「大教宣布の詔」。―一九 大久保利通、山口を経由して鹿児島に到着。―二六 山口藩で奇兵隊士らの脱隊騒動起こる。一 品川県で社倉政策をめぐり御門訴事件が起こる。二・一一 木戸孝允、脱隊騒動を武力鎮圧。―二四 島津久光、政府の改革への不平を大久保に「激論」。三・二二 大久保帰京。四・二八 集議院開会、「藩制」案を審議。五・二 木戸孝允、山口藩知事毛利元徳に随従し、鹿児島を訪問。六・二 木戸、毛利敬親に随従して帰京。―七 木戸、参議に任命（―一〇 受諾）。―一八松方正義、税制改革を急務とする意見書を提出。六 神田孝平、「田租改革議」（地租改正構想の再提議）を提出。七・一〇 民部・大蔵両省分離。七「検見規則」を制定。八 岩倉具視「建国策」成立。九・一〇「藩制」を制定。―一八 海軍操練所を設置。―一九 国交再開のため、外務省職員を朝鮮に派遣（朝鮮は拒絶）。平民の苗字使用を許す。―二八 西周、兵部省出仕兼学制取調御用となる。九 鹿児島藩、東京から兵力引き揚げ、交代兵を出さず。一〇・二〇 工部省を設置。一一・一三「徴兵規則」を制定。―一七 日田県で民衆騒擾。―二五 勅使岩倉具視の山口・鹿児島派遣、木戸孝允・大久保利通の帰藩を決定。―二八 大楽源太郎らによる日田県騒動鎮圧のため河野敏鎌を派遣。一二・八『横浜毎日新聞』創刊（最初の日刊新聞）。―一八 勅使岩倉具視、鹿児島に到着。―二〇 新律綱領を制定。―二二 常備兵編制の統一基準を諸藩に達す。―二三 岩倉、鹿児島藩知事島津忠義に勅書を伝達。―二四 岩倉、島津久光に上京を説得。―二五 西郷隆盛、自身の上京を岩倉に伝える。―二六 雲井龍雄ら、政府転覆計画の罪で処刑。三 大蔵省、「全国一致之政体」の「立定」を建議。

一八七一 明治 四

一・五 社寺領を上知。―五 岩倉具視、西郷隆盛・大久保利通らを伴い、鹿児島から山口へ出発。―九 岩倉、毛利敬親に勅書を伝達。大久保の提案で高知藩への協力要請の使者派遣を決定。広沢真臣、東京で暗殺される。―一〇 西郷隆盛、高知藩への使者派遣を毛利敬親・元徳父子に説明、同意を得る。―一七 西郷・大久保・木戸孝允ら、浦戸へ到着。二・一 西郷・大久保・木戸・板垣退助ら、横浜に到着。―一三 御親兵召し出しを決定。―一五 西郷隆盛、兵員引率のため、東京から鹿児島へ出発。―二三 鹿児島・山口・高知藩兵による御親兵編制を布告。―二四 木戸孝允、横浜から山口へ出発。三・二 木戸孝允、山口に到着。―七 外山光輔らを逮捕。―二三 巡察使四条隆謌、派兵して久留米藩大参事水野正名らを逮捕。―一四 愛宕通旭を逮捕。―二三 外務権大丞丸山作楽を逮捕。―二五 毛利敬親死去。四・四 戸籍法を制定（翌年二・一から実施）。―二一 西郷隆盛、鹿児島藩知事島津忠義に随従し、兵員を引率して東京に戻る。五・三 大久保利通、東京から山口へ出発（―一二 到着）。―一〇 新貨条例を制定。―一三 副島種臣を樺太国境確定交渉に派遣。―一六 木戸孝允・大久保利通、山口から東京へ出発。―二七 大久保帰京。―二八 木戸帰京。五 新貨条例を制定。六・二五 在京の参議全員辞職、西郷隆盛・木戸孝允を参議に任命。―二九 制度取調設置を決定。七・一〜二 制度取調専務を任命。―九 刑部省・弾正台を廃止し、司法省を設置。木戸孝允邸で西郷隆盛・大久保利通・山県有朋・井上馨・西郷従道・大山巌が会合、廃藩置県の手順と政府改革の概要を決定。―一四 廃藩置県を断行、二六一県を新置し、三府三〇二県となる。―一八 大学校を廃止し、文部省を設置。―二七 民部省を廃止。―二九「太政官職制」を制定。八・八 神祇官を神祇省に改編。―九 散髪・脱刀を許す。―一〇 太政官正院の納言を廃止し、左右大臣を設置。―二〇 鎮台を東京・大阪・鎮西（小倉）・東北（石巻、当分は仙台）の四鎮台に改置、「徴兵規則」の施行を実質的に停止。―二三 華族・士族・平民の通婚を許す。―二八 賤称の廃止を達す。九・一三「日清修好条規」を締結。九 大蔵省租税権頭松方正義、地価定率金納課税実施の税制改革意見書を大蔵卿大久保利通に提出。一〇・七 大蔵省、東京府下への地券発行・地租収納

西暦	和暦	事項
一八七二	明治 五	実施を正院に上申。―八 岩倉具視らの米欧回覧使節派遣を決定。―二八「府県官制」を制定。一一・一二 岩倉使節団、横浜を出航。―一三〜二二 府県分合、三府七二県となる。―二七「県治条例」(付則「県治官員並常備金規則」)を制定。二 岩倉使節団と留守政府の盟約書作成。一二・三 外山光輔・愛宕通旭を処刑。―一八 在官者以外の華族・士族・卒の就業を許す。―二七 東京府の町地・武家地を市街地と改称、地券発行・地租収納を達す。 一・二五 大使岩倉具視、アメリカ大統領グラントに謁見。―二九 卒を廃止、世襲の卒は士族に編入。一 東京府の「地券発行地租収納規則」を制定。二・一五 地所永代売買を許す。―二四「地所売買譲渡ニ付地券渡方規則」を制定。―二八 兵部省を廃止し、陸軍省・海軍省を設置。二 福沢諭吉『学問のすゝめ』初編刊行。中村正直『自由之理』刊行。三・九 御親兵を廃止し、近衛兵を設置。―一三「鎮台条例」を制定。―一四 神祇省を廃止し、教部省を設置。―二四 大久保利通・伊藤博文、対米条約改正交渉の全権委任状交付を求め一時帰国。四・九 庄屋・名主などの名称を廃止し、戸長・副戸長に改めるよう達す。―二五 教導職を設置。―二八 三条の教則を定める。四 左院三等議官宮島誠一郎、「立国憲議」を議長後藤象二郎に提出。五・一五(一九) 左院、「下議院ヲ設クルノ議」を正院に上申。―一七 大久保・伊藤、横浜を出航。―二三 正院、「府県代人」を「議員」として「集議」を興すことを決定、左院にその規則取調を指令。―二三 天皇、中国以西の巡幸へ出発。五 神奈川県令陸奥宗光、「田租改革建議」を提出。六・一八 陸奥宗光、大蔵省租税頭に任命。六・一九 大使岩倉具視、条約改正交渉の中止をアメリカに通告。七・四「地券渡方規則」改正、全国の地所への地券交付一〇月中完了を定める(壬申地券交付の地券調査開始)。―一二 天皇、巡幸から帰京。―二五 大蔵省租税寮に改正局を設置。八・二 教育に関する「被仰出書」。―三「学制」を頒布。―一三 大蔵省、田畑貢租の原則金納化に政策転換。―一八 外務大丞花房議質を朝鮮に派遣、釜山の草梁倭館に外務省職員を駐在させる。八 左院、「国会議院手続取調」作成。九・一二 新橋・

一八七三	明治　六	横浜間の鉄道開業。九 大蔵省、「地価取調規則案」を府県に達示。大教院を旧紀州藩邸に設置(翌年二 増上寺へ移転)。一〇・二五 文部・教部両省を合併。一〇 官営富岡製糸場が開業。一一・九 太陽暦採用の詔。—一五 神武天皇即位を紀元と定め、その日を一・二九とし祝日とする。「国立銀行条例」を制定。—二八「徴兵告諭」を制定。—二九 山城屋和助、陸軍省で自刃。(一二・三)一・一 太陽暦を実施。—四 神武天皇即位日・天長節を祝日とし、五節句の廃止を達す。—九 名古屋・広島に鎮台を設置。—一〇 徴兵令を制定。—一七「地所質入書入規則」を制定。—三一 大蔵省、地方官会同の召集を達す。三・七 神武天皇即位日を紀元節と改称。四・二 大蔵省地方官会同が開会。—一九 江藤新平・後藤象二郎・大木喬任を参議に任命。五・二「太政官職制」を「潤飾」、正院に内閣を設置。—五 皇居と多くの政府庁舎が焼失。—七 大蔵大輔井上馨ら、財政改革を建議し辞表を提出。—九 大隈重信を大蔵省事務総裁に任命。—一三 地方官会同、「地租改正方案」を可決。—一四 井上らを罷免。—一八 井上らの建議を却下(明治六年五月政変)。太政大臣三条実美、地方官会同出席者に、地方官会議の毎年開催・議事規則制定を約束。—二六 副使大久保利通、米欧回覧から帰国。六・八 石高の称を廃止し、反別に換えるよう達す。—一一 第一国立銀行設立。—一三「改定律例」を制定。—二四 集議院を廃止。七・二三 副使木戸孝允、米欧回覧から帰国。—二八「地租改正法」を制定。八・一七 閣議、西郷隆盛の朝鮮派遣を内定。八 森有礼、西村茂樹に学会結成をはかる(明六社の濫觴)。九・一三 大使岩倉具視ら、米欧回覧から帰国。一〇・三(一三) 大久保利通、参議に任命。—一三 副島種臣、参議に任命。—一五 閣議、西郷の朝鮮派遣を決定。—二〇「官員及常備金割賦規則」を制定(—三〇 取り消し)。—二四 天皇、太政大臣摂行岩倉具視の奏議により、朝鮮遣使を無期延期とする。西郷、参議・近衛都督を辞任。—二五 板垣退助・後藤象二郎・江藤新平・副島種臣、参議を辞任(明治六年一〇月政変)。伊藤博文・勝安芳、参議に任命。—二八 寺島宗則、参議に任命。一一・一〇 内務省を設置。—一九 政体取調に着手。一二・二五 島津久光を内閣顧問に任命。—二七 家禄税・家禄奉還制度を定める。

西暦	和暦	事項
一八七四	明治　七	一・三 板垣退助ら、東京で愛国公党を結成。—七 板垣退助・後藤象二郎・副島種臣・江藤新平ら、民撰議院設立建白書を左院に提出（—八『日新真事誌』に掲載）。—八 左院、板垣らの建白書を「至当」と正院に上申。一 福沢諭吉、『学問のすゝめ』四編刊行（「学者職分」論争が始まる）。二・一 佐賀の乱勃発。—三 加藤弘之、民撰議院開設時期尚早論を『日新真事誌』に掲載、民撰議院論争が始まる。—六 閣議、台湾出兵を決定。—三「左院職制」改正、（「国会議院」開設を規定）・「左院事務章程」改正（「国憲」編纂を規定）。加藤弘之、左院一等議官に任命。—一六 明六社の会合開催（三 明六社発足）。—七 加藤、左院一等議官の辞表提出（—三 免官）。三・一 佐賀の乱鎮定。三『明六雑誌』創刊。四・四 西郷従道を台湾蕃地事務都督に任命。—〇 板垣退助ら、高知で立志社を結成。—三 江藤新平処刑。—八 木戸孝允、台湾出兵に反対し参議兼文部卿の辞表を提出。—九 閣議、台湾出兵中止を決定。五・二 地方官会議開催の詔書、「議院憲法」を制定。—四 大久保利通・大隈重信・西郷従道、長崎で会談、台湾出兵を決定。—三 左院に国憲編纂掛を設置。—五 木戸孝允、参議兼文部卿を免じ、宮内省出仕となる（—二七 山口帰郷へ出発）。—三 西郷従道麾下の鹿児島士族兵、台湾に上陸。八・一 台湾問題の対清交渉のため、大久保利通の派遣決定。九・一四 台湾問題の北京談判開始。一〇・三 北京談判妥結。一一・二六 大久保帰国。

あとがき

歴史研究の成果を公刊にする方法には二通りあるだろう。一つは個々のテーマについての実証的検討にもとづく歴史認識を提示する研究論文、もう一つは一定の時期に関する俯瞰《ふかん》的な歴史理解を提示する歴史叙述である。後者は、自他による前者の研究成果を、自身の歴史理解の「筋」に整合的な形で配して、叙述として織り上げていく必要がある。

かつて、著者の師である、故津田秀夫先生の『天保改革』（「日本の歴史」22、小学館、一九七五年一一月）執筆作業を具に拝見し、歴史叙述がいかほど大変な作業かを痛感したものである。

かような歴史叙述の一般的な大変さに加え、本書が扱う時期は、戦前以来の分厚い研究史が、一九八〇年代以降の研究の進展により、文字通り「変革」されてきた分野だった。加えて、還暦前後に発症した、小脳の運動機能障碍が進行していた。これらを総じて甘く考え、従前の作業速度を前提として、本書の執筆に取りかかった。

当初の計画では、①幕末政治の問題点と、それが開国を不可避とするに至る経緯、②国制改革の構想と主体の形成、そして幕府瓦解の経緯、③「王政復古」政変後に起動していく国制改革を、すべて叙述するはずだった。作業は、従来通り、史料の提示とその分析、関係する研究史の検討を論述し、その草稿を整理して原稿を仕上げる方法をとった。

障碍の関係で作業速度が格段に落ちてはいたが、昨春には一応、草稿は成った。しかし、それから難航し始めた。原稿提出期限の昨夏末を迎えて、ようやく①の原稿がほぼ出来上がった。しかし、それだけで優に一巻分を越える分量である。そこで、著者本来の専攻分野である、③の原稿の仕上げを優先して作業し、昨年末にはほぼ終了した。だが、これも一巻分の分量である。

そこで、本シリーズの企画編集委員の大日方純夫先生と源川真希先生、そして出版社のご高配で、③の原稿を本書として公刊していただくこととなった。

歴史叙述の成否は、そこでの歴史理解の「筋」、そして研究成果の配し方、この二つの如何にかかっていよう。もちろん、「筋」は幾らもあり得よう。本書の「筋」の基礎は、著者年来の研究テーマ、地租改正、地方制度、立憲政体である。本書は、そのうち、立憲政体の問題に軸足を置き、議事取調↓諸藩統合が、版籍奉還聴許をへて、廃藩置県断行前後に、制度取調~政体取調↓「国民」統合へと展開し、自由民権運動を分岐させ、それと対抗しつつ、立憲政体の導入へと向かっていく、国制改革のベクトルを粗々追跡したものである。その成否の判断は大方の読者諸賢に委ねたい。

本書の公刊では、吉川弘文館編集部には大層お世話をおかけした。衷心からの謝意を表したい。

最後に、私事にわたって恐縮だが、障碍の進行を前に、ともすれば立ち竦んでしまう、著者を終始支え、日々、文字通り二人三脚で歩んでくれている、妻の和美に本書を捧げたい。

二〇一六年八月五日

奥田晴樹

著者略歴

一九五二年、東京都に生まれる
一九七六年、東京教育大学文学部史学科日本史学専攻卒業
一九九六年、金沢大学助教授（一九九八年、教授）
博士（史学）（中央大学大学院文学研究科）
現　在、立正大学文学部教授（二〇一〇年〜）

〔主要著書〕
『地租改正と地方制度』（山川出版社、一九九三年）
『日本の近代的土地所有』（弘文堂、二〇〇一年）
『立憲政体成立史の研究』（岩田書院、二〇〇四年）
『日本近世土地制度解体過程の研究』（弘文堂、二〇〇四年）
『明治国家と近代的土地所有』（同成社、二〇〇七年）
『地租改正と割地慣行』（岩田書院、二〇一二年）

日本近代の歴史 1
維新と開化

二〇一六年（平成二十八）十月一日　第一刷発行
二〇一七年（平成二十九）五月十日　第二刷発行

著　者　奥《おく》田《だ》晴《はる》樹《き》

発行者　吉川道郎

発行所　株式会社 吉川弘文館
郵便番号一一三—〇〇三三
東京都文京区本郷七丁目二番八号
電話〇三—三八一三—九一五一〈代表〉
振替口座〇〇一〇〇—五—二四四
http://www.yoshikawa-k.co.jp/

印刷＝株式会社 三秀舎
製本＝誠製本株式会社
装幀＝渡邉雄哉

ISBN978-4-642-06812-3

日本近代の歴史

刊行のことば

「日本近代の歴史」は、幕末・維新期から第二次世界大戦の時期までの歴史を、政治史を軸としながら叙述した通史である。本シリーズは近代を六つの巻に分けて、それぞれの巻を一人の執筆者が担当した。

日本近現代史の分野においては、新しい史料の発見などによって詳細な歴史的事実が提示されている。歴史学研究を専門にしている者であっても、自分が直接対象とする研究領域以外についての研究状況を把握するのは、多くの労力を必要とする。ましてや、個別の研究に通じるというだけではなく、それらをふまえて近現代全体を通史的に把握するとなるとさらに大変である。

すでに刊行されている「日本古代の歴史」（中世、近世編と続く）と同じように、本シリーズでは政治史、経済史、対外関係史、思想史など個々の部門史の研究状況に目配りしつつ、これらの部門史をつなげながらオーソドックスな通史として叙述しようと試みた。ただし、これらの部門史が均等に扱われるというよりも、それぞれの執筆者の力点の置き方に基づいてまとめられている。

この「日本近代の歴史」が読者のみなさんに、最新の研究成果をふまえた日本近現代史の全体像を提供するものとなれば幸いである。

企画編集委員　大日方純夫
　　　　　　　源川真希